臺灣研究叢刊

貨幣網絡與生活結構

——地方金融、中小企業與台灣世俗社會之轉化

陳介玄／著

枝葉繁茂，果實纍纍

　　替好朋友寫書序是十分親切的。相識這麼久，一起工作這麼久，可以有好多東西分享。順手捻來，都有幾分趣味。寫序不是摘要，是要寫份感覺，一份眞實的感覺。

　　初識介玄的朋友可能會覺得他嚴肅認眞，規矩方正。這印象雖然不算全然偏差，但基本上這只是表面。俗話説「文如其人」。就如同這本新書一樣，從文字上看，談的是貨幣網絡、生活結構這些硬得只能用理性分析才穿得透的東西。然而，仔細的讀過，再好好想一想，介玄眞正想要説的是一個生動而尋常的世俗世界。

　　也許是在一起生活久了，深深感受到介玄的内心是溫熱而活潑的。正是這份溫熱與活潑，在熟讀馬克思、布勞岱、韋伯的經典之後，能夠跳脱出原有的框框，回頭用一份尊重與瞭解的心情去看待我們生活的世界裡，芸芸眾生怎麼用錢，錢又怎麼被生活裡的各種方式與途徑變成活生生的社會語言，透過這種語言，編織出一些我們既熟悉又陌生的世界。

　　這種思考既不是唯心，也不是唯物，而是十分的「存在」，是一種面對自己存在的思考。不從任何一種理論預設出發，是對「存在」的一份尊重，對世俗眾生的一份理解。長期以來，在生活裡，眞正支配我們的是一個習以為常的、自為的世俗世界，它之所以自為，因為它比任何的政權，任何的制度設計都更長更久，也更深入

人心。知識分子生活在其中，往後卻在冷峻的理性思考下，將之存而不論，或嚴加批評。要理解這份世俗，不僅只是課題的轉換，更要心情的寬容，在寬容之中，方能體會凡夫俗子對事情的看法與作為。這些看法與作為的背後都有些理由，雖然，這些理由並不一定合乎理論。然而，它們是眞實的存在。從這個角度去詮釋金融、瞭解貨幣，自是一番不同的風貌，也方能呈顯其背後之所以能夠運作的機制，以及所以無法避免的困境。

介玄這本新書正是在這樣一個認識上的翻轉後的探索成果。當知識安置在生活中重新思考的時候，眞正的焦點便不在於形式的、抽象的系統與規則，而是有理智也有情緒的人，以及人們自覺以及不自覺所營造出來的俗與世。

幾年來，跟介玄對這樣的課題，一直分享著相同的心情。放眼望去，滾滾塵世，眾生眾相皆是可以學習，可以思考的對象。在知識圈裡，道理說多了，難免有時會犯了偏執的毛病。祈願比我們年輕的學子有著更寬的胸襟，更闊的視野，那這本書就結了善緣。

如我以前說過，介玄是棵大樹，如今不但枝葉繁茂，還眞是果實纍纍！

高承恕
一九九五年九月初
香港旅次

自序

　　八年的歲月，幾十萬公里跑下來，我清醒的意識到，一種新的創造價值的人生已在台灣當下社會成形，那就是企業的經營。這種創造價值的來源並不只在於金錢，更重要的是在於知識。一種迥異於傳統對於士農工商排序認知下的工商活動，慢慢創生了具有人文意義與價值的知識類型與人生觀。從此，士大夫將不能專擅知識與社會價值創造者的權威地位。企業主對於事業的企圖心、對於經營領域專業知識的投入、對於企業外部社會環境的認知方式，都說明了一種因創造財富而再生產出來的知識系統與價值系統，正標識著台灣二三十年經濟成就的深層意義，乃在於透過私營企業活動擴大了「專業知識」，在中國社會脈絡的意義和價值，並徹底改造了「文人知識」獨大的專斷情境。在今天的台灣，專業知識取得類似文人知識的成就，並非可以視為當然的一件事。傳統中國過早出現的政治大一統，是以文人及文人知識做為統治的工具，同時也確立了兩者在「人治」社會中的權威地位。當社會結構及制度的運轉牢固在這個主軸上時，社會的價值觀及文化心態也就定型了。社會的多元性與知識的多元性乃至價值的多元性皆不可能開展。傳統官僚文人知識類型反應了人治社會類型，於此，講求專業知識的法治社會，發展的空間不大。

　　傳統社會停滯發展的癥結之一，乃在於當時的社會無法出現當

下台灣所出現的企業家類型，以及由他們的帶動發展出來的專業知識類型及價值。專業知識的出現，並向既存由文人知識壟斷的價值系統，爭取發言權，說明了專業知識所指向的法治社會，慢慢可以平衡由文人知識所標識的人治社會，並且共同創造一個屬於台灣類型的多元社會，亦即人治社會與法治社會的混合。

這個體會轉換到研究工作上，則會不自覺的迫使自己再度思考社會科學研究的價值與意義。當專業知識慢慢在社會取得優位，不但與文人知識足以並駕齊驅，且有凌越之可能時，社會科學工作者如何在時代脈流中，重新定位自己的研究與角色？涉入社會深處的這個體會，逐漸使自己面向布勞岱所提示的長時段人文科學研究之意義。長時段足以作為社會科學工作者，一展所長，並與傳統文人知識、現代專業知識加以區隔的利器嗎？從自己對於台灣中小企業、地方金融及貿易網絡研究的心得，愈來愈覺得這是一個可行的方向，學術研究可以安身立命之所。我一直很喜歡布勞岱對於歷史學家專業角色的定位：

> 我們不是能夠在既定的歷史形勢中一眼便分辨出未來的決定因素嗎？我們知道在各種相互衝突的力量中那一個會占上風。我們可以預見到那些事件是重要的，那些會造成後果，那些會影響未來。這是多麼巨大的特權啊！誰還能在當代生活的全部雜亂的事物中多少肯定地將持久的事物與短暫的事物區分開來？對於現代人來說，不幸的是，枝節事件太經常地顯得都同等重要，而將會塑造未來的重大事件卻如此不事喧嘩──如尼采曾說過的，邁著寂無聲響的鴿步走來，以致人們幾乎不知道它的存在（布勞岱，1988a）。

對於所有的社會科學家，這樣的角色都同時適用，且令人心嚮

往之,還有什麼比這樣的特權更為巨大?

　　然而,長時段的心靈如何落實在人生的體驗上,並形成一種真正的價值,卻是不容易的。在世俗社會中這種長時段形態的知識努力,不一定能轉化成經濟權力或政治權力。是以,這種純然來自於智性喜悅所形成的知識資產,沒有一份堅定的信念與執著,是很難安置隨世俗名位權勢而躁動的心。也在這個特質上區分開了學術價值與其它生活領域價值的不同,在當下社會由短時段所造就的金錢與權勢名位,註定與學術工作者無緣,學術工作者擁有的尊榮是來自於與長時段歷史、文明對話的特權。在一定知識累積的傳承上,學術工作者較一般世俗大眾有更好的機會解脫短時段社會現實的束縛,而觀照到更宏偉的社會與文明生命。學術給學術工作者最好的酬賞,最具價值的禮物,應是這種觀察文明與社會長時段視野和胸懷的養成,沒有這個胸懷與視野,即不可能超越短暫社會現實的局限性與功利性,學術也就不可能成為人生的終極目的,而流於作為攫取權勢與名位的工具。是以,長時段的視野不只是社會科學研究上的一種方法,更是一種通向學術終極價值的真正歸依,藉由它我們得以燭照人類命運的框架,而享有人類文明最璀璨的資產,世間又有何種如同人之生命一樣短暫的金錢財富或權勢名位,可以與其相比擬?

　　學術研究取向的轉換不只是一種知識典範的轉移,也是一種面對自己生命存在方式的歷練與擢升。我自己的台灣與中國社會研究,希望在這樣的取向下,能夠用自己社會的語言說自己社會的故事。本書對於地方金融、標會與中小企業信貸的研究,接續著《協力網絡與生活結構》一書看社會的角度,從我們日常身邊瑣事著手,希望在世俗生活中找到台灣與中國社會研究,真正安身立命的場所。社會學長時段研究典範的起始點,就從日復一日每天在我們

周遭重覆出現的社會事實出發，惟其在長時段的社會事實中，我們才容易捉摸到一個研究者如何透過其學術工作，掌握到與歷史文明對話的機制。所以，台灣地方金融、標會及中小企業信貸研究，重點不在地方金融、標會及中小企業本身，而是在於從世俗生活觀察這些現象的角度，以及它們所賴以存在的社會。正是對於世俗生活中的社會和社會中的世俗生活之關懷，使我們看到了一般金融學者、經濟學家討論之外的地方金融、標會及中小企業信貸。

　　本書的寫作風格，企圖呈顯一種生命形態的對話方式。幾十萬公里的路跑下來並不覺得累，乃在於一次次訪問過程中所感受到的經驗知識撞擊，不但不時照亮自己的無知與貧乏，更呈顯了社會生命的豐贍多元與浩瀚無涯。這樣的過程，使我自己感知到，知識文明茁壯與發展的真正力量，實是來自於生命的對話與交流。因而，數十萬字的訪問記錄，逐漸化為自己知識對話的活水源頭。在本書及《協力網絡與生活結構》、《貿易網絡與生活結構》二書，如果我能夠誠實的強調一些認知概念與架構，對於台灣、中國社會及文明發展的理解是重要的，並非我認為有價值才顯得重要，而是這麼多的優秀心靈不吝於提供他們對自己社會的體會與思考，形成了有價值的撞擊。研究者說重要，還得有社會的背書，才顯得有其現實的份量。本書寫作的對話形式，正是希望把握這個社會發言權的份量而做的一點努力。

　　最後，我還是要再一次感謝高承恕老師及師母鄭瑩女士。沒有他們對於學生無私的奉獻，沒有他們對於「東亞社會經濟研究中心」，於公於私竭盡心力的付出，不可能有以我自己研究為首，一系列有關台灣研究叢書的出現。如果本書有什麼值得參考之處，其價值實來自於高老師及師母的努力。我們也要由衷感謝接受我們訪問的地方金融業主，沒有他們的幫忙，本書不可能寫作。妹婿林燈

坤及小妹阿月，直接提供了許多有價值的中小企業貨幣網絡運作素材，他們常常是我台灣企業研究上的最佳顧問，在此深致謝意。芬芳在本書文獻資料的搜集與整理上，花了不少的寶貴時間，謝謝她的幫忙。父母親的關愛與寬容，美嬌的持家使我無後顧之憂，鈺書、鈺倫的童稚與天眞，是寫作時最好的精神糧食，在此記上一筆，以示感激祝福之意。

陳介玄

民國八十四年五月六日

於東海大學東亞社會經濟研究中心

目　次

表格目次

導 論

在《協力網絡與生活結構》一書，我們是從製造生產的面向，探討台灣社會發展的特質。在本書，我們則希望從貨幣交換的角度，來觀察台灣社會。從第一冊《協力網絡與生活結構》到本書第二冊《貨幣網絡與生活結構》及第三冊《貿易網絡與生活結構》構成了個人探討台灣世俗經濟的三部曲工作。這三本書可說是台灣社會之「社會經濟」研究取向下之初步研究的總結。這樣的研究取向，不可否認的，我們乃預設著經濟的發展，對於近代以來之社會與文明的發展，有其獨特的重要性。這如同布勞岱(Fernand Braudel)指出的：

> 隨著近代的到來，經濟秩序的砝碼變得越來越重：經濟指導、干擾和影響其他秩序。經濟的優勢使不平衡現象更趨加劇，使同一經濟世界中的伙伴停留在或窮或富的地位，似乎角色一旦分配完畢，便要延續很長時間。一名經濟學家相當認真地說過：「窮國窮，就是因為窮」。一名歷史學家則說：「擴張會帶來新的擴張」，這等於說：「富國富，正是因為已經富」(Fernand Braudel, 1986b:47; 1993b: 34)。

在對社會實體的認知上，我們同意布勞岱這個看法，在知識探討上我們也接受韋伯(Max Weber)的意見：「經濟史是一種下層構造——倘若不懂經濟史即無法研究任何一個廣大的文化部門」(韋伯，1991：21)。所以，對於台灣社會的研究，協力網絡、貨幣網

絡與貿易網絡構成了一個簡略的透視鏡，期望能夠從經濟生活觀察到背後更廣大的社會生活。在這一點上，布勞岱的論點對我們有十足的啟發性：

> 一場工業革命，甚至可以更廣泛地說，生產或貿易的一次起飛，在嚴格意義上不是也不可能是一個簡單的經濟過程。經濟活動從不是關起門來進行的。它同時要觸及生活的所有領域，並與生活的各個領域互為依存（布勞岱，1986b：542-543；1993b：628）。

從我們觀點來看，社會之林林總總的成敗，多少是涵蘊社會的生活結構在發號司令。而生活結構的走向常常既是歷史的，也是社會的。台灣經濟發展過程中，所涵育的生產協力網絡、貨幣網絡及貿易網絡在生活結構中事實上是一體生成的，它既烙印著中國長時段文明的軌跡，也充分體現台灣島國社會的繽紛色彩。本書要描繪的，正是這些生活結構所遺留下來的軌跡和色彩。我們不談貨幣，而談貨幣網絡，乃在於從貨幣網絡的「網絡結構」，我們才能抓住生活的軌跡和色彩，進而觀察到生活如何結構化。從這個角度而言，經濟的結構化發展，對於現代社會來說，是省視生活如何結構化發展的核心面向。貨幣網絡在不同時代的結構化發展形態，意味著不同時代的生活風貌之不同。從用錢的不同方式及態度可以看出不同的社會形態，的確是可能。觀察今日的台灣及香港民眾的用錢方式及態度即可略知一二。所以，台灣有怎樣的貨幣網絡，在分析的最深層次，應能說明台灣有怎樣的生活結構。本書對於「貨幣網絡與生活結構」的討論，企圖從「協力網絡與生活結構」之外，提供另一個觀察及研究台灣社會的可能，但希望在整體社會瞭解的目的下有互補的作用。

一、貨幣與貨幣網絡

本書的研究將貨幣(money)看成是經濟生活與社會生活中必要的交換工具與支付工具。貨幣一直是個引人入勝的話題，不但經濟學家、金融學者、財稅學者及企管學者喜歡談它，就連社會學者也不例外。馬克思(K. Marx)在《1844年經濟學哲學手稿》及《資本論》對貨幣的探討，韋伯(M. Weber)在《經濟與社會》及《社會經濟史》有關貨幣的發言，宋巴特(W. Sombart)在《現代資本主義》針對貨幣的長篇大論，齊末爾(G. Simmel)的《貨幣哲學》，希法亭(R. Hilferding)的《金融資本》，皆已成為社會學有關貨幣論述的經典之作。就本書研究的題旨而言，布勞岱的見解，可能更具貨幣社會學的探討意含：

> 進一步說，無論何地，貨幣莫不介入全部經濟關係和社會關係；因此它是極為靈敏的「指示器」：根據貨幣的行市起落和盈餘短缺，我們可以相當有把握地判斷人的全部經濟活動，直至他們生活中最不起眼的角落(Fernand Braudel, 1985: 436; 1992: 515)。

貨幣對於經濟關係和社會關係的介入，說明了貨幣本身在其物質性的實體之後，隱藏著多彩的社會印記。我們著重貨幣的台灣社會研究，主要是體認到貨幣是一種絕佳的社會語言，在各種有關貨幣的經濟術語背後，事實上有著錯綜複雜的社會語彙爭著發言。然而，從生活結構的角度來說，貨幣與社會的聯結若從貨幣本身觀察，不容易看到這個聯結所沉澱下來的結構軌跡。因此，我們略為調整觀察的對象，不從貨幣本身，而從貨幣流動所形成的「貨幣網絡」下手。強調貨幣網絡，而不是貨幣本身，除了上述原因之外，還有一個更寬廣的認識空間，布勞岱有一段精闢的談話指出了這個

方向：

> 貨幣經濟才是貨幣存在的理由，這一經濟只有在人們需要
> 它並能夠為它承擔開支的地方才能確立。它的靈活性和複
> 雜性取決於帶動它的那個經濟的靈活和和複雜程度。所以
> 有多少種經濟節奏、體系和形勢，就有多少種貨幣和幣
> 制。一切相互關聯，共處於一個並不神秘的運動之中
> （Fernand Braudel, 1985: 439; 1992: 519）。

從本書研究而言，沒有貨幣網絡作為結構的依托，貨幣的運作，看不出社會性基礎如何決定其主要的性格，而社會又是一切經濟活動的母體。所以，重要的不是貨幣，而是「貨幣網絡」。不是貨幣能形成社會建構，而是貨幣網絡才能形成社會建構。因而，貨幣網絡強調的不是貨幣作為流通工具與支付工具本身，而是相同與相異的流通工具與支付工具之間的關係。換言之，是貨幣與貨幣之間的流動所體現的社會關係。沒有一個貨幣網絡存在，貨幣流通也就不可能存在。因而，我們也可以說，貨幣網絡具有怎樣的多樣性及複雜性，也多少說明著經濟發展的層次和形態。將台灣社會作一個總體觀察，從日常生活的底層一直到經濟生活的上層，經過三四十年的發展，慢慢形成了一個有層次的貨幣網絡結構。不同層次的貨幣網絡，成為不同層次經濟行動者所使用的貨幣語言，這就如同布勞岱所說的：「因為各種貨幣好比不同的語言，它們發出召喚，使對話成為可能；只有存在對話時它們才得以存在」（Fernand Braudel,1985: 440; 1992: 520）。

因而，我們必須對存在於台灣社會實際運作的貨幣語言進行研究，以明白其對話的形式，對台灣的經濟及社會發展帶來怎樣的影響。換言之，我們必須同時觀照不同的貨幣網絡層級，看其彼此對於台灣經濟社會發展的影響。

　　貨幣網絡的研究，如同協力網絡及貿易網絡的研究，重點是在
「網絡」。透過網絡的考察與分析，我們可以較具體掌握經濟生活
與社會生活的銜接點，並找出瞭解台灣社會結構的中介場域。所
以，著手於貨幣網絡分析的意義：主要是希望能將中國社會結構與
社會行動結合在一起觀照，並看出中國經濟生活的人文意義（在此
我們用中國而不用台灣，主要強調描述的特質是由長時段所型塑）。
因爲，既然網絡是由人的各類社會行動串連起來的，一旦網絡被串
連起來即會在時間脈絡中成結構化的發展，進而參與了這個社會特
質的型塑。從貨幣網絡我們將會看到，台灣有其獨特之經濟與社會
的累積方式，這些累積方式不但使得台灣經濟發展有了令人矚目的
成就，更重要的或許是在於真正確立了「世俗社會」發展的新基礎
與結構[1]。而台灣這些經濟成就及「世俗社會」的確立，是順著經
濟生活及社會生活「團體化」及「網絡化」脈動發展起來的。是
以，台灣經濟生活及社會生活中的團體化及網絡化，牽涉到的事實
上是構成了台灣社會及文明發展與累積的獨特方式，其文化價值足
以使我們當成核心議題加以思考。而貨幣網絡的探討，無疑的，是
這個核心的中軸線。

　　台灣貨幣網絡的發展是由財富水平的提高慢慢串連起來並予以
擴大。從台灣四十多年的發展經驗可以看到，金融活動的過度精巧
若無經濟發展的內涵作搭配，將會產生社會經濟運作的失調。熱那
亞在十七世紀發展的例子足以作爲說明：

　　　　整個歐洲經濟已不能忍受信用貨幣同鑄幣數量和產品數量
　　　　在流通中的比例失調。熱那亞的金融結構與舊制度下的經
　　　　濟相比，顯得過分複雜和過分苛求，因而當十七世紀歐洲

───────────
　　1 有關世俗社會的討論，請參考本書第十章。

　　　經濟危機到來時，便自動土崩瓦解(Fernand Braudel,
　　1986b: 173-174; 1993b: 184)。

　　同樣的，沒有一定的社會經濟的發展爲內涵，金融工具的形成
不可能複雜化及多元化。從台灣經驗來看，貨幣網絡的發展一定要
得到社會及經濟的支持與保障才有可能。人爲財富的勝利在以信合
社及農會信用部爲主的地方金融、標會及中小企業的期票運用亦說
得通。因爲它們說明了一種世俗社會創造性的財富。

　　既然，台灣貨幣網絡的發展是由財富水平的提高慢慢串連起來
的。從這個角度來看，台灣早期沒發展出高層次的貨幣網絡，其實
這並不全然因爲廣意的金融壓抑，或公營銀行的保守及政府的控制
所造成。我們並不否認這或許也是其中的因素。但更根本而言，乃
當時的經濟水平及運作模式，還不需要一個高層次的貨幣網絡來支
持它的發展。或者說，當時的經濟層次，不足於創造出一個高水平
的貨幣網絡。貨幣網絡無法躍昇到世界經濟的層次，這是因爲「接
納它們的經濟體系無力承擔其他形式的貨幣」(Fernand Braudel,
1985: 439; 1992: 519)。因此，對於貨幣網絡的研究，歷時性與共時
性的脈絡同時需要觀照。從時間與空間的坐標，我們才能看到，台
灣如何從早期低層次貨幣網絡發展到高層次貨幣網絡。換言之，經
濟生活本身是使得貨幣發展到貨幣網絡，並進而往高層次貨幣交換
工具發展的基礎與母體。由於我們是從經濟生活與社會生活的銜接
點出發，是從生活結構著手談貨幣，所以，貨幣網絡較之於金融網
絡更貼近本書的題旨。就我們研究台灣社會經濟的進程而言，我們
將貨幣網絡看成與底層世俗社會相關聯的貨幣運作形態，而將金融
網絡視爲與上層資本主義社會密切結合的貨幣運作形態。至於金融
網絡的探討，我們在以後針對台灣工商及金融資本主義網絡的研究

將會進一步處理 [2]。

二、自為的貨幣網絡與生活結構

　　從底層貨幣網絡的角度討論台灣社會經濟的發展，我們很自然
就注意到以農會信用部及信合社為主角的地方金融，以及在日常生
活中普遍運作的標會活動。地方金融及標會，在我們看來，可說是
台灣最貼近一般人經濟生活的貨幣網絡。我們把它看成是低層次的
貨幣網絡，乃在於這是一個人人皆會使用的貨幣語言。它的生成、
發展與轉折受到人們一般生活結構的制約。這種貨幣語言，是一種
日常生活必備的數字經驗，每個人或多或少都必須有這個數字經
驗，進而受這個數字的規約，以強迫自己進行生活資本的累積。從
小聽最多來自父親的埋怨是，「希望有一天可以不必跟會，現在一
個月跟三個會累死了」。二個死會一個活會，這些生活中不斷計算
的數字跟著我一起長大，我們不得不承認布勞岱講的有道理：

> 日常生活離不開數字，供方和貸方、物物交換、價格、市
> 場、搖擺不定的貨幣等等，凡此種種組成整套語彙，任何
> 稍見開化的社會都受到這套語彙的包圍和約束。這些技術
> 在社會內部變成一種遺產，必定通過榜樣和經濟世代相
> 傳。它們一代又一代，一個世紀又一個世紀地逐日決定人
> 的生活。它們在全世界範圍內構成人類歷史大的環境
> （Fernand Braudel, 1985: 477; 1992: 566-567）。

---

2 有關台灣工商、金融資本主義網絡的課題，東海大學「東亞社會經濟
　研究中心」準備以未來二年時間進行系統的探討，是以，本書目前只
　針對貨幣網絡作討論，包括一般商業銀行在內的民營銀行及公營行庫
　等金融網絡的研究，則有待將來進一步處理。

　　我們可以說，由地方金融及標會所形成的低層次貨幣語言，之所以成為台灣底層經濟生活強而有力的流通機制，乃在於它是一種「自為的貨幣網絡」，煥發出世俗社會的生命力。所謂「自為的貨幣網絡」是指，非由國家創立、完全支配及徹底掌控的貨幣流通渠道，而是民間為了營生自發形成的貨幣交易渠道，經時間而結構化成網絡。而這種「自為貨幣網絡」生命力的創發與持續，反過來看，是得自於生活結構人際邏輯的保證。

　　同樣的，我們在台灣中小企業發展的資金運作實際情境中，也看到了類似地方社會世俗生活「自為的貨幣網絡」。台灣中小企業這種「自為貨幣網絡」所彰顯的資金運作特質，充分說明了台灣中小企業「創業資本」與「發展資本」形成，所立基的社會邏輯[3]。從社會的角度思考，中小企業在資金運作的面貌，固然受整個金融結構的制約與支配，然而，更深層的來看，卻由生活結構統整出一個隱約可見的發展模式，標識著自為貨幣網絡的強健與活潑。如同地方金融及標會，台灣中小企業形成的貨幣網絡，在我們看來，亦屬於低層次的貨幣網絡，是每一個中小企業都能參與對話的共通語言，每一個中小企業都熟悉的交換工具。在此，我們也看到了中小企業資本形成的基礎，乃在於底層自為的貨幣網絡上。換言之，貨幣網絡的存在，是台灣中小企業能形成其資本網絡的前提。貨幣網絡與資本網絡的差異是，貨幣網絡鑲嵌在更廣的生活結構中，貨幣的流通不必然是為了投資營利，可以是為了滿足生活消費的目的，標會所形成的網絡是最好的說明。而資本網絡則是特定指向投資營利之貨幣流通所形成的網絡，期票所形成之商業信用貨幣流通是很好的例子。所以，貨幣網絡提供了台灣社會，貨幣轉換成資本的客

---

3 創業資本與發展資本兩個概念的意義，及其所立基社會邏輯的討論，
　參考陳介玄《協力網絡與生活結構》一書第四章的分析。

觀可能性；而中小企業則成就了貨幣轉換成資本的主體能動性。然而，不可否認的，隨著台灣社會的發展，中小企業所要面對的貨幣工具相對的也多起來，這就如同布勞岱指出的：

> 所以，只要一個社會的人口過多，隨著城市的建立和交換的激增，為了解決新出現的問題，貨幣和信貸的語言便變得複雜起來。也就是說，這些無孔不入的技術首先以自身為對象，它們脫胎於自身，又隨自身的運動而變化（Fernand Braudel, 1985: 477; 1992: 566-567）。

> 運用金錢的技術和所有技術一樣，適應某一專門的、堅持不懈的、長期重複的需求。一個國家的經濟越發達，這個國家擁有的貨幣手段和信貸工具的種類就越多。事實上，每個社會都有在國際貨幣整體中占有一定的位置，有的社會占據優勢，有的落在後面，有的處境極為不利。金錢既使世界統一，也體現不公正（Fernand Braudel, 1985: 477; 1992: 567）。

金錢使世界分出等級，同樣的也使社會分出等級。台灣的經濟發展，不可避免的也帶來了社會的階層化發展。從貨幣網絡著手，主要看重它是一個靈敏的指示器，能夠把默默成形的這個社會階層結構標識出來。因為貨幣在不同層次的貨幣網絡之間是很難跳越的。其中的困難，乃在於貨幣網絡背後事實上是牽連著一個更封閉的社會網絡。正是社會網絡本身不願意向不同層級的社會網絡開放，我們才會看到表面上，高層次貨幣網絡拒低層次貨幣網絡於千里之外的現實性。因此，認識貨幣網絡層級性是認識社會層級性的工具。貨幣與社會有了層級，我們才能看到自為的世俗社會如何能夠擴大它的生存空間。這個發展，對於一直處在政治集權控制下的

中國文明而言太重要了。

　　所以，本書重點所在的「生活結構」，無非是要點出這個自為的世俗社會在台灣發展的情形。仔細想來，這個自為世俗社會能夠波瀾壯闊的發展，或許才是其它發展的真正基礎所在。世俗社會的生活結構，既是自為的，便同時看到了經濟發展模式的整合性。這個整合告訴我們，無論是馬克思的生產模式，或者是布勞岱的交換模式，在社會發展的不同層次來看，同時豁顯了各自的解釋意義。在這一點上，我們可以看出馬克思提出「生產模式」，在社會學解釋上的重要性，乃在於他結構性的指出了西方近代社會生活結構轉型的原因，主要來自於底層生產結構與階級結構突破性的發展。然而，布勞岱所提出的「交換模式」之歷史學的解釋，對於社會生活結構的瞭解也是同等重要，因為他也明白指出，近代資本主義下的西方生活結構的型塑，來自交換結構及階層結構的支配。從生活結構來看，既講究世俗經濟發展的自為性格，不同的解釋模式，反而可以豐富我們對於台灣世俗社會的思考。馬克思生產模式與布勞岱交換模式的社會解釋，只是其中的顯例。

三、生活結構與長時段研究

　　經由上面的反思，對我而言，有興趣的不再是理論而是理論所對應的社會。正是社會本身的魅力不斷吸引著我對台灣及中國的研究熱誠。然而，在社會裡，我所關懷的也不是一次次的社會運動，或社會事件這些短時段的現像。而是像地方金融、標會及中小企業之間無聲無息的信貸往來，這些長時間存在的現象。在我來看，這是真正解讀我們社會特質及命運走向之關鍵所在。這種研究上的策略也說明了我們基本的知識心態及世界觀。沒有這些長時間存在的社會特質與架構，也就不成為社會。是以，社會學既然是要對社會

進行研究，我們便不能忽略這些構成社會的真正骨幹。儘管這些長時段現象，常常是無光無熱既不激動人心也無法贏得知識的尊榮與學者的眷顧，然而，社會而非專斷的個人英雄做為真正的社會支配者或洞察者，又何須在乎知識的榮耀？只要它保有整個世俗世界對它的認同就夠了。如此，社會的生命也就能夠繼續綿延下去。地方金融、標會與中小企業之貨幣網絡運作，在生活結構的統一上，表明了長時段社會特質的文明現象。正是在這些長時間存在的社會特質上，允許、涵容了各種尺度的社會變遷，同時也保留了自己文明最根本的屬性。

對地方金融、標會與中小企業貨幣網絡的思考，是希望將日常生活所形成的結構，提高到一個人文的層次來探討而不侷限於專業的技藝層面。在我看來這是一種社會科學中之基礎科學的建構工作。生活結構的痕跡並不只在地方金融、標會及中小企業的貨幣網絡運作留下記錄。然而，不可否認的，世俗社會中這些自為的貨幣網絡，有著動人的生命力，不斷煥發出一種由生活沉澱下來的健朗世俗光彩，能夠燭照出生活的結構軌跡。因而，對於貨幣網絡與生活結構的思考，便是另外一種認識自己生存世界的方式，一種面對自己存在的省思。

最後，我們要說明的是，書中所採取的論述策略本身即是回歸世俗世界的方式。藉由受訪的世俗人物，提出其世俗歷練的洞察與慧見，事實上往往比學者一得之愚，來得一針見血，鞭辟入裡。所以，書中大量的引文，是企望保留世俗人物的智慧與風貌，開展出對於世俗社會新的認識視野。希望從學術語言與世俗語言的對話，帶給我們對於歷史與社會型塑而成的生活世界新的認識契機。並有了與西方社會科學知識對話的深層基礎。從爾使得我們能重新尊重自己生存的世俗社會。至於引文的知識效度，我們透過客觀文獻的

對話與檢證，並藉由大量訪談資料之間的對比作用[4]，再佐以理論知識的質問辯解，希望能在各類資料的平等對話中，建構對於社會實體具有現實效力的解釋觀點。

---

4. 詳細而大量的訪談資料，請參考東海大學「東亞社會經濟研究中心」累積的訪談資料。本書所採用的原始訪談資料名錄，參考本書附錄。

第一篇

地方金融、標會 與 貨幣網絡

　　台灣金融結構的發展，由於長期為公營銀行所壟斷，很多人看到了其弊端和保守的一面，卻忽略了這個保守的結構，如何在最底層的地方金融，容許了一個「自為的貨幣網絡」之發展。沒有台灣地方金融這個「自為的貨幣網絡」之發展，台灣經濟發展就不能得到足夠的動力。台灣地方金融所形成的「自為的貨幣網絡」，我們將其看成是一種支援台灣中小企業經濟發展的信貸結構，由下往上推動信貸的發展，並作為底層變壓器，加速貨幣的流通。地方金融所形成的這個「自為的貨幣網絡」，與中小企業之間因企業經營所形成的「自為的貨幣網絡」，恰從信貸發展的結構面與行動面等不同角度，促成了從貨幣累積到資本累積的轉化。

　　具體來看，信用合作社、農會信用部與標會，三者構成了本書所討論的世俗社會裡，最重要的貨幣流通與再分配機制，從事著貨幣的儲存與運銷工作。三者既是台灣底層世俗社會貨幣的蓄水池，也是民間資金運轉的動力馬達。台灣經濟與社會的發展，信用合作社、農會信用部與民間標會，始終是默默的參與者，既非舞臺耀眼的角色，也不是萬方矚目的英雄人物。然而，在我個人看來，它們才是真正的在改變經濟與社會面貌的結構因素。沒有信用合作社、農會信用部及標會所形成的「自為的貨幣網絡」，台灣中小企業可能很難如此蓬勃發展，傳統農業世俗社會是否有足夠力量轉換成工商世俗社會也就難說了。在我們看來，正是信合社、農會信用部及標會三者所形成的「自為的貨幣網絡」，深刻影響了台灣世俗社會的生活結構，這是本書所要討論的重點。

　　談地方金融對於生活結構型塑，最重要的意義莫過於團體化的發展。團體化的發展，或者社會團體的形成，社會中團體行動單位的出現，為什麼對於台灣社會，乃至於中國社會有其特別的重要性？這必須從長時段的中國社會結構來看，才能夠清楚。劉子健在

《兩宋史研究彙編》一書清楚指出：

> 關於制度，儒家的思想格式，始終注意修身、齊家、治
> 國。換言之，身—家—國的串連。甚至國，也叫做國家。
> 在這格式中，並沒有家族以外的社團。而宋代社會有變
> 化。產業、科技、貿易、城市、鄉鎮都在發達，表現中下
> 層的擴展和活力。但是南宋理學，沒有注意反映中下層的
> 生長。只抱定身—家—國串連的格式。並不另加一節，改
> 為身—家—社團—國的串連（劉子健，1987：357-358）。

> 這類性格和思想格式有關聯。從思想方面看，南宋理學自
> 居道學，偏重修身。他們的理想是求自悟、自覺、自發的
> 言行。這是內向的重點。雖然如此，南宋理學，沿襲儒家
> 傳統，也重視倫理經世等項，並不放棄外向的重點。把這
> 兩項重點，內向和外向，合起來看，儒家基本的思想格式
> 是「重人」。所謂「重人」，在理學的主張，是首先著重
> 自己本「人」。用語文作簡單的例證，就是文言所謂的
> 「為人」，現在語文所謂的「做人」。然後推己及人，把
> 外向的重點，放在「人與人」的關係上。按照彼此身分，
> 敬重倫理關係。這就是「仁」字的本意，儒家的中心道
> 德。因為重人，所以儒家看待團體，重在人群，而不重視
> 團體本身，自成一個整體的單位。理學家還以為有的團
> 體，是不必要的。不合道義的，尤其有害。至於團體的機
> 構，他們是比較輕視的（劉子健，1987，356）。

> 從制度本身來看，還有關聯的因素。如眾周知，君主和政
> 府，是獨霸獨占統治權，絕對不容許社團，分去任何一小
> 部分。他們更深怕，有人利用社團的力量起來反抗（劉子

健，1987：358）。

劉先生從歷史的研究，指出了中國傳統以來社會結構的一個重要缺陷，那就是社會團體的不發達。這裡我們要指出的社會團體，並非一般的公眾團體（這些團體如會館、行會、書院、善堂及義倉，還是有發展），而是指具備了相應於國家而具有獨立之公民權力的團體（黃宗智，1994c：23）。這類型社會團體的闕如，與西方發展的歷史經驗做一對照，將能更清楚的凸顯出此一問題的重要性。

韋伯對西方社會的研究，與馬克思最關鍵的一個區別，在我看來是，馬克思看到了西方社會「階級」的問題；而韋伯看到的是「團體」的問題。從團體來看社會問題就遠較於階級複雜了。韋伯要面對西方社會發展的團體問題，所以他只好窮究各生活領域，企圖找出西方社會團體發展的軌跡和形態，以說明西方社會透過團體的多元發展，如何確立了政治、經濟、法律、宗教、家族、城市各領域分殊的發展，並由此團體的多元發展帶動了社會的多元發展。所以，西方社會之經濟團體、政治團體、宗教團體、法律團體、城市市民團體、及家族與氏族團體即變成韋伯社會學研究的重點。不可否認的，透過韋伯對西方社會團體的研究，我們看到了西方社會發展的主軸。

無論是從傳統中國思想與制度脈絡對於團體的刻意貶抑，或是西方現代化社會之發展得力於團體的發展，皆說明了團體及團體化的問題是關乎一個社會及文明發展的大問題。團體發展之所以重要，是因為一切經濟、社會、政治與文化現象只不過是人活動的過程或結果。追根究柢，其真正的發展樣態只不過人的發展樣態之反映。如此，我們從二人以上的群體現象加以觀照，團體的特質便是一切社會群體存在與生活特質形成的基礎。台灣經濟、社會、政治與文化現象的討論，若不能回到團體這個基點，則不能發現社會學

對於本土社會研究上應有的洞視。而農會信用部、信用合作社及民間標會所形成的自為的貨幣網絡，在這觀照點上，豁顯了它們討論團體及團體化的重要性。

團體社會在台灣的發展，最主要的意義說明著社會多元化的真正開展。尤其是超越於家族團體之擬似家族團體的發展，更說明著社會得自於家族團體與擬似家族團體對話的開放性。從地方金融要點明的社會學視野，是要說明台灣社會在當代中國社會發展的特色。而這個團體社會即是支持台灣底層「自為的貨幣網絡」發展最重要的結構力量。由世俗生活中各個小圈圈團體所形成的這些自為的貨幣網絡，說明了台灣俗民貨幣的累積機制，並儲備了轉化成企業資本的可能。是以，不是個體，而是「小團體」構成了台灣世俗社會的骨幹。由這些無數的小團體帶動了台灣世俗社會的轉變，我們有興趣觀察的，正是這些小團體所形成的社會結構。從協力網絡的分析，我們已經看到，台灣的中小企業最具行動上之爆發力與持續力的組織力量，乃來自於其協力網絡圈畫而成的小團體，這個團體具有齊一的行動效力，賦予了網絡實質的團體意義，卻又不需負擔正式組織的運作成本。可說是最典型化說明了我們這裡所談「小團體」的意義。從微視面來看，小團體是行動的主體，具備了個體所無法完成的行動效力，佔有了構成社會的優越位置；從鉅視層面來看，小團體的發展，直接呼應著政治、經濟及文化權力的分化，並預示著社會結構的多元化。如此，社會小團體的繁殖亦意味著社會結構的轉換，社會總體資源的多樣化與豐厚。

第一章
地方金融與社會團體化發展

　　本書對於台灣地方金融的討論，主要集中於農會信用部與信用合作社。不把漁會信用部及中小企業銀行擺進來，主要在於漁會信用部所佔有基層金融的比重不大，其意義可以由農會信用部予以解釋。而中小企業銀行，從早期「合會儲蓄股份有限公司」到民國68年全部改制為中小企業銀行，其公司的法人組織，與農會及信合社的自然人組織，有根本的不同[1]。就我們從地方金融團體化的角度思考台灣世俗社會這個主題而言，並不直接相關，所以不納入討論。農會信用部及信合社，從台灣社會的發展歷史來看，不但是地方金融的核心，也曾經很長一段時間是整個金融的骨幹。受訪的桃園信合社總經理指出：「過去台灣的金融控制在地方金融」（訪問記錄F10）。僅管隨著公營行庫光復之後逐漸在台灣復業，農會信用部及信合社在全體金融的比重卻仍然維持著一定的分量[2]。更重要

1　有關合會儲蓄公司改制為中小企銀的討論，請參考黃永仁著《台灣的基層金融：過去、現在與未來》，湯明輝《中小企業銀行發展方向之研究》。對於合會儲蓄公司之歷史性格及其組織特質的探討，請參考何顯重〈台灣之合會儲蓄事業〉、杜量〈台灣之合會儲蓄〉、陳榮富〈台灣之合會事業〉等著作。

2　以70年到80年近十年做一例子觀察，信合社及農漁會信用部兩單位在70年佔整體金融機構存款之23.7%，放款之14.2%。到80年存款所

的是，其對地方社會的影響可以說仍然是根深蒂固。所以，從農會信用部及信合社的長時段發展，確是瞭解台灣社會的一個重要管道。

做為長期存在台灣社會的地方金融，其牽涉到之複雜問題，遠超乎我們想像[3]。是以，弱水三千，我們只取一瓢飲。整個地方金融與台灣社會之間的關聯，我們著重在「團體」與「團體化」這個軸心上。換言之，環繞著地方金融眾多枝枝節節的問題內部，有一個人的組合與構成問題。正是在這個基礎問題上引起了我們的興趣。近一世紀台灣地方金融的發展，不斷在人的組合與構成的問題上，逼使社會與經濟進行對話和妥協，從而也就使得整合著經濟力

佔比例是27.7%，放款是17.1%。可見一直到近十年，地方金融在全體金融機構中仍然維持著一定的分量，甚至是略有上升。參考80年第四季《中華民國信用合作社統計季報》及中華民國信用合作社聯合社編《台灣地區合作金融制度概述》。

3 地方金融的複雜問題，可從69年持續至今，由「基層金融研究訓練中心」創刊出版的〈基層金融〉半年刊，以及大量有關地方金融各類問題的研究叢書，看出這個領域的深廣。做為本章討論問題之背景知識的地方金融研究，可參考吳恪元、張森宇著〈現階段台灣城市信用合作組織析論〉，李俊科著〈信用合作社之資金運用與管理〉，林永昆著〈信用合作社應興應革之我見〉，林彩梅、吳恪元著〈信用合作社的金融與社會功能之研究〉，張遠著〈信用合作社的本質與特徵〉，〈信用合作社組織與選舉制度之研究〉，〈台灣信用合作社發展階段論〉，莊美娟著〈台灣地區信用合作社改制問題之研究〉，黃永仁著〈基層金融存放款的實證分析〉，黃永仁著〈信用合作社改進與未來發展型態之探討〉，黃永仁、施富士著〈信用合作社未來發展方向──改制與單獨立法問題〉，黃永仁等著〈基層金融經營調查報告〉，黃敏助、蔡培玄著〈信用合作社規模經濟問題之研究〉，廖和壁著〈信用合作社業務經營與管理〉，劉榮主編〈基層金融現代化的途徑〉，林文啓著〈農會信用部之經營管理問題〉等研究。

與社會力的地方金融組織，透過團體化與「再團體化」[4] 過程不斷
壯大。地方金融的壯大說明著台灣社會經濟的壯大，這無疑是值得
我們大書特書的地方。我們不厭其煩的引用許多第一手的訪問資
料，其目的也正是希望能集眾人之力，把這個關乎台灣社會經濟發
展的大問題，作比較深入的剖析與陳述。不可否認的，有關人的組
合與構成問題，既是涉及一個社會存在與發展方式的根本問題，便
有千萬種討論的途徑。選擇地方金融作為討論的切入點，只是其中
的一個可能。但卻是一個令人有信心的可能，因為地方金融恰恰站
在經濟、社會、政治與文化各生活領域的交會點。地方金融與俗民
的世俗生活又有著不可切分的關係。討論人的組合與構成既然不能
離開生活脈絡，能縮結貨幣網絡與生活結構的地方金融，便具有研
究上的關鍵性地位。

　　地方金融在人的組合與構成上最大的思考空間是，表面上農會
及信合社為社團法人，事實上兩者都不像銀行是依公司法規範之股
份有限公司。如此，地方金融的永續性就不在於制度上的法人，而
是在於自然人所形成的團體。受訪的台北三信副總經理指出：

> 法人有他永續的生命，個人總是有他的生命，所以法人組
> 織的永續性較強。所以很多國家的銀行法包括我們國家的
> 銀行規定，經營銀行的組織必須是要股份有限公司組織，
> 他的考慮就是認為股份有限公司它的永續性很強。我個別
> 股東經濟上發生什麼損失，不會影響到這家公司的存續。
> 因為銀行收了那麼多的存款，當然就有他的公共性。一般
> 人都知道這個公共性，但是卻不知道這個公共性背面是什
> 麼？吸收了那麼多人的存款，牽連的權利義務關係那麼

　　4　「再團體化」是本書一個重要概念，請參考第九章的討論。

> 廣，當然不能說今年設立，明年就結束，那麼存款人隨時
> 都冒著一個風險在。這個跟合作社是不是可以改成股份有
> 限公司也有點關係，不只是它事業規模擴充的結果必須使
> 組織上也做調整，也牽涉到合作社組織是不是夠穩定的問
> 題。以兩年前來講，如果傳說那一家銀行做丙種，還不覺
> 得怎麼樣，可是說那一家信用合作社做丙種，好像就有一
> 種恐慌心理。這個主要是因為合作社這種一人一票產生，
> 合作社的損失跟理監事，跟經營者不是一種穩固的關係，
> 連帶的也使人覺得這個組織的穩定性不夠。信用合作社有
> 任何的風吹草動，在社會上就容易引起恐慌的心理。可是
> 銀行不大會這樣子。這種情形也就是，合作社以自然法則
> 在演進，由一群名望不錯的人來主持，大家就很相信它。
> 這樣的話就不是在法令上、制度上所帶來的永續性、穩定
> 性的信賴感（訪問記錄F22）。

這種因自然人形成的組織形態，卻又要從事著金融業務，在長時段
的歷史變遷過程中，隨著社會需求與環境的不同，便會延伸出組織
運作上許多「背景上的利益與限制」，其衝突最典型的發生在對於
所謂「金融牌」與「合作牌」的爭執上。台北三信副總經理對於這
個爭端有深入的剖析：

> 內政部說合作社是非營利法人，可是財政部課我們營利事
> 業所得稅，這個基本上就有個矛盾。在合作社法規定得免
> 營業稅跟營利事業所得稅，是「得」啦。可是政府的取向
> 是課我們營利事業所得稅，幾年前也想課營業稅，業界群
> 起抵制，結果就沒有課成。這個是政府的態度，政府在施
> 政上就有這樣的分歧。你說同業裡頭的負責人許多還在強
> 調是非營利法人，這個一個可能是他腦筋裡頭的認知，他

真的是認知不以營利為目的。但是他有沒有營利的行為
呢？有，絕對有。你看它每年的年度報告也會強調它的盈
餘多少，對不對？他也會強調今年make profit多少，對社
員這樣報告。這個本身就是一個分歧，一方面他要強調自
己是非營利法人，一方面又要對外宣稱說make profit多少
多少，以表示他經營有成。我是認為標榜不以營利為目
的，那只是重點不同而已。另外我們也不能排除說，很多
負責人還是希望維持法令制度上對信用合作社的若干優
惠，所以他一再強調它是非營利法人，也有這一面的動
機。有營利的行為，在財稅來講，他不論動機，他只問你
有沒有營利的行為而已。這樣的矛盾表現出來就是說，它
要爭取業務的放寬，爭取維持稅捐優惠。所以在七十年財
政部想課信用合作社的營業稅，就引發一個合作牌跟金融
牌之爭。事實上這些都是無謂之爭，為什麼要有合作牌跟
金融牌？合作是因為你是用合作社的組織，可是你辦的是
金融業。那麼你說他是金融牌不是合作牌，可是他的組織
是合作社，因為組織不同，所以你要標榜的目標不太一
樣。

這種爭論也是由來已久，也不光是台灣才有。最主要的是
最早期的合作社並不是要累積很多的盈餘，最初確實是這
樣的。因為最初你要累積很多盈餘也是很困難，那個時候
也不覺得這個是一個問題，那個時候它真的就是在服務社
員。我用這個價格跟社員交易，而各別的社員經濟活動的
scale很小，合起來就取得規模經濟的效益。取得規模的效
益表現出來就是利潤。到了期末的時候，算算你交易的量
多少，我就還原給你。而合作社扣除營運上的需要之外，

也不保留盈餘，我就退還給社員。在這種情形之下，確實是非營利。早期的合作社標榜說不以營利為目的，我是非營利法人，這個是跟事實吻合。這個口號延續下來，經過了一百年，還在講是非營利法人，就跟現實脫節了。還有也是跟合作社業務的時態也有關係，我們講幾十輛的計程車司機合起來弄了一個合作社，請了一個女孩子，租了一個固定的地方，裝了一個電話。這個女孩子就接聽電話，那裡要叫車什麼的，那麼這些計程車空車跑的機會減少了，對不對？那麼大家交一點錢給她，這個合作社營業一年下來，這個女孩子的薪水，以及其他的花費扣除下來，剩下的又都退還給他們。合作社本身並沒有賺錢，它賺的錢通通回到社員身上，它理所當然可以標榜不以營利為目的。在這種情況之下，由於營業的項目不同就造成分歧，信用合作社要請這麼多人，也要購置電腦，也還要裝修營業廳，所以一定要保留盈餘。就是以法人存續的目的在儲蓄財產，這樣的話你能說不以營利為目的嗎？只是說，我的重點不擺在這上面，不像公司法人能賺就盡量賺。可是各行業的競爭會改變這樣的形態，今天就算是一個公司組織，你可以任意的抬高價錢？也不行。就是業務的形態跟它本身的動機有所區別，今天彰化四信也是累積了許多的盈餘，對不對？所以，一條概念，一條口號延續久了以後，一方面有它背景上的利益，一方面有它概念上的認知，就會有這樣的分歧(訪問記錄F22)。

信合社這個爭端，具體而微的說明了台灣地方金融在長時段發展過程中，透顯出來的歷史問題。惟其是一個長期形成的歷史問題，在我們看來才具備了探討社會的深層價值。在此，由長時段形成的社

會結構才會以醒目的實體呈顯在我們眼前。無論是資本主義式的營利團體，或是社會主義式的合作團體，皆是人的組合與構成。營利團體與合作團體在精神與作法是否相違背？從台灣地方金融發展的歷程來看，重點其實不在於營利或合作，從我們的觀點來看，對整體社會而言，更具長期支配性影響力量的是：團體的形成與團體化的發展，這是地方金融進行營利或合作的可能基礎。然而，就討論的策略而言，我們還是從利益團體與合作團體的爭論談起。

一、地方金融之蛻變：利益團體或合作團體？

細數地方金融發展的歷史[5]，馬上可以感受到台灣地方社會發展上一個引人入勝的話題。不管是信用合作社，或者是農會信用部，我們都可以發現，在合作的精神理念與營利的實質價值之間的矛盾與衝突。然而，從總體社會發展的角度來看，地方金融隨著歷史前進所產生的這些矛盾與衝突，卻是使人高興的。原因何在呢？很簡單的一個道理，水清則無魚。地方金融在營利與合作理念價值上的衝突，說明了台灣社會歷經半個多世紀的發展，已經有了財富的累積，社會總資本達到了一定的程度，地方金融這個貨幣的蓄水池已有油水可撈。有了財富，才有了進一步衝突的基礎，甚至才有了地方金融的派系。一位信合社的理事主席說的好：

> 本來合作社看起來是沒有什麼，起源於歐洲。在早期募存款很難，所以也沒有很大的利益，鬥爭也不厲害。等到台灣經濟發展起來，放款開始大量激增。台灣合作社產生派系應該是從這個時期開始。台灣經濟都是這樣，有利可圖時就會有派系，無利可圖時就沒有派系。借款時有所選

---

5 有關台灣地方金融發展之文獻與討論，請參考本書第二章。

擇，因而才有派系形成；我想全台灣省都是這樣，都是地
方金融跟派系有很深的關係（訪問記錄F19）。

派系我們往往賦予高度道德上的負面色彩；就像合作兩個字，我們
也常常用道德來瞭解其全部意涵。這其實是在扼殺我們對於社會深
入瞭解的想像空間[6]。在一定經濟發展的基礎上，派系的形成可說
明人的組合與構成開始朝團體化的方向發展。其良窳並不在派系本
身而在於運作派系的人。受訪的蘆竹鄉農會總幹事對於地方金融中
派系與班底的界說，有助於我們的瞭解：

> 做一個金融機關的首長，做總幹事也一樣，處處比一個實
> 力，表現在選戰上和做事的方面。在做事的方面，朝向企
> 業化經營，有頭有尾，人家就不敢講話。而且有自己的班
> 底，就不受人擺佈。不管誰借錢都利息照算，過期一樣送
> 法院。自己立足站得穩，並且選戰時有實力，培養有兵
> （派系），能夠有人支持我們說的話，我們才站得住腳。所
> 以我任職22年，無人與我競選，就是因為我有相當的實
> 力。例如許多理監事都是我一手扶植的。當然，派系大，
> 卻亂用職權，也不會成功。派系大，再處事正當，一定成
> 功（訪問記錄F9）。

派系的發展既標識著地方金融有油水可撈，掌握著金融資源的核心
理監事便越需團體化，以控制整個組織的有效運作。因而，農會信
用部與信合社，這兩個地方金融究竟該維持其既有的合作精神，亦
或隨著社會變遷開始追求營利價值？並非本書關心所在，這已有太

---

6 有關派系應從「再團體化」這個新的角度予以思考，詳細論述請參
考陳介玄〈派系網絡、樁腳網絡與俗民網絡：台灣地方派系形成之
社會意義〉。

多合作經濟學者的大量研究[7]。在此，我們關懷的是，台灣地方金融發展過程中，所透顯出來的「團體化」問題，不管是利益團體或是合作團體的「團體化」問題[8]。

---

[7] 有關之研究文獻參考註一，及中華民國信用合作社聯合社《關於信用合作社觀念之澄清及對改進改制的基本探討》、《信用合作社改制銀行法律問題之探討》。

[8] 這個核心問題，在我們田野訪問中，有的業者在思考營利與合作之定位的過程中，也提到了組織的屬性並不決定其可做什麼，不可做什麼，而是看社會的需要及組織成員的需要。受訪的台北三信理事主席指出：

信用合作社以我的定位確實是一個金融機構，講到這裡我過去常常跟我們張副總在聊，為什麼說是金融機構？這個很簡單，就是信用合作社照內政部的解釋是一種人的組合是一個社團，社團把它定位成非營利的。什麼社團？它只是講到這裡，其實這個是法律學家要去為它解答的。銀行大家都知道，它是公司組織，股份有限公司，是一個營利的社團這個是法律上規定的。我們是非營利社團，他們是營利社團。那麼很奇怪，他解釋我們是非營利社團，但是我們明明要繳營利事業所得稅，這個已經證明了。我們業者也在想政府實在很奇怪，你說我們不是營利為目的，那麼我就請問我們是以什麼為目的？這個我們是不知道。如果在一百年前這種組織可以用非營利而讓他存在的話，至少我講今天不可能，所以也要我們繳營利事業所得稅。營利事業所得稅扣徵的對象是營利事業，顧名思義。一方面稅法上認為我們是營利事業，另一方面主管機關內政部認為我們是非營利社團。我舉這個淺顯的例子就證明了這個制度不能迎合這個社會需要的一個明證。第二個我要強調的，以現在的觀念來想，不論以什麼組織都可以做來營利，我為什麼講這個話？現今有很多主管機關或者是很多合作社現有的前輩朋友，他們總是認為信用合作社既然是非營利的，既然是人的組合就不能從事銀行業務，但是實際我們是從事銀行業務。我們從法律的見地來看，我認為這個組織體本身跟它從事什麼業務無關，你用有限公司的組織，你用無限公司的組織，你用合伙的方式都可以從事經濟活動，一定要用什麼組織？我們這種只是組織的型態之一而已，對不對？所以我認為，我們在看信用合作社這個組織的時候一定不要束縛在人和這個觀念之下，然後認為人和就能做這個，我想沒有這個事情。主要是一般的人民，全體的國民，這個社會上的任何一個人需要我們什麼？而我們能夠提供什麼？這樣就可以了（訪問記錄F22）。

從地方金融核心的團體來看，當然是從會員代表所組成的理監
事會。團體的利益也要從理監事這個高層的位置，才能予以透視。
地方金融團體的屬性要從核心位置所能掌握的利益與權力，方能分
辨清楚。那麼，作為地方金融的核心人物有何利益呢？受訪的一位
理事主席指出：

> 做為理事，有沒有很大的好處？否則地方人士熱心的不得
> 了，這是為什麼？他有兩種好處，因為我從前都曾經有
> 過，還有一個我現在也有。它有大批的資金，大額的存放
> 款，它有一個審核的制度，所以你還是可以做個適當的運
> 用，這一點是最可怕的。從前我別的不曉得、這個我曉
> 得，這個一弄不好，不要又出了一個十信，所以我是絕不
> 想去動用它。有沒有人動用我不敢講，它可能變成一個集
> 團的工具，假使使用不當的話就不太好，因為前鑑不遠，
> 十信就是這樣搞出了大問題，那時候它180億，比我們的
> 規模還小，自己的關係企業就拿110億去用了，這個像話
> 嗎？我們是沒有這樣，我們完全照政府現在規定去做。若
> 以合作社存放款資金這樣數字來炒，在台中市也炒翻天
> 了，因為我們參與的人還不錯，到今天大家還沒胡亂搞，
> 否則真是容易出問題。

> 第二個，就是我們這個組織社員有這麼多，那全國還得
> 了，所以我們也得到一個好處，這個好處是最近才得到
> 的，所以我現在還是在那裡的利益集團的一分子，是什麼
> 呢？外面推給我們的，就是軍公教人員福利中心，現在正
> 由我們中華民國合作社聯合社來辦，這個跟剛才那個不
> 同，各位聽是中華民國合作社，沒有信用那兩個字。可是
> 它主要的幾乎全是信用合作社，因為其他如學校消費合作

社、縣政府合作社……那怎麼能跟我們比嘛。信合社財力那麼雄厚，別的人你交給他也做不來，所以政府指定我們，給我們辦，它也不曉得這麼好賺，這個麻煩了。因為起先大家沒想到這麼好賺，結果我們接了半年以後，去年也賺了上億，今年數字一上去，更好。剛才我講的，大家都不要的，結果才發現這個是很好的一個金礦，而且現在我們雄心也大了，二百坪怎麼夠看，以後要五、六百坪的賣場才好。國軍福利處與民爭利，原先說不行，要交給老百姓就交給老百姓，你交給企業做，大家不罵死了，圖利他人，結果說好合作社給他辦，卻也變成這樣，而且我們還不霸道，我們還很客氣，因為那時候還不曉得能不能做好，我們就跟他講如果要自己辦就留著自己辦。像新竹市還有幾個小地方都他們自己辦，我們一接過來才曉得這麼好，好得可怕，今年我們開會的時候我就講，不能分這個錢，分這個錢會有問題，我們現在名正言順，我們先來置產，所以去年我們才接半年，全部賺的錢都保留起來，今年曉得賺這麼多，就在台北買了一棟中型的大樓，自己就有了資產，將來說你有沒有本錢，就說我有一棟大樓，否則就什麼都沒有。這棟大樓是用中華民國合作社聯合社名義買的。政府因為每次列席都發現這個問題愈來愈嚴重，他就說你們趕快買，讓合作社法趕快修正好，然後看怎麼辦，要不然將來坐大了也是麻煩。其實他也照顧民間，沒有這樣不行，可是這樣也會畸形，你愈做愈大將來不得了（訪問記錄F2b）。

做為一個金融組織而言，從上述訪談可知，核心團體所能握有的資

源與權力相當的大，否則地方人士也不會競相角逐[9]。這些利益也造就了整個地方金融的蓬勃發展。進一步來看，組織所能提供的利益並不僅止於核心團體，針對團體中的個人，若要嚴格依照信合社法執行，在一定獲利的前提下，理監事及幹部所能得到的報酬相當可觀。受訪的一位理事指出：

> 跟各位講，所謂利益集團一定要讓他有利益，能沾到才可以。所以我們講，看了薪水表，部長、院長，我們很多中級幹部都不比他們低。大公司公布出來的總經理的薪水，沒有幾家比我們合作社高。對於理事，我們不敢照法令去做，法令上規定可以將結餘的10%我們幾個人分掉。可是這10%嚇人吧，到明年的話可能一年就十億，我們二十個一人就拿五百萬也不太像話，這個還是帳面上的，如果還跟商家講一講，也跟帳面上的一樣多，也賺個十億，我們二十個人一人分個五千萬，這也不像話。所以這個也要慢慢地規範，然後看怎麼樣處理，所以這個也是很多問題。現在我們嚴格的講，從合作社的了解，你真可曉得台中市實在是相當富裕。以消費來講就相當不得了。我們七十萬人，二千多億，一家多少錢，一個家夫妻二人就好了，驚人的數字，存在合作社的真是驚人的數字（訪問記錄F2b）。

從團體與個人的利益所得來看，地方金融的發展，既然完全跟我們經濟發展線是一致的，它也就能一直站在台灣經濟發展營利上的一

---

9 從實際運作來講，核心團體還可以外延出來許多好處。譬如說，這個團體可以成立一家公司，把金融和其他的多角經營的事業連在一起，這種屬於抬面下運作的利益與權力，不但技術上可能，就我們調查所得，有些地方金融的核心團體即如此運作。

個制高點，獲取社會總資本累積與流通延伸出來的高額利潤。而地方金融之所以能這樣做，說穿了還在於其擁有資本再生產的貨幣網絡及人際網絡。換言之，社會團體與貨幣網絡相互為用，創造了地方金融獨特的營利空間。一位受訪的信合社理事主席指出：

> 社員吸收，有意外的情況是股票狂飆的時候，股票要代收，咱們公家銀行不太願意代收，容易出問題，如果有人做了個丙種的不就完了嗎？而且他都調來調去，也搞不清楚誰怎樣，所以銀行不太願意做的。銀行裡做的最多的是世華，其他大概都是合作社做。合作社只能對社員做這個服務，你參加股票不見得來我們的社，所以我們就到那裡去設，你來這證券公司，提申請書，要當社員，所以就加入了，一下子社員增加了，那麼利潤也增加了。我們從收款到轉帳有一個時間差額，他的金額大，我們就賺時間差，因為利息被我們賺了。你說那一次才差一點，其實錯了，三百六十五天，天天都差一點，就三百六十五點了。所以如果像我那時候日中證券、台中幾家證券，他每天都有十幾億、二十億，一家就有十幾億二十億，你收購五家就有六、七十億到一百億都免費的，一百億一年多少的利息，可以一億多。所以那時忽然間，大家都覺得太好了（訪問記錄F2b）。

台灣經濟的發展使得地方金融能享受到水漲船高的好處。總體社會經濟的發展，開始形成不同的利益分配，這是團體形成的一個重要條件。反過來說，有了團體化的組織動員效用，才能以團體行動有效攫取當下社會及經濟結構所給予的營利空間。然而，因為地方金融的合作屬性，使得社會大眾，乃至於做為農會及信合社的會員本身，並不完全瞭解隨著社會經濟壯大的地方金融之能量及其重

要性。這一點從信合社法長期一直冰凍在立法院多少可以說明。受訪的一位信合社理事主席指出：

> 合作社單獨立法不能上抬面，主要卡在二點，一個是法案塞車；另一個是一般人把目標都弄得很大。我們舉個例子，像開放銀行，炒得熱熱鬧鬧的，一說到合作社立法，好像跟我沒有關係，因為長久由少數人控制這個團體，社員人很多，可是他沒有發揮真正的關係，所以我看還要一、二年，大家覺醒了，認為合作社是我們大家的，我來關心注意我的權益，大概到那個時候就容易。從前就是大家對合作社認識不清，另外一個它的名氣也太小了。銀行，其實銀行也好笑，銀行它再做五年也趕不上我們合作社，不要說趕上，趕上中等的都趕不上（訪問記錄F2b）。

地方金融本身的社員及會員有一大部分人不關心自己所屬的團體，說明他們無法意識到這個團體與自己利益上的強大關聯。事不關己，乃是因為利不及於自己，權力更無法上身。如此，我們就可以發覺，一方面地方金融站在社會經濟發展之營利上的一個制高點，握有相當龐大的經濟資源；另一方面包括入社會員的一般社會大眾卻又對這個團體顯得陌生，不夠重視。這就說明了握有龐大經濟利益及權力的核心人員，是以一定的策略與架構在進行著地方金融團體化的工作。受訪的一位理事指出：

> 既然他參加以人為單位，又有這麼密切的地緣關係。若你想參加合作社就要有已經參加者的推薦，加上這個規矩，嚴格講這個也不太對，自由出入社怎麼還要找人來推薦。我們有一欄推薦欄，誰推薦你就填，我們還想辦法照這個人脈這麼發展下去，你的人發展多了，你就變成核心了，

上面就安排你為社員代表，只有社員代表才能參加每年社員代表大會，我們不開社員大會的，因為太難辦了，如果要辦有四、五萬人，不就要在綜合運動場，室內的就不夠了，所以不行。但是他也不一定多少比例，一個合作社大概都120位到130位左右，這樣開起會就容易，我們就用這個把它做個代表性，這些人合起來一定有辦法掌握人數的一半以上，所以選舉大概在這裡來運作的，這裡才產生理事、理事主席，這是營運的系統。

理監事裡面只有幾位在控制。他是透過法律的殘缺不全來進行。你叫一個社員來講，他講了半天他不曉得合作社是怎麼一回事，只有幾個曉得，因為他累積二、三十年，資格淺的都已經十三年了。他的任期不受影響，所以他當了以後就一直當了。除非說他要移民了，或家不住台中了，因為我們這個有戶籍地的限制，除這以外都沒有，簡直都沒有。只有這幾年，有幾個合作社，台中的幾個，開始競選要花點錢，從前沒聽過這事，這跟整個民主風氣有關係。現在台中也有幾個合作社聽說要花錢，高雄有幾個已經要花錢了，從前沒有。所以法律的不齊全，又在變革中跟人結合在一起，不跟制度，不跟法律結合在一起，它從光復到現在都那些人，所以排他性很重。所以，一方面他是跟地方社會連在一塊，另一方面他的真正所有權以及管理上又是相當封閉(訪問記錄F2b)。

這樣的團體化布局，使得地方金融的社員人數在不斷擴大的過程，意即其外圍團體不斷加大，團體邊界持續擴延，它還是可以控制。這個機制在什麼地方呢？受訪的一位理事主席指出其中的奧妙：

信合社參與地方選舉為何會有力量？他的參與是一個交易性的。這就妙了，這個妙就妙在這裡，他本來是會利用合作社，使用這個合作社，不要說利用、使用這個合作社，信合社本身就是這樣組成的。會員進來的方式，就是一個拉一個，其實第一個就很像是樁腳、角頭，他用人脈。所以你跟的比較好，我就跟你，下次排你當理事，這次我們支持某某人，我都登記好了，你不能漏氣。結果他天天來這裡泡茶、喝茶，他也覺得那人沒當選，我來這裡太沒面子。所以的確在我們台中，所謂賴派、張派其實是地方金融的派系。

這樣的一個連帶很強，實在太強了。為什麼呢？他的興衰簡直可以從他掌握地方金融的強弱看得出來，所以講的比較不好聽的話，如果一直控制這個單位，也就一直掌握地方的政治權力，因為台中跟台北不同，台北政治的方式比較多元化，台中從前還是比較單純，但是我們不能否認參與政治要有強大的經濟基礎來支持，否則一、二次就再見了。政治的運作和支持還是需要財力相當雄厚。所以賴派、張派他們都有很堅實的經濟基礎。何春木先生，黨外最持久的，都是一樣。沒有辦法，你說民主政治，不是我們這樣子，國外也是這樣子。整個人脈的動員力量還是很大。他的動員關係一方面是利益關係。我們都曉得，借錢在寬鬆的時候大家不會感覺，就是在收雨傘時，大家緊張了，下雨了還收傘，又收到我，那麼，可以收，也可以不收，它又可以運用巧妙了。所以這很難說，剛才我講讓它經營，就要讓它中立超然，要專業經營，那麼成員要普及公開、合法，那麼賺的錢也不能進誰的口袋，讓它透明，

這恐怕更好。這是我們的理想境界（訪問記錄F2b）。

地方金融這種團體屬性，從地方金融之外的金融單位觀察，便是一個個小團體、小圈圈。這種看法與圈內人的看法可說是相呼應。一位受訪的土地銀行台中分行經理便指出：

> 合作社是一個個的Group，就是小圈圈，小圈圈是屬於少數人，甚至於傳到下一代，是比較像屬於個人企業的經營法，好像把大眾的資金都交給他們去運用，風險就很大，政府也是基於這一點而不太敢開放。應該是可以開放，但是如何來管理它才是最大的一個問題（訪問記錄F7）。

就政府立場來看，這種自然人的組合與連帶，往往形成過度社會化的組織，變成專業管理上的困擾。受訪的財政部金融局長指出：

> 信合社已經不是一個基層的金融機構了，變成比較社會化的組織。跟地方的士紳和地方、中央民意代表的關係比任何一個金融機構都還要密切，經常會出面關說，選票及地方利益的問題，從社員到理監事到理事主席，跟省議員、地方民意代表都結合在一起，內部的選舉結合，外部的選舉也結合，我們在擬信用合作社法時，一個版本出來就有人關切，所以提到立法院就有三個版本，是很明顯的例子（訪問記錄G5）。

就我們對於信合社及農會信用部的訪問與調查來看，不只是上述的信合社，農會信用部也有類似的現象。從地方金融本身內部權力組合的形態與運作模式，和其對於外部世俗社會施以動員的方式加以考察，便能發覺其組建人脈網絡與貨幣網絡有其規則可尋，團體化是其中主要的運作邏輯。納入其貨幣網絡團體成員，不一定能被納入核心團體。就地方金融的組織構成，從一般社員（就農會而

言是會員），進階到社員代表（會員代表），最後再晉身於理監事成員的模式不變，隨著經濟發展帶給金融高度收益性特質的越發明顯，地方金融的團體化便會不斷進行著。這個團體化有兩個方向，一方面是內向、封閉的團體化，在社員代表及理監事的組成進行著[10]；另一方面是外向、開放的團體化，在入社成為社員（入會成為會員或贊助會員）與一般社會大眾之間進行著[11]。兩者方向相反，卻需要相輔相成加以整合。地方金融與當地世俗社會的連結是透過內外向團體化進行，一般人若不能洞察地方金融這種團體化的運作模式與豁顯出來之成效，便很難意識到地方金融對於台灣社會發展的重要性。台灣地方金融從團體化的角度來看，可謂是以小搏大，將團體行動的效益提升到最高點，形成對社會生活的高度穿透力與支配力。誠如受訪的財政部一位官員指出的：「全世界信合社規模最大的是台灣，發源地德國其規模很小，日本也比我們的小」（訪問

---

10 所謂地方金融的內向團體建構，是指在理監事這個掌控權力與利益的核心團體，隨著時間及人事的更迭，會在一段時間後重新調整乃至改組整個核心團體。但總合而言，這個團體有相當的穩定性，以台北二信、鹿港信合社為例，台北二信民國22年到76年理事總人數才55名；鹿港26年到75年理事總人數才35名（中華民國信用合作社聯合社，1990）。高雄三信從民國6年到76年，理事總人數69位。民國22年到76年，有60名。以兩個時段之比，才增加了9位。可見一直維持著小團體結構。至於地方金融這個小團體內向建構的時間節奏及人數之更替，我們以訪問調查的高雄三信為例，將其從民國6年到76年的歷史過程，製成一表以資說明，詳見表1-2。

11 所謂團體化的外向建構是指地方金融不斷對外招收社員（會員）的過程。這具體反映在地方金融社員及會員人數的增加。再以上述之台北二信、鹿港信用及高雄三信做個對照。台北二信創社時15人，至76年有26922人；鹿港信合社初期創社一千九百多人，至76年有19136人；高雄三信民國六年創社308人，至76年有59583人（聯合社，1990）。從以上數字可見地方金融外向團體建構的成效。若以信合社為例看其總體結構的發展，地方金融外向團體化的建構全台灣都呈逐漸增加的比例趨勢，請參考表1-3。

記錄F24）。以原來侷限於地域及簡易合作理念的小團體，發展成龐大而具有影響力的金融機構，可說是地方金融團體化效用的一個具體表徵。

　　然而，儘管地方金融因有其核心團體的利益與個人的利益，促使了地方金融往內外兩個方向加以團體化，我們卻不能忽略台灣社會經濟發展的轉折所提供的舞台。沒有這個舞台，地方金融便沒有團體化發展的空間和資源。我們在本書第二章會處理細緻的歷史脈絡問題。在此，借用農會信用部在農會經營地位的變動，先勾勒一下地方金融團體化發展的背景輪廓。以受訪的台南下營鄉為例，從其信用部的成長可看到台灣經濟的發展。受訪的總幹事指出：

> 民國62年，我剛到下營農會時，存款是6000萬元，我接任總幹事時，存款是1億3000萬元。首先，我們開始推廣養豬，種菇類等農產品，剛開始的時候，相當辛苦，因為存款只有1億3000萬元，可是推廣這些農畜業，需要相當的資金，所以當時放款額達到2億3000多萬元，跟銀行借一億，它也不借我，但來借款的人又很多，由於資金不足，所以只好壓低借給農民的錢，結果在兩年的期間當中，被農民罵死了。這兩年可以說相當辛苦。到了民國67年，存款慢慢增加，民國68年已經有4億多的存款了，當時放款也慢慢降下來了。這也部分因為養豬事業達到高峰，所以存款逐漸增加。到了去年，我們的存款達到26億元，放款只有16億，反而放不出去。從去年開始，我們不是盡力在吸款，而是鼓勵放款，規定每一個員工，要找人來借多少款項，經過這一年的調節，我們的存款為38億多，放款是25億，存放款比率是62%（訪問記錄F31）。

鄉村型的農會在信用部發展有這樣的風光，都市型的農會信用部之

發展，更是如魚得水。受訪的新莊農會總幹事指出：

> 談到農會信用部的發展，以本會為實例的話，在50年代農會信用部在經營上都很困難，那時候都靠「供銷」代理業務在支持。那麼到了60年代農會信用部的業務慢慢發展起來。那時候農村經濟慢慢繁榮起來，我們這些會員就將錢存到農會裏。60年代農會信用部可謂在慢慢的成長中，可自給自足，不需靠供銷部代理業務來支持。到了70年代，可謂每一農會信用部業務發展的黃金時期。那麼相反的農會供銷的業務慢慢的萎縮。代理業務所收的手續費，可以說不夠我們用人的成本，那麼就靠信用部在支持這個農會。從此，在70年代以後信用部所賺的錢慢慢回饋地方，把我們的盈餘撥到推廣部，用到地方去。70年代可謂是農會最好經營的時期。那80年呢？現在又面臨新銀行的激烈競爭（訪問記錄F20）。

一個是典型的鄉下型農會，一個是典型的都市型農會，卻不約而同的從不同的地域背景說明，地方金融順著台灣經濟的起飛，從六、七十年代開始高度發展的經濟歷史背景。農會信用部在農會經營中躍居關鍵地位，也說明了金融相對於製造與貿易，在台灣社會經濟發展過程，扮演著越來越吃重的角色。高雄市農會受訪者指出：

> 政府給農會一個優惠，金融業讓農會去辦，信用部在當時也不是很正式，但政府要照顧農會所以給予信用部，當時農會的支票還沒人要，慢慢地現在與一般金融機構可以相抗衡，在基層金融成為一股很大的力量，包括執政黨在選舉時對這股洪流也不敢輕視，很多方面慢慢地團結起來，主要是當時的特許行業信用部賺錢。農會經營信用部一定

會賺錢嗎？當然，第一、本身它是特許行業，第二、農會信用部對基層金融最基本的貢獻點在哪裡？假使你我大家都是開銀行的，一定會想到一點，哪裡繁榮，我們一定想辦法把分行設在那裡，當時很偏遠的鄉鎮，你想想看可能有銀行去那邊設立嗎？例如：蘭嶼有一個台東地區農會的辦事處，像那種地區只有農會會去設。合作社、銀行它會去嗎？不可能。農會信用部在台灣由農業蛻變為工商業對社會的貢獻是蠻大的，最基本的就是，一個農民他活動的重心就是在農會，活動的項目中80％都是信用業務。一個社會要進步最主要是靠它的金融，以瑞士來講，她就靠一個金融業，一個服務業，國民所得一個月兩萬多塊（訪問記錄F25）。

受訪的農會無不肯定信用部對於當下農會存在與發展的重要性。一葉知秋，農會信用部的嬗變，說明著地方金融角色的更迭，從信合社金融牌與合作牌之爭，亦可看出端倪。地方金融到底是利益團體或是合作團體，就前面的討論多少可以意識到，合作的色彩與營利的本色兼而有之，這其中的關鍵乃在於社會將金融推上經濟發展的獲利寶座上。合作與營利無須做理念之爭，世俗現實取向早已做出了它的選擇，台灣早期歷史及社會發展階段對合作有利就偏向合作，光復後至今的歷史與社會發展階段是營利的黃金時段，即走向營利。地方金融若不能透過團體化適時攫取社會給予的資源，也就不會有今天的壯大。從我們的關懷來講，社會給予地方金融的空間，恰巧是社會給予台灣社會團體發展的空間，對社會及文明發展會帶來影響後果的社會團體發展空間。這對於我們來說，剛好可以找到一個超越地方金融本身的基點，回過頭再觀照地方金融存在的意義及價值。

二、地方金融之網絡化與團體化

從團體與團體化的角度觀察地方金融，能夠將視野提升到社會與歷史交叉形成的座標，我們便要思考團體在一個社會發展的作用與功能的問題。中小企業在製造與生產所形成的協力網絡，是台灣社會自發形成之團體行動最好的表徵。中小企業的協力團體，說明著台灣經濟文明的一個獨特性，標識著台灣社會團體行動的效率與特長。就台灣地方金融而言，其團體性的特質與中小企業協力團體的本質有異曲同工之妙，形式上卻更具組織的完備性。所以如果我們要探討地方金融存在的意義及價值，這是一個相當重要的切入點。從歷史及社會脈絡來看，沒有不變的組織或團體，可以一勞永逸的坐享時代給予的特權。不管是農會或信合社，無論當初政府和社會給予怎樣的方便[12]，它還是需要面對變革社會的挑戰。從台灣歷史長時段的變化當中，我們比較能具體掌握，團體行動對於地方金融在面對歷史的壓力時，如何幫助其因地制宜，找出發展的空間，重新賦予自身存在的價值。台北蘆竹鄉農會是一個典型的例子，受訪的蘆竹鄉農會總幹事指出：

> 光復之初，台灣的農會就是靠供銷部，當香蕉外銷好的時候，旗山地區農會的發展最好；當稻米外銷景氣的時候，草屯地區農會的發展最好；現在農業社會轉入工業社會，房地產景氣了，台北縣地區的農會便開始快速發展。近十

---

12 譬如在訪問時，受訪者就提到，農會信用部能存在是因為它享有許多特權，公庫存款就是其中很重要的一項：
農會為什麼存放比例在30-40%還能生存？因為政府有一「公庫存款」委託農會辦理，公庫存款因為沒有利息，所以它利用公庫存款作轉存，無形中就賺了差價。所以鄉鎮農會存放比很差，還是能賺錢的原因在此(訪問記錄F25)。

年來，都市型的農會都因為信用部的賺錢而發展。同時，反過來說，這也是農業政策的轉變。光復後的農業政策是食米限制出口，靠米的農會收入就較好。後來美國農業政策的轉變，對我們農產品設限之後，台灣的餘糧太多，尤其現在已經存到150萬噸，使米沒有銷路，對農會有絕對的影響。收來的稻穀銷不出去，遂使農業體質的農會逐漸轉壞。尤其北部還好，南部的農會實在很艱辛。農業體質的農會缺少資金，因為土地少異動。

農會的存在，將來一定要配合信用部賺錢。像很多南部以農產為主的農會，像旗山農會，以前是一等的農會，現在卻是敬陪末座。光靠農產的農民沒錢，信用部就辦不起來，信用部沒錢，統銷部一定賠錢。現在省政府收稻穀，兩三年後才加工，這都會賠錢。我們統銷部虧損了也有幾百萬，都是靠信用部來彌補。所以過去台北縣都市型的農會很差，但近十年來，卻是愈靠近都市的農會愈好。像桃園市農會，公庫存款就有16億，光是利息都吃不完了。所以將來農會的生存，與信用部的金融情況，絕對有密切的正面關係。信用部愈好的農會，農民的福利就愈好。

但是農會如果只朝操作信用部的方向發展，就失去了農會的意義。一定要靠信用部賺的錢來補助統銷部，才算真正幫助到農民，也才算是符合農會的組織宗旨。像總統很欣賞我的電話農業的構想。我雖然當總幹事，現在家裡還耕有一甲地，只要一通電話就可以了，就是以委託經營的方式來做。以農會為主體，例如設一台烘乾機，投資一千萬，我不必算折舊，折舊也不要緊，生意人就不能這樣經營了。所以農會要起來為農民做點事，烘乾稻穀不賺錢；

烘乾機壞了，用信用部賺的錢再買，這樣就能盡量減少農業人口，朝向專業化、企業化的農業，才能使農業的利潤提高，與世界的農業競爭。不然以台灣這個小島，永遠沒辦法。我常出國考察，應該朝此發展。但是全省的農會，沒有像我這樣做的。你們可以去看我們的噴水機，是真正在為農民做事。一甲多的倉庫，堆滿了粗糠灰。尤其是肥料、烘乾設備……等等都是實際的做法。農委會到現在才瞭解到我們真的是在做事情。

發展信用部只是手段，目的還是在服務農民，發展農業。台灣的農會不是由政府編列預算成立的，或由中央補助。而是靠自己賺錢發薪水，要賺錢才能幫助農民。所以將來政府要幫助或輔導農民，應該是要透過農會，使農會有健全的組織。農會賺錢了，農民才能有安定的生活。我剛提到的做法，如果推行到全省，一定對農民有幫助。例如要收稻穀，只要撥電話即可。以前農林廳主張「農業共同經營」的那一套，在推廣上太困難了。中國人的「共同」兩字不好寫，寫是容易，很難做到。我們社會科組織了共同經營班，現在都倒掉了。像我們組織十戶共同成立公共曬穀場，哪天這個人遲到半小時，我就想明天也要編個理由遲到半小時，那個人說老婆有事，這個說家裡要請客，最後就沒人做了。中國人不容易共事，在台灣現在的民主觀念還未徹底實施，又缺乏守法的精神之前，絕對行不通。因此我大膽改為委託經營。

有錢的出錢，有力的出力，就是分工合作，專業化經營，育苗的專管育苗、插秧的專管插秧、割稻的專管割稻、曬穀的專管曬穀。以前人說農民討不到老婆，現在都能娶好

幾個,大家搶著要來,農村青年愈來愈有福氣。因為現在
農宅都拆掉蓋別墅,設備不輸都市,空調、錄影機、收音
機……什麼都有,以前沒人願意來,現在開自用車,很方
便。所以為了農村的青年,我都鼓勵他們別怕娶不到老婆
(訪問記錄F9)。

從以上蘆竹鄉農會發展的例子,我們可以瞭解到,地方金融形
成團體化發展的意義,乃在於透過團體將個人的勞動價值予以升
值,並創造出單獨個體相加所無法產生的總價值。而這樣的效果充
分反映在農會信用部及信合社龐大的存放款額度,以及對底層經濟
活動所起的帶動作用。是以,團體化的貨幣網絡,既彰顯出地方金
融與其它一般公營行庫做為金融單位的差別;也說明了台灣世俗社
會從農業走向工商業的轉換力量與機制所在。傳統中國社會團體在
社會發展的邊緣現象,於台灣光復後的社會發展有了不同的景緻。
團體的重要性,透過地方金融對社會與經濟發展的作用不斷顯現出
來。不管是農會或是信合社,其團體行動的著眼點都在於貼近世俗
生活的實用性,以獲致俗民對它們的團體認同。農會對於農民會員
服務的強調,與信合社對於社員一切有關貨幣事宜的張羅,在在呈
顯出地方金融深入世俗社會的性格。所以,團體化的主要特質之一
是一種動態的過程,其動態性是隨世俗的變動性而來,今天世俗的
需求變了,團體的組成與團體的行動方式可能就要跟著改動。「再
團體化」也就變成是台灣世俗社會的一個特點[13]。受訪的彰化縣農
會總幹事指出農會的變化:

我們農會也在變,政府的政策在走精緻農業、休閒農業,

---

13 我們在此要特別注意「再團體化」的「再」字,這說明了台灣社會
在個人性的連帶形式中,仍然保留了社會的彈性與開放性。

也都是我們農會在教的，休閒農業、觀光農業也是我們農會在輔導的。台灣目前農業界的休閒專家是我，大言不諂的講，農委會在訂辦法也是找我，因為我做的最早，我的東勢林場做的很早，比政府做的還早，所以在訂辦法的時候就要找我。我們將來還有很多步驟要做，將來觀光農業還是要靠農會給你輔導，宣傳，團結才是力量，你一個人在搞什麼觀光農業沒有用。一定要整個帶動起來才有辦法，你說宣傳，一個農民怎麼可能去做宣傳。所以不管是變成精緻農業、觀光農業還是要農會，還是需要組織，你買農藥也是要農會，技術也是需要農會，賣葡萄也是需要農會。所以農會是不會式微的，還是有它的重要性存在。另外有一個問題，你們有興趣可以去研究，現在政府在提倡農會合併，但是我認為合併在台灣行不通，台灣人合作的觀念很低。你說隔壁的農會要跟隔壁的合併真的說很難，阿里山農會要跟誰合併？就以彰化縣內的農會來說，要合併就非常困難，因為它有著歷史性、地域性的問題，所以合併起來很難。日本是合併起來的，咱台灣一直是想要合併，但是我看很難。像台中市的北屯區、南屯區、什麼區要合併成台中農會就很難，現在北屯農會自己要獨立，阿里山農會自己現在也獨立，台灣人都是自己要獨立，合併的觀念不夠。合併是有好處，擴大農場經營，擴大經營面是沒有錯。但是像彰化縣26個農會所有的理幹事加起來就差不多有四、五百人，現在要合併起來成為一個縣農會以後，這些人的出路都沒有了。我現在十五個理事，五個監事就可以了，成本降低很多沒有錯，但是那四、五百個人都沒有工作做了。地方政府資源的分配，他

們都沒有分配到，所以這個問題更大（訪問紀錄F5）。

台灣農會之間合併的困難，如同我們研究中小企業所碰到的類似現象。這裡再度說明了世俗社會的企求獨立有它實際的效用，否則那麼多人的位置怎麼安置？在這個人與人的組合結構下，世俗社會中的自為團體不會無限變大，變大了便要加以分化，也就是上面講的「再團體化」。透過再團體化把團體弄小，小到可以行動、可以有團體功能的規模，小到團體成員的關係有一定的互為班底的屬性，這樣團體就可以存在穩定的狀態一段時間[14]。機械地要將這個自為的團體拆解，再加以合併往往是行不通的。其中牽涉到的其實並不是中國人沒有合作觀念，這樣看問題是流於表面化。關鍵在於，中國人世俗生活中人與人連帶方式是從絕對實用的角度出發，因而，人與人之間的團體組合便不會拘泥於法律性的形式規章，而會因應情境變化進行分合。所以，表面上我們常誤解中國人是一盤散沙，無法合作。其實是，中國人的團體組成既化為世俗社會中的個個小團體，也就不起眼。更何況這個組合不一定是以嚴密的組織形式呈顯，而是以隱藏性的網絡做為實質運作的架構，外人更摸不著頭緒了。地方金融兼具組織形式與團體化網絡，其對於世俗社會的影響力更大。彰化農會總幹事談到發展精緻農業及休閒農業還是需要農會這個組織性團體來推動，即不無道理。

然而，從實際運作的角度來看，地方金融在貨幣流通上要形成網絡化與團體化，有其獨特的條件。以農會信用部來講，其貨幣流通的網絡化與團體化是在整個農業產銷的生活裡形成的。受訪的大湖鄉農會總幹事說的好：

---

14 所以，儘管地方金融外向團體的人數與規模不斷擴大，但事實上，它仍然可以透過社員代表，或會員代表等中介，將外向團體之規模予以分化成，以社員代表為頭頭的小團體。

台灣省百分之百的農會都是靠信用部賺錢,有很多農會要
把信用部的盈餘濟助供銷部。一般是這樣子。所以,你供
銷業務沒有做好是不行的啊!不然回籠的錢也就少了。共
同運銷做得徹底的話,我們要求每一個人在農會一定要有
存戶、帳戶,我幫你運銷的貨款一定要存進我們農會信用
部,存進我們農會信用部以後,我們活儲這些資金就有存
留,當然我們資金成本也會比較低。所以,這樣推廣密切配
合下,我們信用部的存款當然就慢慢增加,活期存款資金的
增加,成本就降低。所以,他們既然樂意從事農業,那麼他
們免不了要投資,短期也好,長期也好,他們每一期的金額
投資都不是很大的,就這樣循環。所以我們放款的服務態度
啦,手續的簡化啦,都在改進,利潤當然也考慮給得比一
般好,這樣他們就樂意借、樂意存(訪問記錄F16)。

這種在既有的產銷脈絡裡,落實團體化的做法,當然也需要有吸納
團體成員的行動章法,才足以維繫團體成員的向心力。所以,在吸
收客戶,建立互動關係的用心上,可以說是不斷強化貨幣網絡與生活
網絡結合的一個獨特策略。受訪的一位彰化信合社理事主席即指出:

我的客戶滿滿的,為什麼他們要來,因為我們盡量為他們
服務,賺的錢還給他們,銀行很多是公營的,裡面的小姐
很多是從年輕做到阿媽,他們不會對你親切,有禮貌。我
要我的小姐,一定要擦粉、點口紅,不是要你美,是要讓
老百姓印象好,感覺好,所以薪水加五百元化妝費。另外
服裝上也不像一般銀行小姐有各種花色,我們的小姐都是
穿一整系的,比較整齊,而男的一定要帶領帶,養成紳士
的氣派,這些做法都是為了讓客戶來這裡感覺「輕鬆愉
快」,那今年加入新銀行競爭,所以今年開第一次會我就

提出新的標語「讓客戶方便，讓客戶滿意。」彰化的銀行，像彰化銀行、華南銀行……每一家存款平均是三十幾億、四十億，我們信合社是一百四、五十億，所以他們怎麼跟我競爭？客戶愛來嘛，他們來感覺「輕鬆愉快」、服務好嘛，像銀行有什麼服務，他是營利、賺錢的，過去向銀行借錢要拿百分之五回扣，我合作社拿回扣，給人家請吃飯都要處分的（訪問記錄F14）。

這種對於貨幣網絡與生活結構結合的策略，信合社透過經營上貼近人心的親切服務以營造自己人認同感的互動模式，在農會信用部則連結的更為緊密。台南下營鄉受訪的總幹事認為：

農會有它的特性，現在如果有銀行到下營來經營，它還是不能生存，因為農民與農會的關係太密切，每一部分都與農會有關，像農民健康保險，他要保單一定要到農會來拿，現在一天約發一千張保單，一個月發二萬六千多張，所以來的次數很多。而且保費都是直接從戶頭轉帳，所以要辦農保，一定要在農會開戶，否則不受理，其它像水費、電費、電話費、農產品運銷的業務費等，也都是從信用部來轉帳的方式，所以一定要開戶。而銀行就沒有辦法跟農會一樣，與農民拉這麼近的關係，雖然有一些生意人的大客戶都被拉走了，但大部分農民仍是向心於農會。因此，農會即使無法與銀行在業務上競爭，但還是有它存在的必要性（訪問記錄F31）。

農會信用部，如同全省遍布的信合社，它們與一般銀行和公營行庫的競爭力，取決於其「網絡」的特質。也就是說，信合社與農會信用部所產生的貨幣網絡，具有「團體化」的特質，這是其與一般銀

行及公營行庫擁有之貨幣網絡不同所在。透過長期在地方上的經營，建立其獨特的人脈網絡和貨幣網絡。這種人脈網絡與貨幣網絡經由日常生活合而為一，即產生一種團體化的結構，而有了團體行動的社會效應。地方派系與黨政派系之所以常常想介入地方金融，擁有對它的掌控權，是地方金融具有團體行動社會效應的最好說明。台中市一位受訪的信合社理事主席指出這其中的關鍵：

> 信合社與地方選舉有關係。因為信合社人脈都在地方，對地方比較熟。我們社員有一萬八千人，平均一戶一點二人，共一萬五千戶，每戶以三票半算就有五萬多票，影響很大，所以很多人選舉是依靠信合社。這與資金運作亦有關係，因為人一進來，其他的東西就一系列都來了，像葡萄一樣就整串串來(訪問記錄F19)。

農會信用部與信合社以人為主的組織形態，以及向下服務會員的涉入世俗生活方式，給了它們開展「團體化」貨幣網絡的運作基礎。這就使得地方金融團體化的果實，能彰顯在聯合經營的規模經濟效益上。一位受訪的台北信合社副總指出：

> 經濟行為上的合作，當然是希望產生經濟效益。那怎麼樣來產生經濟行為上的效益呢？就是它注重聯合經營，其目的就是造成規模經濟。因為產生效益來分享給社員，這樣就跟大同公司多年來在叫的一個口號「創造利潤，分享顧客」沒什麼差別。只不過合作社對這個確實比較注重。那麼個別的合作社因為有它的地方性，如果它要對市場有一定的佔有率，而有控制，左右市場的功能，那怎麼辦？就是全國的合作社聯合起來。如果說社員對每個合作社這樣創造規模經濟的效能，以及它在分配紅利上，都產生了一個信賴

和向心力的話，可能每個社員的經濟利益，可以很穩定的來增進它的經濟效益。這是先決條件，沒有這些條件的話，合作社想辦好這些工作，可能就被其他商人打破了。

以荷蘭的花卉運銷合作社來講，它能夠控制荷蘭花卉的量，達到全荷蘭出產量的80％，那它就很有力量了。所以荷蘭的花卉運銷合作社，可以在24小時之內，即花農把花剪下來的24小時之內，可在紐約的花店擺出來賣，這就是它Market上已經很強了。他們那些社員每天把花交給合作社之後，就三、五成群聚在一起，交換育種、肥料、燈光、溫室、濕度，控制這些資料，討論市場上的行情，這便是他們的合作社。一方面造成教育和結社的功能，除了經濟行為的合作之外，也有這樣的功能。但是，很簡單的一個講法即是，人們為什麼要參加合作社？因為參加合作社可以帶給他們經濟上的利益。所謂，合則留，不合則去。因此，講到這裡，就帶來兩個觀念。講到合作這兩個字，跟合作社是不是同義字？我看不是。所以很多人就會講信用合作社不合作，可是問他們什麼叫做合作，卻說不上來。為什麼？因為，合作常常是倫理上，道德規範上的一種概念(訪問記錄F10)。

回到前面我們對於團體化意義上的界定，乃在於透過團體將個人的勞動價值予以升值，並創造出單獨個體相加所無法產生的總價值。聯合經營所產生的規模經濟效益，不是對於這樣的團體化概念最好的註解嗎？地方金融之網絡化與團體化從一個數字結構更能看出其意義。受訪的一位合作金庫經理指出：

51年農會存款只有13億，80年底則有7128億，存款增加

> 522倍。放款51年是14億，到80年底放款是3845億，增加
> 265倍。51年的存放比是106.1％，到80年底存放比是51
> ％。盈餘在51年只有1900萬，現在則有75億，增加398倍
> （訪問記錄F23）。

三十年間農會信用部的存款增加522倍，放款增加265倍；51年信合
社存款25億，80年底則是9984億，三十年間存款增加395倍。放款
於51年是15億，80年底則是5730億，增加3821倍[15]。兩者平均存款
增加459倍，放款增加324倍。透過這個數字，我們要強調的是，台
灣地方金融存款增加459倍與放款增加324倍，代表的意義不只是貨
幣額的累加，或是資本額的增長。真正重要的意義是，這兩個數字
說明了地方金融貨幣網絡在三十年時間的高密度累積。貨幣額與資
本額的累積，與經濟網絡的累積是不可切分的。有了經濟網絡的累
積，才能賦予貨幣及資本累積，在經濟及社會發展上的重要意義。
地方金融存放款額度在三十年間呈數百倍增長，說明貨幣流通已具
有網絡的渠道，而這種高密度的貨幣網絡之累積使團體化有發展的
架構與基礎。愈是在貨幣網絡中心的小團體越是能掌握資本利潤的
制高點，對於以會員爲邊界之大團體的掌控也就更加用心。如此，
網絡化與團體化恰成地方金融參與社會的最權威資產，可以在貨幣
網絡與關係資本之間相互生成。地方金融之團體化與網絡化發展，
既會造成不同單位之間資本累積的不同，也就會形成團體化與網絡
化發展的不同層級。從團體、網絡到地方金融的階層架構，我們慢
慢掌握到體察台灣社會與文明更基礎性的詮釋結構。

---

15 有關信合社部分，從80年第四季《中華民國信用合作社統計季報》
   及《台灣地區信用合作發展史》計算所得。以信合社為例，從註11
   之資料我們看到50年社員人數20萬，80年194萬，三十年增加9.7
   倍，與存放倍數一比，可知台灣近三十年來經濟之成長與庶民之
   富裕。

三、地方金融團體化之階層結構

　　台灣地方金融，透過信用合作社與農會信用部之團體化發展，使其有別於一般銀行及公營行庫的職能，對於庶民的貨幣流通網絡能夠起著建構與推廣作用。然而，不可否認的由於地理條件，以及因社會、經濟條件和職掌運作的理監事會團體之心態、能力的不同，整個團體化貨幣網絡發展的成績會有相當大的差距。這個經營成效上的差距，自然就反應在存放款的業務上[16]。經營好的信合社及農會信用部，其存放款的額度，可以是同一鄉鎮城市其它金融機構的總合。如此，就產生了一個社會發展上的關鍵問題，也就是社會「分類」的問題。台灣地方金融在光復之際，重新整頓與組合，雖說有日據時代的基礎，但歷經戰亂與異族統治的消耗，社會並無太多資源累積，浴火重生、一切待重新努力，各地差距受總體時代的約束，並沒有太大。然而，歷經四十幾年的發展，社會的總體進步，開始反映在各地方不同發展的速度與成效上。台灣各地方因地

---

16 以農會信用部為例，地區間所造成的存放款資金的差別，江金德的
　　研究指出：
　　農會信用部所在之各地區，其資金供需的豐嗇程度亦各有不同。有
　　些地區的存款資金充裕，高達10億以上（如高雄市農會、鳳山市農會
　　等），而有些地區的存款資金短絀，5、6百萬元左右（如屏東縣枋山
　　地區農會、滿州鄉農會等）；有些地區的放款需求較殷切，而有些地
　　區的放款需求較為和緩。因此，造成有些地區資金供過於求，而有
　　些地區供不應求的現象。同時，由於業務區域受到限制，地區與地
　　區間之資金供求，無法直接作相互間的調節與支援；乃導致某些地
　　區的農會信用部，其存放比率過低，甚至低於10%的現象（如台北縣
　　淡水農會等）；而某些地區的農會信用部，其存放比率偏高，甚至有
　　高達250%以上之情事（如民國64年底的台南縣關廟鄉農會等）。高低
　　之間的相差過於懸殊，即可充分證明地域性對農會信用部存放比率
　　之影響，是如何重大（江金德，1981：71）。

理結構及人文努力的不同結果，所顯現的差距，慢慢呈顯出來[17]。這時候，社會的分類便是重新認識社會、乃至於解決社會問題的必要工作。一個社會是停滯的、沒有發展，也就不需要再分類。台灣社會的發展，使地方金融業者意識到重新對地方金融分類的必要，也就說明了地方金融的分類與分層，事實上，隨著社會的發展已在默默進行著。而這對於台灣社會的根本認識是重大的線索。

　　不管是農會信用部，或者是信用合作社，既在台灣社會發展脈絡之內，差異已經形成，便有需要面對重新定位的分類困擾。在訪問台中大理鄉農會時，其總幹事提到：

> 民國76、77、78年贊助會員增加的特別多，那是因為我們放款業務比較大，因為慢慢進入都市型農會，正會員不會再增加，因為農田越來越少，贊助會員增加是由於我們業績成長的很快。好比說台北新莊農會，都市型農會沒有幾個正會員，都市型農會原有的功能沒有了，將來農會要如何來定位，都市型或鄉村型都要重新來分類（訪問記錄F6）。

從地方金融團體化貨幣網絡發展的不同成效，我們就能觀察到，從民國前一、二年至今，地方金融的發展，已成一個階層結構。有的鄉鎮城市站在上層，有些停留在中層或下層，上下層的區分，我們粗略以地方金融貨幣網絡本身累積的密度，亦即存款總額作一觀察。

1.地理的條件

---

17 我們以一個簡單數字的比較就可以知道這個差距。民國40年全體信合社總存款才6300萬。到了80年底，光是台北三信存款額已達431億，與最低的嘉義四信11億，相差420億。由此可見經濟發展成所造成的差異之大。

　　地理條件的不同是根深蒂固的決定力量。地方金融的發展不可否認的，首先受這個條件的影響。每個地方對於地方金融提出的挑戰不同，地方金融作出的回應也不同。然而，總合而言，我們看到台灣地區不同的地理環境，事實上已必然說明著地方金融的多元性格。且不說鄉村與都會區之間的不同，光是鄉村之間就有很大的差異。所以，地方金融的存放款業務即環繞著這個差異發展起來。我們以高雄的旗山和台南的下營為例說明。受訪的旗山農會總幹事指出：

> 因為地理環境的緣故，使得旗山係以農業為主要經濟活動，少有工、商業經濟，特別是工業幾乎闕如，有的只是一些家庭式的工廠，附近六鄉鎮也大致如此，這也是居民外移造成人口長期維持不變的主因。香蕉是主要的經濟作物，有「香蕉王國」的美譽，次為荔枝。香蕉並不需要太多的水分，旗山地區的地理環境正適合香蕉的栽植。日據時代旗山就有五萬多人，爾後就逐年減少，日據時代擁有五萬多人口的鄉鎮並不多見，但是許多小鄉鎮已發展成大鄉鎮了，旗山卻淪為小鄉鎮，地理環境所使然。

> 目前旗山還是以香蕉為主要的農產品，轉作有轉作的困難，縱使有「香蕉王國」之稱，也有可能造成香蕉「亡」國的窘境。講起來農民的命運著實悲哀！目前香蕉的銷售主要受制於日本市場，以及本身的品質和經營方式不能突破，因為國產的香蕉外皮會產生黑斑的現象繼而影響銷售。在歐洲看到的香蕉外表相當美觀，主要是從非洲引進，味道倒不比台灣出產的香蕉好，可是先進國家的消費習慣頗注重視覺的享受。我們東西要賣給人家就要順應人家的消費方式，不符合人家的品質要求就必須面對削價的

> 命運。香蕉為主要的作物，當然農民的收入就以香蕉為
> 主，蕉款也就成為農會信用部存款的主要來源。高雄的青
> 果合作社與本地農民訂有生產契約，青果合作社販賣香蕉
> 後所得的款項就交給本會，依照蕉農名冊轉撥到會員的帳
> 戶（訪問記錄F27）。

旗山的農會信用部存放款在其地理及作物特色下，很自然的要順著
這個特色發展起來。掌握了這個特性，亦即是在限制中求發展的不
二法門。台南下營鄉農會總幹事就指出這個道理：

> 農會本身都是很獨立性的，所以你要了解你這個鄉的特
> 性，朝這個特性去發展。像玉井，你說下營要發展像玉井
> 也不可能，他有山坡地可以栽芒果，沒辦法；但是我們這
> 邊有沙地可以栽牛蒡，玉井就沒辦法，所以我說依照地方
> 本身的條件來做。農會業務來講，新莊農會要推廣農業他
> 也沒有土地可以推廣，只有靠發展整個信用業務、開牛乳
> 工廠，光有錢也沒辦法推動什麼出來（訪問記錄F31）。

地理條件的不同，隱含著地理結構與社會結構共變的歷史作
用，使地方金融的發展逃不開一定的發展舞台。這個舞台可以給予
機會，卻也可能帶來限制，鹿港信合社是一個好的例子。受訪的鹿
港信合社總經理指出：

> 雖然以前鹿港信合社在地方繁榮的時候，也有不錯的成
> 績，可是我也常講交通的問題很重要，因為它會影響到地
> 方的發展，如果台北三信擺在新店，那它也不可能有這麼
> 好的發展，放在大溪也不可能，實際上台灣的精華就在台
> 北，無論是經濟、文化、政治都是，因為人多錢就多，所
> 以這是地理環境不一樣。鹿港的人才外流。反觀台北市在

舊社區的地方也是一樣沒有改變，可是因為那裡人多的關係。地方的繁榮一定與當地的交通有關，交通如果不方便就不會有人。換言之，如果鹿港信用合作社搬到台北的南京東路時我們就不一樣了。現在鹿港，人卻越來越少，所以交通與當地的經濟是非常重要的因素。例如在日據時代的時候，鹿港有一條街是全台灣最繁榮的，可是現在的鹿港不要說台灣，就是全彰化地區就比不上其他的鎮了（訪問記錄F32）。

是以，地方金融的發展並不是人爲可以完全做主的，人的做主是在一定的地理條件下方爲可能。盲目的要突破地理所帶來的限制，並沒有太大的意義，更重要的是，不會有實際的效果。當然，也並非地理就決定了一切，人爲的努力仍然是改變地方金融地方限制的最主要力量。屏東信合社的發展是一個典型的例子。接受訪問的屏東信合社總經理不諱言的指出：

> 我常在講，今天台北三信的總經理到岡山、到東港如果能創造幾百億的業績那眞是奇蹟，這事實上也不太可能。一個信合社經營的好壞不能就絕對的業績來講，要看一些相關的指標，在目前業界我們存款的排名是26位，但是盈餘是排名第15位，每一個人員的業務量排名在前幾名，你要把這些指標拿來分析才是比較健康的。我34歲來這裏接總經理的位置，那時候存款規模排名第42位，衝到目前26位，而到現在為止有這樣的成績，要再擠進前幾名實在很困難。因為這牽涉到地區性的問題，因為你把高雄市、台中市、台北市這些地區的信合社加起來，就已經二十幾家，所以目前我們26名，要再進前幾名追過都會區的信合社實在不簡單。到目前我們有存款排名26，盈餘第16位，

就這些指標來看屏東一信，我非常滿意。我每一個月都會
分析全省74家的排名，做一個參考。管理方面很多信合社
都很積極，尤其是都會區的信合社。憑良心講我很佩服台
中的信合社，他們很積極。就整體市場佔有率來講，他們
比率佔得很高、企圖心很強，而且不但是和銀行競爭，且
是彼此間的競爭，他們真是服務到家，顧客的存款到家
收，領錢我送到家裏去，這個不簡單，將來要走這個路
（訪問記錄F26）。

人事有時而窮，地理的限制和人為的可能性，兩者之間永遠存在著
一定的辯證關係。對於地方金融來說，各地方城鄉座落、交通的位
置、土地的價值、薪資水平、市場交易密度、大企業與中小協力廠
的佈建面積，出口廠商的多寡、庶民儲蓄的習慣及消費的模式等
等，從地理到社會的一切事物，都會影響其發展情形。地理只是形
成的地方金融階層分布的基礎，而非完全決定了階層的分布。

2.人文的條件

從人文的角度來看，地方金融的多元特色真正的締建者，地理
條件固然有其份量，關鍵的影響卻是在於人們如何發展這個團體。
是以，從人文的面向來看，影響地方金融發展的首要因素在於其團
體組成本身的安定與否，其次才是團體行動的策略問題。這個團體
行動的核心既在於理監事會這個小團體的領導，理監事會這個小團
體穩定與否，也就悠關團體行動的成效。受訪的一位彰化理事主席
指出：

我一直開辦到現在已經三十年了，一個人當合作社理事主
席，當了三十年，全臺灣沒有啦，只有我一個，現在大家
都在爭啦，很快人家就把你打下來，買票換人了。而我是

不准人競選的，我的理事都是採登記，同額競選，多一名
就找他來談，如果他執意要競選，我就明白告訴他，我會
讓他落選，像目前我的理事只有八名，但實際是需要九
名，那空出的那一名都在爭，給誰都不行，乾脆不補了，
八名就八名，其實啊，不競選才能安定，安定才能進步。
雖然我的做法有點霸，但真的目的是為了老百姓好，要安
定才能有發展，才能真正為老百姓服務，像今天社會不是
吵就是鬧，這樣是不會進步的啦（訪問記錄F14）。

地方金融的理監事團體，對於地方金融的發展既扮演著掌舵者的角
色，其運作情形深深影響了地方金融的發展。掌舵者這個小團體紛
爭頻乃，總經理及總幹事執行者也就無法專心經營。受訪的台南縣
一位總幹事指出其中的關鍵：

前幾年，我們的理監事組織還是很亂，最近六、七年就很
穩了，總幹事的決策，他們大都沒有意見。以前很亂時，
總幹事的意志會很消沉，保住位置都有問題，自然不會想
去創新。主要還是要安定，農會才能發展。我覺得一個農
會的總幹事，其觀念很重要，因為要他來拉，農會才會發
展，否則若只是想領薪水就可以了，是不會有發展（訪問
記錄F31）。

這樣的穩定，使得經營者能放手施展，不管是信合社和農會都會有
可觀的發展。從旗山信合社近十年的發展歷程，亦可證明這樣的情
況。受訪的旗山農會總幹事指出：

旗山信用合作社以前的理事主席搞得不好，現在的主席由
一位卸任的老鎮長擔任，在操守和能力上都比較好，業務
就一直上來，現在的存款額約有20億，也把銀行都超過去

了，我們旗山才四萬多人口一度卻有高達七家的金融單位（農會、信用合作社、彰銀、一銀、台灣企銀、高雄企銀、合作金庫），平均一家要服務七千人，其中還包括了許多空戶，競爭相當地激烈！我常戲稱這是戰國七雄，現在只剩下五家。農會的存款在這裡算是一家獨秀，我們有四、五百位員工，他們才四、五十位，我們就好比是一家大公司。農會得以一家獨秀的原因，主要是在此地有很深的人脈基礎、服務好、負責人在社會上的名望和影響力；金融機構的負責人很重要，以旗信為例，換了理事主席之後，業務就隨之蒸蒸日上，負責人的操守、聲望、業務能力和人脈關係要好，這是一個大原則，再來就是員工的服務態度、努力，以及會員的向心力（訪問記錄F27）。

地方金融在內部核心團體穩定之後，才能致力於團體行動的策略問題。經營者所提出的營運策略能得到理監事團體的支持，團體行動的成效能夠彰顯出來，地方金融的發展便能有所突破。台中一家信合社的做法，便是一個好例子，受訪的理事主席指出：

合作社鬥爭不斷當然會影響業務推展，當時創社的理事主席，在派系鬥爭激烈時，許多人都不願意進去，所以那一段時間業務差很多。我們穩定後辛苦了將近八年才把當時的負債還清，我們接時負債一、二億，存款不到十億。當時若有人要領兩百萬都拿不出來。大家都不願意它倒。我去接後，一直想辦法好好弄，以前的做法跟我們不一樣，他是集中放款，一個人可以借好幾千萬，當時沒有限制，這樣很危險。民國68年我把它分散投資，我收回放款，再分散貸放出去。客戶一定要轉存到甲存有餘額。當時我們的房貸都貸不出去，因為客戶對我們存疑。所以我決定透

過貸款來吸收存款，當時法令規定空地不得做投機放款，
主要就是用途上的問題。我就在用途名義上改用別的名
稱，只要不寫買賣土地我就貸給你，客戶借出去後做什麼
就與我們無關，違法是客戶的事。在把法令透過此一方式
解開以後，在民國71年我就提到理監事會議，通過空地放
款的合法放款範圍，理監事會議通過以後送審中央核備都
沒有問題，所以我們就從71年開始做。空地放款全國我們
是第一家。六年以後別人看我們怎麼發展的那麼快？老實
講，買賣土地利潤是比較高，而且很多建築業的新人都是
靠信合社貸款資金才有辦法的，當時幫助很多創業青年，
現在台中市建築界比較有名的幾個人，都是我們的客戶
（訪問記錄F19）。

核心團體配合經營者的理念，團體能夠首尾一貫，也就能夠掌握每
一個團體成員的工作成效。受訪的信聯社副總經理指出：

像淡水一信、台中三信這幾家長期的業績都比較好，存放
款比較好的信用合作社，大致來講有幾點可以去探討。第
一個是經營者，信用合作社的決策大概在理事會，在理事
會如果理事主席比較強勢領導，大概理事會也不會有太大
的意見。這些都是理事主席和總經理的經營理念和觀念比
較新，常常注意經營的理念，比較會去比較同業的經營水
準，探討銀行的經營理念問題。另外有一點很重要，就是
社務的安定。現在一些常常發生問題的信用合作社，歸結
都是在社務的不安定。這些成長很快、很穩定在成長的信
用合作社，主要都是在它社務的安定，還有領導者經營理
念的創新，以及幹部職員的努力（訪問記錄F21）。

是以，當團體穩定，團體行動能夠有效率的貫徹經營者的理念。這個時候，經營者的理念才能突顯其在整個團體發展的重要性。理念才能變成現實的行動，主導著地方金融前進。台中三信是一個相當出色的模範例子。受訪的台中三信總經理指出：

> 業務推擴來說，制度與人脈的推動都有。提款機的設置是形象問題，對業務的推展實質影響不大。以前金融管制的時代，存款多少，它對放款有很多限制。金融自由化後，許多特殊限制都取消，業務放寬了。在金融的管制來說，主要的考慮是金融秩序的問題。那麼金融經營的做法是，第一，要看你市場是站在什麼地方，利息給人高一點、形象好一點都會來。利息擺高是價格競爭，但是我是把非價格競爭擺在第一位，就是建立好的形象，使人願意來。業務上的策略，就是要能計算市場需求量，如果需要10億的放款，那麼就要同時擴大吸收15億存款來應付，這就是所謂的「同步操作」。看到市場有機會，就要事先做好準備，否則機會來了也沒用，如此存放款業務才會增加。所以重要的是要看清楚在市場所站的地方，市場的進展變化都要留意。若冒然吸收存款，是絕對要失敗的。這就涉及存放款量的計算，存款來說，如果預計需要10億，必須再加上15%，這是同步操作。所以科學式的管理，並不是別人如何做，就跟著做，這永遠跟不上人家。這種管理要求你要有掌握環境變動的能力，就如同到戲院這些場所時，你要知道安全門在那裡，要有風險的觀念。在比較利益之下，形象、招牌、分社設立地點、設備等問題都很重要。所以，比較利益是價格的競爭，人脈的問題是非價格的競爭。

我主要研究的項目是會計制度的問題，我最拿手的是分析問題、計劃問題、預測的問題、決策的問題。好像孔明借東風，孔明怎麼借東風，這個問題你就要學，金融機構之起伏變化很大，預測的出來要有相當的經驗才做的出來，要知道業務、市場的起伏變化，這就看管理者的經驗知識。第一階段38年我去當兵。41年時，體認會計制度、事務制度統一的重要性。當時財政部派員到台中某一家信合社查帳，他說：你們日本式的報表我看不懂，信合社經理說看不懂你活該。因為日本式的會計報表是依照日本的會計科目，跟中國的借據式有所不同。在我們目前的規模來說，必須算到小數點第六位，因為若有存款400億，放款200億，共600億，小數點第六位即六萬。這是很小的地方，但在存放款來說，若被倒閉一筆，這要用多少筆放款所賺的錢才能彌補，所以除了徵信等要非常小心之外，會計上也要格外精確。我們賺的是蠅頭小利，經不起別人倒一次，所以要很細心的算。我們是一步一步做起，一步一步來，不會一直去衝業務，一個月去衝個10億、20億存款的作法。存款不足，我們就減少放款，假如沒有必要，我們不會去充門面，硬要把業績衝大，所以我們就是知道要有多少就計劃多少(訪問記錄F18)。

在穩定的團體結構下，經營者可以完全發揮其經營理念，落實到行動策略面，因地制宜，便有許多不同的做法和成果出現。地方金融在地理與人文交叉互動下產生的多樣性，充分說明了台灣世俗社會的活潑與生機。再以下營鄉為例。下營鄉在理監事穩定後，以總幹事為核心運籌帷幄，表現在自營業務的發展，即是一個從理念貫穿到行動，充分掌握地方特色的很好例子。總幹事說明他們的做法

是：

供銷部盈餘到今天差不多700萬左右，全省可能沒有這樣多的，但是委託業務還是賠本，所以整個來算是自營業務在賺錢，沒有自營業務就完蛋。我們準備今年供銷部盈餘要到達1000萬，全省農會供銷部要有盈餘幾乎很少，目前是700萬，應該是沒問題，因為7月以後蠶絲被要上市了，蠶絲被一定要人工拉的，不要機器的，內行的一定要買人工拉製的，我們對外廣告標榜的也是人工拉製，現在就開始做，否則到年底沒有辦法應付人家。比較差的才用機器，好的絲一定用人工，因為彈性比較好，拉度才好。雖然慢一點但是我們要給消費者有保障，一條蠶絲被我們保證十年以上沒問題。通常賣最好的在南部是2公斤半到3公斤，北部是3公斤到3.6公斤。

為什麼我會開醫院？因為下營地區醫療設施比較差，很多人到醫院至少要等兩個小時以上，所以我們從去年開始籌設，因為要經過理事會、代表大會、縣政府，還要報到農林廳去，到今年5月份醫生開始來上班，7月7號開始開業，從7月7號到7月31號全部是義診期間，免費看病一個月。本來醫院去看病要掛號費，現在看農會開的醫院也不要了，一些診所打點滴的地方沒有冷氣，農會開的有冷氣他們也裝冷氣了，所以整個醫療水準大大有改善了。開下去沒有賺錢沒有關係，但是要提高整個下營地區的生活水準。開超級市場也一樣，但是營運狀況都比我們預計要好一點，營運可以慢慢好起來，那個時候一些傳統的小商店要收起來。將來我們還準備買一些水耕蔬菜、網室蔬菜，跟傳統市場不一樣，一些消費者才有興趣，一定要走跟傳

統不一樣的辦法來生存，這是以後的作法。醫院目前也不錯，一天看二百多人，二個醫生，一個醫生一個月基本費用15萬請來，底薪15萬，年終盈餘的話另算，待遇還算很高，而且我們標榜所有的工作人員都是有一定資格的，藥劑師、護士都有牌照，不像民家都是請初中畢業的，我們一定有知識水準、專業水準才讓你進來，而且強調服務態度，本來請職員我都沒有面談，請護士我一個一個面談，請醫生也一樣，看這個醫生怎麼樣，有的醫生很難適應。我認為病人來看病本來就很需要安慰，你還給他臉色看，藥本來是有效變成沒有效，所以醫院我很強調服務態度，病人來你跟他多問幾句，常常我們去看病，一分鐘、二分鐘，我們看五分鐘十分鐘，他會覺得這個醫生很關心我，什麼都問了。所以一些醫生也要跟著改變態度，只要達到這個目的，農會的宗旨就算達到了(訪問記錄F31)。

　　人文條件使得地方金融的發展更具多樣性，有些做法也遠超乎地理結構的限制。地方金融不同的團體化策略，多少反映在團體行動的策略上。講究理監事會穩定的團體化策略，與強調經營成效俾使核心團體能獲致外部團體認同的團體行動策略，是地方金融人文化育的重點。至此，地理條件的多樣性因人文的創造，才有了血肉。而多樣性也不再只是地理的概念，也是文明的概念。台灣地方金融對於地方的建構，於此可見其歷史意義。

3.地理與人文的交互影響

　　地理與社會人文結構交互作用，也影響了地方金融資本累積與運用的成效。一個直接可以看到的反應是，鄉鎮的地方金融，其資金成本要比都會區的地方金融來得高。一位受訪的苗栗農會總幹事

即指出這個現象：

> 都市型有一個好處，即它的活期存款多。因為我們之前的
> 活期存款，利率比較低，所以我們的成本便降低，活期存
> 款現在的利率是3.75、3.5，那我們定期存款是7.71。我們
> 農村型有一個缺點，就是定期存款太多，佔百分之七十，
> 差不多百分之七十三，百分之七十三的話，我們活期存款
> 佔了百分之二十七左右，這樣我們的成本便高出來了。所
> 以，現在都市型，有一個好處，它商人很多，商人很多的
> 話，活期存款比較大，百分之六十、五十！它漲了一倍，
> 它定期存款吸收的很少，成本就降低了（訪問記錄F17）。

都市型農會所能吸收的資源，另一些由地理結構與社會結構延伸出
來的好處，還包括土地升值快，政府公庫存款多等有利因素。受訪
的省農會總幹事即指出：

> 為什麼都市型的農會發展比較快？第一個都市型的農民土
> 地漲得比較快，所以它的會員存款較多。另外一回事就是
> 代理政府公庫業務，就鄉鎮而言，上級要補助基層建設的
> 錢要放在鄉鎮農會，現在這個公庫有220億，把這些錢轉
> 存，像桃園差不多有15億，轉存一成就好。轉存到合作金
> 庫或是土地銀行，一年就賺了1億5000萬。這個是政府特
> 別的保障，代理公庫業務就是這樣，到年底的資料現在有
> 220億（訪問記錄F33）。

由於手中的資源有限，能夠回饋於會員及地方的能力即有限，
影響了這個層級之地方金融對於團體認同的建構力度。受訪的苗栗
公館鄉農會總幹事不諱言的指出：

> 都市型農會他盈餘一億多，像新莊，但是他真正從事農業

的土地才四百公頃，眞正種水稻，種蔬菜的不到二百公頃，他盈餘那麼多，自然補助農民就多。如果我也要像新莊那樣補助。我農地有二千多公頃，那我盈餘只有一、二千萬，我拿什麼來補助？根本不可能（訪問記錄F17）。

　　從一個整體的角度來看，地理與人文互動的討論，不在於看出某些發展的地方金融能坐享地方之利，利用發展再度帶動了發展；而不發展的地方金融則是受限於地方環境，不發展使它們更加的不發展。這是消極的看法。地理與人文互動眞正具有積極意義的啓示是，在地理所提供的發展與不發展的諸多因素中，如何確立了人的主體性之作用。是人的主體性才能重新賦予地理以生命，才能帶給地方金融超越於地方限制的可能。地理與人文的交會，使我們認識到無論是在鄉村或是都會區，這樣的交會總會帶來不平等的利益，其結果常常是厚於城市薄於鄉鎮。如此，也就容易把地方金融的發展與不發展，歸之於因地理與人文交會所產生之不平等利益分配的結果。從爾，也就把人的主體性在參與地方金融建構過程的優位性給抹殺掉了。前述所謂都會區農會優於鄉村農會之處，乃在於土地升值快、可享用公庫存款的利息等看法即是顯例。不可否認這是典型地理與人文交會所給予都會區地方金融的好處。然而，都會區地方金融是否能善用這個好處發展，關鍵還在於掌握這個地方金融的團體，其團體主體性與個體主體性如何開展的問題。以到八十年底所有信合社存款最高的（431億）台北三信發展爲例，我們可以將這個觀點剖析清楚。台北三信副總經理受訪時指出三信的發展歷程如下：

　　　三信發展的條件因素很多，內外都有。外部的因素來講，我們也是73、74年以後，我們國內的資金量很充沛，外匯的存底一直累積，換成新台幣發行，資金量也就很充沛。

當時金融的骨幹還是公營行庫為主，在那樣的金融條件下，正好三信的理事剛好改組，新任的理事主席，他本身是慶應大學的法學碩士，對法律對經濟有深入的研究，對日本金融發展的狀態也有點瞭解。起先還沒有擔任理事主席，不過以首席理事的身分，來指導內部的工作，他看出信用合作社的空間，可以擴展業務，可以擴充服務的層面還相當寬廣。早期的三信是相當的保守，老一輩的大概只固守在萬華這一帶，林主席來了以後開始任用年輕的幹部，三信大舉招募大學畢業生，差不多是就是那個時候，而且是由林主席和蕭總經理親自挑選大學畢業的人才，挑選進來以後也是親自教，包括待人接物、包括工作的要領，甚至體能的訓練，這些都是他們兩位親自教。早期訓練的時候，甚至禮拜天都要到陽明山集合，有的人帶點醬菜，有的人帶點米就到陽明山行軍，從早上7:00開始到下午5:00才結束，當天中午才埋鍋煮飯，煮稀飯或是煮乾飯都有。就這樣內外的訓練，老少的幹部都這樣子訓練，這樣的做法大概持續了一年左右。一方面招募學歷好的年輕人，另一方就這樣子訓練老少幹部。除了實務上的訓練、業務上的訓練，還有體能精神上的訓練。那麼這樣的訓練經過一段時間之後就開展推展業績，第一階段是以超過50億為目標，然後是100億、150億……都是以50億這樣子處理。這樣子下來到了78年存款業績超過400億，從30幾億到400億，差不多五年的時間。

然後79年末開始從事硬體的建設，像營業的房舍、電腦的採用好像還早一點，好像77、76年就開始。營業用房舍包括這一棟以及各分社，分社的門面通通盡量自己買下來，

購買下來以後再重新裝修。為了這個工作我們還特別聘請
一個建築師，擔任顧問，讓我們營業用的房舍通通有一致
的格調。另外，我們所有的幹部每一、兩年就會帶他們去
日本去實際的觀摩，觀摩是怎麼觀摩呢？有時候是找一家
銀行到營業廳坐上兩、三個鐘頭，看看人家行員的舉止，
看看人家行員的應對表現，去感受一下人家的氣氛。林主
席也常常花時間對總部這邊和各分社的一級主管，一個一
個的教導。79年以後不再去偏重業績數字的成長，而從內
部的管理，業務結構本身做調整，業務的調整當然也包括
77、78、79上半年，國內股市剛好是狂飆的時候，那時候
國內的浮動資金和固定資金不成比例。可是79年中央銀行
連續採行利率緊縮措施，結構也變成這樣子調整。這樣的
調整大概也是在今年的上半年完成。我們內部員工來講，
林主席和總經理都一致認為還不夠滿意。因此，在內部的訓
練來講又開始了「品管圈」活動，這個活動大概我們經過三
個月的準備期，這三個月的準備期做什麼呢？就是讓同仁閱
讀相關的資料，或是看日本或其他行業品管圈活動的錄影
帶，還請外頭的企管顧問來講解品管活動的要點。這些準
備工作從四月開始準備到六月的下旬，現在已經差不多
了。我們一直認為員工的素質一定要不繼的提昇，業績應
該在今年的下半年回過頭來注重業績（訪問記錄F22）。

從這裡我們要提出的一個觀念是，地理與人文交會形成的可能
性與限制性，到底人的主體性參與了幾分？換言之，我們是否透過
人的主體性將團體的可能性，發展到它的最大邊界？也將地理的限
制性，縮小到它的最小範圍？在可能性的最大邊界和限制性的最小
範圍之間，有無限大的空間可以發展，從台灣各地方金融來看，正

是在這個空間的發揮上，著力各自不同，也就形成了存放款互有高下的階層結構。

4.三個層級的劃分

總合來講，依照受訪業者的意見，我們可以略爲區分地方金融爲三個層級。最高層級是大都會地區的地方金融；中間層是中都會區的地方金融；最底層是鄉鎮地區的地方金融。我們以受訪的台北三信副總經理的看法爲例說明。張副總指出：

> 台灣的信用合作社到目前爲止，如果從它經營地區的狀況來分類的話，大概可將它分成三類？第一類是大都會地區的信用合作社。像台北，臺中，高雄這類地區，社會各種要素的流動性高，因人口遷移地區也很大，地方上的產業基本上已經是大企業爲主幹，而這種地方的金融機構特別多。大型金融機構特別多。這樣地方的客戶對金融的敏感性很高，這是一類。

> 台北、台中、高雄這種地方，所有的大銀行都在這些地方。信用合作社即便是組織全國最大的信用合作社，在那種地方看起來，還是很不顯眼。那麼，當然因爲它也是幾十年經營，立足下來的，它一直延續下來的業務跟社員的紐帶關係也有。但是基本上，新生的事務非常多，非常頻繁。那這種地方的工商組織，或是大企業，或是中大型企業爲主幹，那小企業呢？你說他有沒有融資需求？當然也會有。但是，經營得好的企業，它多半不太靠借貸。經營得不好的，三、五個月都在換老闆了，也不敢多借。所以這種地方，光是只能讓它做中小企業的放款，對於它發展上的需求，可能沒辦法滿足。那很可能外匯也需要做。甚

至於，因為合作社這樣的組織，到了最後，總有區域性的限制。或者是對於組織體的安定性，他覺得不夠，要改制為銀行，都變成有必要。那業務的做法上，與其他銀行之間的連結，也有必要，是不是能跟銀行發生一種互補的關係，都變成必要。

第二類，大概像桃園、彰化、嘉義、台南，這種是比較工商業結構，大企業比較少。縱然有大型的生產工廠，但是，他的公司大概是在台北或高雄。那麼這種地方，同樣地，社會流動也較高，人們的遷徙也很高。故其地方上的企業，是以中小企業為主幹。第二類的地區，像桃園這種，外來人口已經很多了。原來地方上居民的關係，有歷史淵源，有過去往來相處很多年的，這當然繼續會維持，但對於外來人口的連繫，就變成一個負擔了。那這種地方，其他金融機構營業單位也蠻多的，競爭也蠻激烈的。而在這種地方，你要突顯出合作社的地位跟營運水準，就須跟第三類有不同的作法了。背景不同，要怎麼與社會聯繫，你這個區域，社會裡的新生力量，新生經濟單位。這該怎麼去聯繫？要怎麼做合作社，這都不同的。這一類地區，假設信用合作社業務放寬，分社限制解除，那麼企業能夠直接貸他們資金，中小型的工程業者，履約保證金也可以開，這個工程保證也可以做。業務區域有彈性一點，不要只侷限在桃園市。譬如，這個地方出去就是桃園縣，這外面有一個很好的客戶，我們招呼不到，那就太僵化，太沒彈性了。這問題能解決，那第二類的信用合作社？也可以蠻舒服的了。

第三類，大概就比較鄉鎮型。這裡的企業是比較小規模

的。當地的居民，也比較少異動，社會也比較固定，社會
有動態，也有靜態。這一類的組織，像東港，台東，澎
湖，這樣的地方。像第三類這種比較靜態的環境，儘管信
用合作社規模不是最大，但是在當地已經是很突出的機
構。那種地方，社員之間或居民之間，所謂的共通關係，
共通的性質，也特別強。所以那種地方的信用合作社，憑
它這種關係，這種特色，可以維持它經營上的穩定成長，
或是維持它市場上的突出地位，大家的認同感很深。而那
種地方的企業，大部分都是小企業。因此，只能對自然人
放款。大抵上也能過得去。他就維持現狀，分社多開一
點，方便客戶，他大概已覺得不錯了，可暫時滿足了。

因為環境不同，表現出來的，就不大相同。比如說，像前
年或是什麼時候，美元匯率在波動很厲害的時候，台北的
信用合作社有不少的客戶，定存解約或活期提出去。提出
去幹什麼？他要炒一下美金。但我想，這種現象在桃園，
東港，嘉義都不會有。我實際問起同業，這是為什麼？因
為當地居民的金融、需求、理財觀念，及對金融的敏感
性，已經不同。既然客戶層面是這樣子，連帶的影響合作
社經營的特色，也會有不同（訪問記錄F10）。

上述的意見很精闢的把地方金融三個層級的屬性點出來[18]。大都會
區、中都會區與鄉鎮三個層級，也適用於農會信用部的劃分[19]。事

---

[18] 若以存款額度為標準，我們利用存款餘額分級表，將信合社分成三
　　個層級，詳見表1-4。
[19] 以農會信用部而言，其單一機構存款額度，雖沒有信合社的規模，
　　但分布還是有明顯的層級。以受訪農會信用部為例，我們簡單將其
　　分成三級，亦可扼要看出個層級結構。請參考下表1-5。

實上，不同的地方金融層級說明了不同的貨幣網絡層級。儘管在地方金融的層次，我們仍然可以看到這個「階層架構」的發展，這意味著台灣底層世俗社會的發展已有其縱深與厚度，漸趨於成熟。從三個地方金融的層級我們可以看出來，大都會區、中都會區與鄉鎮區域進行的是不一樣意義的網絡串連方式，亦即並非說著相同的語言。同樣的匯率，但對三個層級的地方金融，感知其重要性及價值的方式是不同的。然而，儘管它們分別立足於不同的貨幣網絡層次，它們可能說著不同通用邊界的語言，作爲地方金融範疇內的一員，其「團體化」的貨幣網絡特質，卻仍然可以是藉以和其他一般公營行庫區辨的分類標準。除非地方金融改制爲商業銀行或國民銀行，從此脫離地方金融的範疇。就如同台灣早期合會儲蓄公司改制爲中小企業銀行，脫離了我們在此稱之爲地方金融的範疇。

地方金融階層結構的形成，是台灣經濟發展之後必然產生的社會再分類結果。階層從我們的觀點來看，它意味著一種縱向的多元化。一般我們認爲社會的多元，乃在於社會、經濟、政治、法律、文化等橫向類別上的多元化意義，卻忽略了這些生活領域內各自縱向分層的多元化意義。橫向類別多元發展與縱向分層的多元發展，對一個社會與文明的延續同等重要。台灣地方金融與中小企業一樣，皆在其歷史與社會給予的時空中，發展出縱向分層的多元化特色。這說明了台灣社會總資本的累積架構越發成熟，文明內部多樣性的交流有更豐富的可能。

四、城鄉之間貨幣網絡的交流：信合社、農會信用部與合作金庫之結構關係

台灣社會的特色，很大成分表現在地方社會的特色上，不同層級的地方金融固然反應出不同地方的景觀與發展水平，甚至同一層

級的地方金融，在地理及人文條件的不同下，也會形成顯著的差
異。這些林林總總的不同與差異，造成了前述地方金融及世俗社會
的階層結構。從階層的角度來看，除了顯現自然的及社會的不平等
之外，是否有其它積極的意義？就一個整體的視野來看，沒有不同
的發展也就不可能交流。地方金融在團體化與網絡化發展的不同，
以及所形成的階層架構，適足以形成地方金融與地方社會之間的交
換基礎。再從文明發展的層次來看，城市與鄉村之間的交換關係，
決定了整個社會資源的流通速度，也決定了一個文明與社會累積與
發展的速度。沒有城鄉的交流，社會發展的電流便阻塞不通，各地
的資源無法互相支援，發展的效率不彰，經濟成效往往為社會或文
化的慣性所折舊，總體社會也就停滯不前。台灣三四十年的快速發
展，若鄉村與城市之間在資本上無法快速流通，是不可能達成的。
位居於城市的信合社，和座落於鄉鎮的農會信用部，恰好是思考台
灣城市與鄉村互動的最佳策略點。透過信合社與農會信用部各自在
城市與鄉村的資本累積，再進行兩端之間的交流，可以說是支持台
灣經濟發展極為重要的底層結構。而這個結構的形成取決於團體化
網絡化架構而成的階層化，社會沒有階層化便沒有縱的交流壓力。
交流光靠橫的類別之不同所產生的吸力還不夠，還必須有階層這個
縱深壓力的推動，方能竟其全功。

　　地方金融不同團體化之資本效應分布，形成了貨幣的階層結
構，既是台灣城鄉資本網絡互相交流的渠道。具體分析，有兩個面
向值得注意。一個是銀行、信合社及農會信用部在城鎮與鄉村之橫
向與縱向資金流動關係；一是農會信用部、信合社與合作金庫三者
之間的互動關係。然而，對我們而言，重要的是在信合社、農會信
用部及合作金庫，三者之間所形成的一個緊密的資金互相融通關
係，透過這個關係我們可以掌握城市與鄉村的資金互動網絡之形成

與運作。但是，不可否認的，城市與鄉村一般性之金融橫向及縱向關係的理解有助於我們對不同層次貨幣網絡語言特性的瞭解。我們可以略爲回顧一下這個一般關係。

　　上述所言，都市與鄉村的關係既是考察台灣社會發展與否的重要課題，台灣地方金融的分布恰可以從一個整體金融結構的橫切面及縱切面加以觀照。台灣城鄉關係，在地方金融發展下，形成一個貨幣可以相互流通的橫向連帶網絡，都會區的銀行和信合社與鄉村農會信用部的交流，促進了社會總資本的交換與生成。台中三信總經理指出：

> 在發展過程集中在都市之下，鄉村怎麼辦？於是有農會成立。在經濟發展過程中，彰銀等並不能服務到經濟末梢地區，因此農、漁會信用部、信合社有它的功能存在，因爲二千萬的人口並不都往銀行跑。因此雖然學理上合作金融已是落伍，但是這些機構在服務末梢地區的經濟來講，過去發揮了很大的力量。儲蓄的觀念，即消費的觀念，信用合作社過去是培養一般社會大眾儲蓄的觀念與習慣。信合社的確有其功能（訪問記錄F18）。

然而，若從金融結構的縱切面來看，銀行、信合社與農會信用部三者之間又形成一垂直的位階關係。經濟波動、尤其是資金流動的敏感度，從都會區到鄉下地方，由上而下傳遞造成一個互相牽連的資金流通體系：

> 在金融界裡你會發現，首先衝擊到的就是銀行，第二波就是信合社，最後是農會。假如每個人都把錢投入股票市場，我們也會受影響，但是，第三波才會影響到農會。房地產在炒熱的時候，我們也會受到影響，在第三波。所謂

第三波是，當開始景氣時，第一個想到的是到銀行去借錢，銀行75%的高限，滿了就關閉，剩下的60%到信合社，40%到農會去。人家開超級市場，我們開的是小雜貨店。每一年我們都發覺到別人資金緊的時候，我們未察覺到，當別人放款已經不放了，存放比已經到頂了，我們的客戶慢慢地又進來，才開始成長。整個來講，我們都受銀行體系的牽動，但都是最後尾巴（訪問記錄F25）。

不管是資金的雜貨店或是超級市場，從地方金融的角度來看，農會信用部及信合社卻是城鄉互動的歷史主角。而之所以能保障農會信用部及信合社的穩定發展與交流，合作金庫扮演了一定的角色。歷來對於合作金庫與農會信用部及信合社之間的轉存款及金融檢查關係，迭有爭議[20]，在此，我們亦不涉入這複雜的爭端脈絡，而只想從地方金融從業者之主觀層面，以及合作金庫存在功用之客觀層面，說明合作金庫扮演著鄉村與城市之間資金融通角色的意義。從合作金庫的角度來講，地方金融之轉存款制度是對於地方金融的保護。受訪的合作金庫的一位經理即指出：

政府為了保護合作事業的發展（憲法明文規定），對於信用合作社與農漁會，都有種種的保護措施。免繳營業稅、農漁會免繳法人所得稅，於是營業量愈大的，免徵百分之五的營業稅，是很可觀的。經過四十年的發展，光是免掉的稅金，它們就賺了不少。這是保護政策。它們可以無限制的吸收存款，轉存合庫，合庫即使已經爛頭寸了，也不能拒絕。農漁會方面還有一個保護，就是公庫存款，目前全

---

20 這一點從地方金融的田野調查記錄可以清楚看出來，請參考「東亞社會經濟研究中心」有關地方金融的訪問記錄。

省有兩百六十幾家代理公庫存款，這是沒有利息的，有兩百九十多億。這是可以運用的無息資金。51年到現在則有75億，增加398倍。相較於其它地區，我們國家對於信用合作社或是農漁會，都有相當的保護，使它們在過去三十年的時間裡能快速的成長（訪問記錄F23）。

然而，從地方金融的角度來看，合作金庫在光復後改組，有了盈餘繳庫的壓力，與地方金融便有利益上的不一致性。受訪的台北三信副總經理指出了，合作金庫作為地方金融聯合機構的重要性，卻也不諱言指出現在合庫運作上與地方金融的衝突：

> 對於信用合作社來講，當然有一個特殊的地方，就是因為各個信用合作社，即便是最大的信用合作社，它的規模還是有限。因此，須要依賴一個聯合機構。這個聯合機構，就是剛剛我們所講的，合作原則與聯合經營的方法，以此而加以應用的。現在的應用方法是合作金庫。合作金庫現在對各個信用合作社來講，提供的服務就是，大家剩餘的資金可以轉出來。資金不夠，當然可以找它融通。像這樣的聯合機構在歐洲都扮演很強的功能。像我們剛講到的世界聯盟，它的保險公司，也是提供這樣聯合機構的性質。因為規模小，做不好工作，於是就集合起來，有了適當的規模去做。可是台灣的合作金庫，現在的功能，是蠻消極的功能。台省合作金庫，在日據時代創立的時候，叫做「台灣產業組合聯合會」。基本上，就是信用合作社的聯合組織。到了太平洋戰爭最後一、二年時，日本政府要統籌資源，於是將「台灣產業組合聯合會」改組，改組成「台灣產業金庫」。官方也投資在裡面，由官方派理事長，理監事等。光復以後，這當然就變成了「敵匪物資」。所以，就

> 由政府接收，然後省政府又增資到六成，變成了公營行庫。
> 變成了公營行庫之後，它就有盈餘繳庫的壓力。因此，就與
> 信用合作社之間有了個距離，立場就不一樣了。本來是大家
> 的，是信用合作社的。現在反而變成是政府的，變成跟信用
> 合作社之間有了個距離(訪問記錄F10)。

對地方金融而言，合作金庫的存在如一塊試金石，依賴它與想掙脫
它的控制者，各有各的盤算。真正能擺脫對於合作金庫的依賴也就
說明了地方金融真正的成熟與壯大。這從他們的經營理念與企圖心
可以看得出來。對這些地方金融而言，現階段的轉存合庫並非是特
權與保護，反而是營運上的限制。受訪的屏東一信總經理指出：

> 有些信合社認為放款有放款的風險，所以將資金轉存合
> 庫，所以目前合作金融體系內在資金充沛時，合庫罵得要
> 命。信合社與合庫之間的關係有些尷尬，因為信合社都是
> 合庫的股東，所以有發生問題時大家就講好，股東會議時
> 來修理合庫。平常合庫又如上級機構輔導信合社，那我們
> 又是合庫的股東這關係很複雜，既尷尬又曖昧。我個人是
> 自主性較高的想法，在信合社有關這問題的討論時，我就
> 告訴他們不要靠把剩餘資金存在合庫那邊來賺取利息的差
> 額，那我覺得不久遠。

> 一個銀行的經營要將存放款比率控制在一定範圍，這是正
> 派的做法，何必把多餘的存款拜託人家，結果合庫拒收。
> 我們本身做好不要去求人家，所以我們和合庫間的資金關
> 係沒有什麼困擾。但是有一些信合社常為了這個問題吵得
> 很厲害，所以在信合社開會時我也強調合作金融體系要改
> 變！不要規定信合社剩餘資金只能存款於合庫，相對的合

庫也可以拒收我們的存款，這樣我們的自主性就能提高，那每一個合作經營者就須努力去開拓業務去放款，我想這樣會比較健康一點；那像現在有一些合作界的老前輩就認為把合庫當靠山、當資金調節的水庫，需要錢時向它借，剩餘的錢就存進去。當然這不無好處，但是相對的，信合社的體質會減弱，假如這法令規定改變的話要怎麼辦？所以我一直主張合作體系要改變，不要規定我們的錢只能存在合庫，應該讓我們自由發揮。今天，假如資金減縮的時候合庫都拜託大家來存錢，那其他銀行的可轉讓定期存單有非常高的利率，應該讓信合社也能夠去。又例如一般利率很高的時候合庫支付我們社團存款的利率比一般還低，像一年期存款一般的水準是11%，它照規定只給我們10%，相對地如果那時候能存到其他的銀行時利率會比較高。

所以就金融體系自由化的立場看來，我個人覺得合作體系要改變，資金運用面可以廣一點讓大家去調配去自由競爭。合作體系改變的話，剩餘資金不一定要放在合庫，合庫也可以拒收存款，這樣的話會推動信合社去改善它的體質、推動它去調節它的資金，讓資金在公開市場的操作，債券市場的操作會積極的參與。現在根本不積極參與，因為根本沒有需要嘛，信合社有剩餘的資金存在合庫一年期的利率，比一般資本市場可轉讓的定期存單或是商業本票、公債還要高，所以大家不積極參與。因為信合社在7%的流動比率內可自由操作，有些在台北的信合社，因資訊發達就嘗試去買外匯、買日幣，高利潤當然就高風險，有些信合社就因此而賺錢，像去年台北三信因操作日幣而賺錢（訪問記錄F26）。

不只信合社有這樣的看法，深具經營理念及經營實力的農會，也企望擺開合庫對他們轉存款上的限制，並對這個法令限制所帶來的利息損失頗有怨言。受訪的下營鄉農會總幹事指出：

> 現在我們與合庫的關係，我認為政府對農會多餘資金，必須存到合庫的規定，是一種限制，因為利率自由化之後，政府應該讓農會有選擇的餘地，可以去找條件較好的銀行，而不一定要局限在三家行庫。像有一陣子，它們把利率壓到7.7%，農會本身還到7.9%，我們轉存的話都要賠本了，而很多私營銀行則到8.0%。所以就是因為這條法律的限制，使我們賠了很多錢。我覺得現在跟合庫的關係很危險。既然要開放的話，大家就一起來競爭，何必一定要存三家行庫，我們現在已經可以自己操作，甚至向票券公司買票券，那一個公司的利率高，就買那一家的（訪問F31）。

合作金庫與地方金融從業者主觀的看法，事實上剛好說明了地方金融在光復後與合作金庫不可切分的關係。在兩造主觀的背後，有著一定的客觀事實存在。當法令將農會信用部侷限於鄉鎮，信合社只能發展於城市的控制下，行政轄區的分隔帶來貨幣網絡上的各自為政。因而，兩者的資金，透過轉存於合作金庫，確實可以做到上述所言，融通城鄉以帶動經濟之輪快速運轉的功能。經由合作金庫的調劑和其遍設於全省的分支機構，地方金融轉存的資金不只支援於農業的發展，更重要的是，提供了中小工商業資金需求上的融通。陳彩裕的研究指出：

> 就其放款對象而言，合作金庫之放款對象，如表1所示，主要為非農業。其對農業放款金額占放款總金額之比率，自1966年為61%，1985年時下降為26%，連年持續下降。

對農漁業之放款金額與對合作事業之放款金額，兩者合計占放款總金額之比率，自1985年時僅為31%，而對於中小企業、一般工商企業等之放款，則連年持續增加，至1985年時高達69%。此種現象乃是戰後臺灣經濟快速成長，資本、勞動以及所得的比率，由第一級產業向第二級產業，更進一步向第三級產業移動之客觀環境、時代背景下所產生之結果(陳彩裕，1991：181)。

表1-1 台灣省合作金庫之融資對象別統計表

單位：新臺幣百萬元，%

年度別 對象別	1966年		1971年		1976年		1981年		1985年	
	金額	%	金額	%	金額	%	金額	%	金額	%
專業性放款					24,247		51,057		140,651	
合作事業	1,057	24	1,392	14	1,386	3	1,634	2	10,239	5
農漁業	2,711	61	4,433	43	9,139	22	22,504	25	54,908	26
中小企業					13,722	34	20,619	28	75,504	36
非專業性放款					16,720		40,684		68,088	
一般工商業	569	13	4,050	40	9,400	23	10,862	12	12,823	6
個人					5,322	13	25,581	28	41,767	20
其他	116	2	315	3	1,998	5	4,241	5	13,498	7
合計	4,453	100	10,190	100	40,967	100	90,841	100	208,739	100

資料來源：1.臺灣省合作金庫編《臺灣省合作金庫四十年誌》，1986年，196頁。
2.陳彩裕(1991)，〈臺灣農業金融機關設立之研究〉，表8，頁181。

註：1.1966年與1971年之專業性放款與非專業性放款欄之數字，由於資料之欠缺，無法細分。
2.對一般工商企業之融資金額，是對建築、社團復興、工商企業等之融資金額之合計數字，因此其中也包含專業性放款。

如果我們再就信合社歷年轉存於合作金庫金額作一簡單整理，即能看出，合庫之能融通中小企業及工商業之有無，地方金融挹注的資金相當龐大。信用合作社聯合社的研究指出：

　　就歷年來信用合作社向台灣省合作金庫資金借入或轉存情
形觀之，基於信用合作社存款發達，資金充沛；其餘裕資
金轉存於合作金庫較諸向合作金庫借入者，遠為超過。以
民國60年以迄76年實際資料為例，連年轉存款，幾全呈現
大幅遽增趨勢。蓋在民國60年，轉存款為40億3900萬元；
至民國76年，已高達1815億3400萬元；接近45倍。至於向
合作金庫借入款，由於均屬短期週轉性質，咸為臨時調節
抱注性質，數額起伏不一；最少者為民國63年的3億8300
萬元，最多者為民國74年的115億5100萬元。如將借入款
佔轉存款予以比例分析，最高者為民國64年的百分之2.54
為最高；民國75年的百分之1.30為最低(中華民國信用合作
社聯合社，1990：266)[21]。

　　合作金庫所扮演的角色是進行不同階層結構位置之地方金融資
本累積再分配的角色。從我們角度來看，不管爭議有多大，合作金
庫存在的積極意義是，把地方金融團體化及網絡化的貨幣流通效
果，加以延長和擴大。這對於地方金融因團體化而引起的負面效
應，也可以適當的彌補。受訪的土地銀行台中分行經理指出地方金
融這個內在限制，以及土銀、合庫的補助作用：

　　　在鄉下地方土銀、合庫、農會可以說是都結合在一起，就
　　　是業務上都重複。因為土銀、合庫、農銀三家行庫都帶有
　　　輔導農會的任務，所以在一些業務的訂定上我們都會事先
　　　考慮盡量的不去侵害到農會的權益，我們本身就有角色扮
　　　演與功能的設定，比如說價格競爭得很嚴重的時候，我們

21　「茲將自民國60年至民國77年信用合作社對合作金庫轉存款及向該
　　庫借入款歷年金額列於表1-6，以窺其供求調節的狀況」(中華民國
　　信用合作社聯合社，1990：266)。

也會考慮到假如拿出低價格時會不會傷到農會，所以在每一個地區我們都評估農會一般的利率水準，因為農會本身資金有限，也有受法令的限制，非會員和企業它也不能作，它就會主動介紹到我們這邊來。還有一點，就是每一個鄉下地方的農會派別分得很清楚，比如說你這一派的人做了總幹事，我這一派的人就把錢全部領出來存到別的地方，貸款我不會找你，就算找你也是挑三撿四的，很難貸到，這是事實，所以說在這種情況下就由土銀或合庫來辦理把它吸過來。這是我在員林、北港的親身經驗（訪問記錄F7）。

　　地方金融團體化與網絡化所形成的階層化，透過合作金庫在台灣世俗社會開展出城鄉之間的交流，充分說明了地方的歧異本身即是一種資源。沒有多樣化的差異，也就沒有了互通有無的資源。從地方金融來看，類別的多樣性和層級的多樣性同等重要。信合社及農會信用部之間，如果只有同樣水平的類別，少了不同位階的層級，交流只是單向。玉井的芒果和下營的牛蒡當然是很好的交流品，然而，若是高雄所累積的資金可以為下營所用，這種歧異之間的互補性，不是更具資源的意義？台灣社會與經濟的發展，沒有得之於這些基礎網絡與結構的協助，又如何能夠快速起飛？地方金融的不起眼，再度說明了支持社會發展的世俗架構，因其無聲無息，總是最容易為社會大眾所忽視和遺忘。地方的多樣性與歧異性，也是世俗社會的特質。世俗社會的豐富就在於因多樣性及歧異性而來的開放與交流，世俗社會作為台灣社會的底層結構，賦予了台灣社會堅實的生命。這是從地方金融的交流可以見識到的另一種體會。

五、限制與發展：世俗社會的有限空間無限生機

　　地方金融的發展，如果可以作爲思考台灣社會發展的模式，乃在於我們前面一路談過來的一個重要特點，即於限制中求發展。從地方金融的團體組成及其法令規章來看，有政府給予的特權（如免繳營業稅、地方性經營家數的壟斷及轉存合作金庫的保障）也有政府給予的限制（如限制營業對象、地點及項目）。是以，從團體的屬性及團體行動的特質來看，很少的團體發展像地方金融一樣，始終處於特權與限制糾纏的叢結之中。而在地方金融這種矛盾式的發展模式，我們恰恰目睹了台灣社會發展的模式，此即：沒有限制就沒有發展，沒有發展也就沒有限制。從地方金融來看，政府對於信用合作社與農會信用部的營業限制，是每個受訪業者皆憤憤不平的批評焦點。受訪的新莊農會總幹事就提到這樣的限制：

> 新銀行的加入對我們的影響太大，而且因為我們農會信用部的業務受到多方面的約束。有許多業務銀行可以辦，我們不可以辦，所以我們無法繼續發展下去。就放款而言，我們的對象限制在會員，一定要加入會員才可辦理放款。像這些銀行都沒有這樣的限制，以及許多的業務，像發行可轉讓定期存單，我們也不可以發行。這對我們在吸收存款方面影響太大，使得我們無法和同業競爭。

> 法令也限制太多。譬如拉存款而言，像最近我們新莊最大公共設施用地徵收，補償金有一百多億元。在市公所發放補償金的時候，新莊市十幾個金融機構的經理都在那裏搶客戶，剛好最近銀根很緊，大家急著搶客戶，大家一競爭就比條件，他們都是可轉讓定期存單，而且他們可轉讓定期存單採用分離課稅，就是要領息的時候，扣除20%以後你結算申報的時候就不必申報了，像這種情況對大額存款有利，譬如說我一億存在你們農會將來我報稅的時候最高

可能要繳40%的所得稅；銀行的定期可轉讓存單所採用的
分離課稅是20%，那我存在農會將來申報可能要繳40%的
所得稅，而且銀行的利率是8.5%農會只有8%，特別在六
月是銀行銀根最緊的時候，他們一個月的利率拉到8.5%，
而我們的定期存款的年息只有8%，那我們怎麼跟他們競爭
呢？像這種不平等條約對農會傷害最大！一百多億的公共
設施用地的補償金，新莊農會爭取到一半。如果，我們存
款的條件和銀行一樣的話，應該有九成的把握，因為那些
地主都是我們的會員（訪問記錄F20）。

各種法令規章所形成的限制，在在不利於地方金融以平等的立足點
與其它金融單位競爭，地方金融又如何撐出一片天地，在許多鄉鎮
及城市裡，遙遙領先其他公營行庫？這是我們前面地方金融階層化
發展已略有觸及，而在第二章及第三章要深入探討的問題。

　　客觀來講，三個層次地方金融所受的撞擊不一樣，因大都會、
中都會及鄉鎮三者的貨幣網絡並不相同，所以限制與發展的意義也
不同。甚至在新銀行的衝擊下，可能上層受到打擊而下層反而受
惠。譬如，由於新銀行加入而引發的頻繁而強勢的金融商品促銷活
動，可能帶動一般基層庶民對金融商品的新認知而樂於消費。關於
這一點，受訪的高雄市農會股長即指出：

農會除了正會員之外，贊助會員也一樣享有貸款、存款的
權利，與合作社會員也沒有區別，與當地銀行的客戶也沒
有區別。是不是新銀行進來我們就被消滅了？學商的就是
一個利的觀點，利之所在，人之所趨。以目前銀行來講，
它會去市區設分行，楠梓、橋頭它要考慮成本，岡山可能
會去，銀行一定是有利的地方它才會去。農漁會信用部它
是一彌補的功能，不會受到新銀行的衝擊，新銀行進來後

帶動整個金融活動活絡以後，反而農漁會信用部能佔到一
點便宜，新銀行進來後對農漁會不見得有什麼打擊，反而
有正面的幫助。

這個道理在於，新銀行出現後，無形中服務的內容增加
了，服務品質提高了，農會必須步入電腦化，但由於機構
小，無法發展就形成聯合的力量，慢慢推展其它的商品與
人家相抗衡。在愈競爭的情況下所受惠的除了都市外，鄉
村的農民一樣受惠一些先進的東西（訪問記錄F25）。

總體來講，還是取決於我們前面所說過的，經由團體主體的努力，
才能取得豐碩的果實。受訪的信聯社副總經理指出：

信用合作社都是地區性的，有的甚至於都超過當地的銀
行，譬如說，台中市十家的信用合作社，整體的存款量佔
了全體信用合作社的26~27%，它們的總合也比當地的銀
行還多。還比如說淡水一信，業務區域只在淡水、八里、
竹圍，業務區域範圍內的人口才七萬多人，社員也不到一
萬人，它的存款已經有達到215億，比當地任何一家的金
融機構還高出很多。在五月底，淡水一信的存款已經233
億，這是相當大的一個特色。像屏東一信，它的總業務量
也是佔當地十幾家行庫的最大。所以很顯然，信用合作社
很受當地民眾的擁護（訪問記錄F21）。

至於如何發揮地理條件的優勢，於限制中求發展？苗栗縣大湖鄉農
會做了很好的示範。其總幹事指出：

我們這邊的氣候是年平均溫度攝氏22度。濕度百分之七八
十，雨量到2200公釐，唯一的特點是大湖的日夜溫差大，
日夜溫差8度到10度，對於一般水果，作物都很合適，所

以我們這邊生產的草莓甜度高，顆粒大，水分多，纖維質少，可口好吃。

日夜溫差對水果的影響很大。我們專業農民很多，作農的二十、三十、四十、五十幾歲的都有，不會像其他地方，老的農民比較多，年輕人還留得住。你說像草莓園，種一公頃的草莓，他純益在一百萬以上。像我們高接梨生產也不錯，七、八十萬、一百萬純益的也很多。泰安李的改進也是很大突破，過去泰安李還沒有成熟，大家就把它摘來吃，結果吃起來很酸，不好吃，到後來，最近這兩年，栽培技術改進，多施點技術、肥料，管理工作做好來，結果品質又大又好吃，價格當然就好。還有不定期舉辦農業農作物栽培技術的指導，我們都一直在做。另外，目前這幾年來，我們對於農村文明的一種提昇，我們定期長期舉辦很多研習班，例如，歌唱研習班、插花研習班、日語研習班、英語研習班、品管研習班等，尤其插花研習班我們一直在辦，我們辦公室每星期都有花，而且每個家庭也都有，都市人的生活品質可能還沒有我們大湖這麼好，這麼高（訪問記錄F16）。

　　前面我們提過，沒有限制就沒有發展，沒有發展也就沒有限制。以農會來講，大湖鄉如同其它許多農會，沒有地理對於工業與商業發展的限制，也就不會去開發泰安李，如同玉井的芒果及下營的牛蒡，都是在一定的地方限制下發展起來的產物。而都會區的信合社，在一定的營業限制下，只好對於服務品質與關係資本苦下工夫，存放款業績遠超乎一般當地之公營行庫者，所在多有。有了限制之後的追求發展，在第一階段發展之後，才知道進一步的限制會出現在什麼地方，該如何去突破。存款430億（台北三信）所碰到的

問題，與存款16億（旗山信用）所碰到的問題本質上是不一樣的。對台北三信而言，下一步要追求的可能是銀行性質的最佳營運，對旗山信用來說，求得合作性質的最佳營運效用，仍是下一步的重點。這就是沒有發展也就沒有限制，沒有限制也就沒有發展之意。對台灣社會的觀察，地方金融這個發展模式，所提供的認知視野，即具積極意義。社會及文明發展的限制，不論是地理的限制，或是社會的限制，逆向來看，確實是人之主體創造性力量發展的推動力。沒有了生存與生活的限制性，相對於所處環境，主體之優位能動性反而不容易顯現出來。歐洲的發展是一個正面例子，南洋群島一些得天獨厚、生活自然資源豐富的地區，是一個負面例子。台灣地方金融，說明的是限制創造發展，發展再生限制，限制再求發展的成功例子。取其個案意義，地方金融的成功彰顯了有限空間無限生機之昭示，這對於其它生活領域而言，具有相當大的參考價值。

六、小結

台灣地方金融的團體化發展，追根究底不以西方的發展模式為良窳，實透顯著底層世俗社會自有其理性。這是一個自為的世界便有其自為的邏輯。從鄉鎮型農會與都市型農會，在活期存款與定期存款形成的存款結構，可以反應出庶民眾對其貨幣孳息的方式有其素樸的考量與計算。下營農會總幹事受訪時指出：

> 農會的存款結構也比較差，因為存款者都是農民，所以不管是農作物的收成或是在外子女寄回來的錢，他活期的存款到五萬、十萬時，他馬上會來轉存定期的，所以定期存款的比率很高，新莊農會的活期存款比率可能就較高，約佔一半，但我們則佔百分之七十幾。所以我們有一個辦事

處，年度結算時是虧本的，因為一存到五萬就轉存定期，這是農村很典型的儲蓄方式（訪問記錄F31）。

農民的儲蓄，說明著儘管台灣農業生產的困境雖然很多，但農家累積的財富仍然可觀。受訪的苗栗公館鄉農會總幹事指出：

> 我們每一戶農民耕作面積平均只有零點四公頃，都是小農，小農如果去給人家代耕的話，又怕以前三七五減租，會給它收回去，那就麻煩了。所以，自己沒有辦法栽種。那小面積，你要栽種什麼東西，成本很難降低。所以，這樣一來，影響我們農產品的生產，影響很大。像我們農會貸款，這個對象是農家，但是他們投資的，還是以房地產為主，而非農業。

> 目前公館農會信用部將近二十億，農會會員只有五千多，整個會員只有六千多。公館鄉人口有三萬多。我們給他評估的話，每一家人大概存款都有五、六十萬，最起碼有五、六十萬，當然還有其他金融單位、郵局啦，其他銀行。所以我們的農家差不多都是兼業。像我家是農業，我爸爸八十九歲種田，我在農會，我太太在稅捐處，我兒子在唸書。講起來，我種田是種假的，變成這樣子啊！（訪問記錄F17）

受訪的省農會總幹事指出，這是從農會經濟學到農會社會學的轉變：

> 79年農家投資報酬率是4.03%，投資100塊才賺4塊多，尤其是稻米只有1.80%而已。假如把那些錢存在銀行，還有9.25%。所以，現在農業經營已經不是經濟學了，今天農業經營已經是社會學的經營。為什麼？現在年輕的都到都市去了，家裡的老爸、老媽留在農村，平均的農地是一分

地，台灣現在農家耕地70％是一甲以下的，他們留在那邊
做多少算多少，尤其現在栽種水稻已經95％是由機器耕
作，雜糧50％所以很簡單，經營也是不考慮成本。是社會
學是為了生活，為保持這塊地。三年前我到烏日講課，跟
他講土地不要賣掉。三年後，他說高老師（指總幹事）謝謝
你，三年前一分地三百萬，現在一分地七百萬，這樣賺比
較快。所以現在是社會學，不是經濟投資報酬率在經營農
業，現在是社會學。沒有錢的時候，他可以去打個零工，
零工男工一天1000塊，女工600塊，若是去做師傅工、水
泥工一天2000塊。他這樣可以生活，不需要跟小孩子要
錢，小孩子在都市生活買房子反而買不起。像79年的資
料，非農家一年差不多賺了60萬，我們農民一年下來賺了
38.8萬，在這38.8萬中真正農業所賺的大概只有13.6萬，其
他25.2萬是非農業收入（訪問記錄F33）。

從農業經濟學到農業社會學的轉變，標識著地方金融及台灣社會的
轉變。地方金融的世俗性格有其社會意義及其歷史的宿命。這樣的
命運是否面臨了轉型？台北三信副總經理的看法是：

合作社這種組織，有它的弱點，過去這麼多年也發揮了很
大的作用。五、六十年歷史的金融機構，在地方居民之
間，跟大家一起生活，一起發展的機構，實在有很大的價
值。這種價值在現代的社會形態，經濟形態改變了之後，
能不能再轉型，有更新一段的貢獻可以來做，這是很重要
的一件事情。像大家談國際化，金融國際化，自由化。國
際化之後，那些國際性的大銀行，它在雲端上面做金融交
易，這種也必須有它的力量，也必須讓他去發揮。可是在
地方基層，跟一般民眾，一般的公司行號，一起生活著，

對他們資金流通息息相關的。這個要怎麼辦？這是一個重
要的課題(訪問記錄F10)。

從地方金融作爲自爲的貨幣網絡生成與發展而言，地方金融之促進
貨幣的流通與貨幣網絡的形成，是迫無疑義的貢獻。低層次的俗民
信用流通與信用創造，在地方金融與世俗社會的銜接中，得到了充
分的發揮。從地方金融的經營者身上，可看出這個結果。台中三信
總經理指出：

> 房地產的活躍對信合社資金的存放有很大的幫助，就是股
> 票飆漲的時候也是一樣。貨幣金融學的理念是，信用創造
> 信用，放款會創造存款。雖然貨幣市場有變動，那我們買
> 這塊土地一億，本來我只有四千萬，那六千萬是要借貸，
> 但土地買賣之下，資金會流通，四千萬從這兒到那兒，銀
> 行放款六千萬也一起過去，一億進來以後他又去買房地
> 產，又跟銀行貸款，如此一來存款創造放款，放款創造存
> 款，一直在創造。這六千萬從銀行來的資金因此創造出更
> 多的存款、放款，所以說放款是創造信用，而且是倍數增
> 加。所以央行的緊縮政策是從放款資金著手。所以說放款
> 是信用創造信用(訪問記錄F18)。

地方金融的發展，豁顯了世俗社會的富裕與理性，也從團體組
成的團體行動，促進了貨幣網絡的形成與流通，進而創造了整個世
俗社會的信用基礎。地方金融的發展，既透顯出世俗的富裕與理
性，也就提醒我們，世俗社會的「自爲」性格，不只是一種社會特
質，也是一種經濟特質。因爲從整個社會的競爭來講，團體的自爲
發展，自會找出其最大效率最少成本的策略來進行。台中市的十家
信合社是很好的說明。可見以國家力量來接收管理，不一定是最有

效率，公營行庫的情況即是顯例。台灣世俗社會中的地方金融，充分借助於中國傳統以來世俗自為邏輯的長處，果能於經濟發展的脊背上，借力使力，於整體貨幣網絡上佔有一定的份量。這是值得我們觀照其團體化發展的原因，至於團體化的構成條件與運作機制，則是我們下兩章要討論的主題。

表1-2　曾任高雄市第三信用合作社之理事及任期時間

姓名＼民國年	6	7	8	9	10	11	12	13	14	15	15*	16	17	18	19	20	21	22
林　允	☆	☆																
莊　然	☆	☆	☆	☆	☆	☆	☆	☆	☆	☆								
莊文郁	☆	☆	☆	☆	☆	☆	☆	☆	☆	☆								
郭　鬱	☆	☆	☆	☆	☆	☆	☆	☆										
葉　分	☆	☆	☆															
葉　在				☆	☆	☆	☆	☆	☆	☆								
久德福彌	☆	☆	☆	☆	☆	☆												
莊國乾			☆															
孫　建				☆	☆	☆	☆	☆	☆	☆								
楊春安									☆	☆			☆	☆	☆	☆	☆	☆
黃慶雲								☆				☆	☆	☆	☆	☆	☆	☆
林　迦												☆	☆	☆	☆	☆	☆	☆
李　水											☆	☆						
王天貴											☆							
黃德勝											☆							
蔡智成											☆							
葉　棄											☆							
陳　拋												☆						
黃盤銘												☆	☆	☆	☆	☆	☆	☆
黃德明												☆	☆	☆	☆	☆	☆	☆
馮　課												☆	☆	☆	☆	☆	☆	☆
胡知頭													☆	☆	☆	☆	☆	☆
李朝魁																		
朱清琳																		
林瓊瑤																		
朱維欽																		
潘　粍																		
楊金虎																		
駱榮金																		
川口長助																		
高橋善三郎																		
千貝千代志																		
藍日榮																		
孔德興																		

民國年 姓名	6	7	8	9	10	11	12	13	14	15	15*	16	17	18	19	20	21	22
李　炳　森																		
蔡　崇　禮																		
王　石　定																		
何　　　傳																		
本多光十																		
久永均介																		
張　啓　華																		
朱　再　發																		
黃　朝　聰																		
王　隆　遜																		
郭　萬　枝																		
林　丁　財																		
王　峰　巒																		
郭　蘭　芳																		
彭　明　哲																		
孫　土　池																		
陳　水　池																		
陳　長　輝																		
楊　長　義																		
黃　玉　振																		
謝　朝　春																		
郭　振　麗																		
洪　漢　川																		
戴　天　賜																		
朱　有　福																		
李　金　盛																		
林　孟　丹																		
柯　清　芳																		
林　招　來																		
王　健　作																		
李　春　松																		
洪　哲　臺																		
陳　世　強																		
蘇　順　三																		
林　永　富																		

表1-2　曾任高雄市第三信用合作社之理事及任期時間(續)

姓名＼民國年	23	24	25	26	27	28	29	30	31	32	33	34	35	36	37	38	39	40
林　　允																		
莊　　然																		
莊　文郁																		
郭　　鬱																		
葉　　分																		
葉　　在																		
久德福彌																		
莊　國乾																		
孫　　建																		
楊　春安	☆	☆	☆															
黃　慶雲	☆	☆	☆	☆	☆													
林　　迦	☆	☆	☆	☆	☆	☆	☆	☆	☆									
李　　水																		
王　天貴																		
黃　德勝																		
蔡　智成																		
葉　　棄																		
陳　　拋																		
黃　盤銘	☆	☆	☆	☆	☆	☆												
黃　德明	☆	☆	☆															
馮　　課	☆	☆	☆															
胡　知頭	☆	☆	☆	☆	☆	☆												
李　朝魁		☆	☆	☆	☆	☆												
朱　清琳		☆	☆															
林　瓊瑤				☆	☆								☆	☆	☆	☆	☆	☆
朱　維欽				☆														
潘　　粍				☆														
楊　金虎				☆	☆	☆	☆						☆	☆	☆	☆	☆	☆
駱　榮金					☆	☆	☆	☆	☆	☆	☆	☆						
川口長助					☆	☆	☆	☆										
高橋善三郎					☆	☆	☆	☆	☆	☆								
千貝千代志						☆	☆	☆	☆	☆	☆	☆						
藍　日榮							☆	☆	☆	☆	☆	☆	☆	☆	☆	☆	☆	☆
孔　德興							☆	☆	☆	☆								

民國年 姓名	23	24	25	26	27	28	29	30	31	32	33	34	35	36	37	38	39	40
李　炳　森							☆	☆	☆	☆	☆	☆						
蔡　崇　禮								☆	☆	☆								
王　石　定									☆	☆	☆	☆	☆	☆				
何　　　傳										☆	☆	☆						
本　多　光　十											☆	☆						
久　永　均　介											☆	☆						
張　啓　華													☆	☆	☆	☆	☆	☆
朱　再　發													☆	☆	☆	☆	☆	☆
黃　朝　聰													☆	☆	☆	☆	☆	☆
王　隆　遜													☆	☆	☆	☆	☆	☆
郭　萬　枝													☆	☆	☆	☆	☆	☆
林　丁　財															☆	☆	☆	☆
王　峰　巒																		
郭　蘭　芳																		
彭　明　哲																		
孫　土　池																		
陳　水　池																		
陳　長　輝																		
楊　長　義																		
黃　玉　振																		
謝　朝　春																		
郭　振　麗																		
洪　漢　川																		
戴　天　賜																		
朱　有　福																		
李　金　盛																		
林　孟　丹																		
柯　清　芳																		
林　招　來																		
王　健　作																		
李　春　松																		
洪　哲　臺																		
陳　世　強																		
蘇　順　三																		
林　永　富																		

表1-2　曾任高雄市第三信用合作社之理事及任期時間（續）

民國年 姓名	41	42	43	44	45	46	47	48	49	50	51	52	53	54	55	56	57	58
林　　允																		
莊　　然																		
莊　文　郁																		
郭　　鬱																		
葉　　分																		
葉　　在																		
久德福彌																		
莊　國　乾																		
孫　　建																		
楊　春　安																		
黃　慶　雲																		
林　　迦																		
李　　水																		
王　天　貴																		
黃　德　勝																		
蔡　智　成																		
葉　　棗																		
陳　　拋																		
黃　盤　銘																		
黃　德　明																		
馮　　課																		
胡　知　頭																		
李　朝　魁																		
朱　清　琳																		
林　瓊　瑤	☆	☆	☆	☆	☆	☆	☆	☆	☆	☆	☆	☆	☆	☆	☆	☆	☆	☆
朱　維　欽																		
潘　　粍																		
楊　金　虎	☆	☆	☆	☆	☆	☆	☆	☆	☆	☆	☆	☆	☆	☆	☆	☆	☆	
駱　榮　金																		
川口長助																		
高橋善三郎																		
千貝千代志																		
藍　日　榮	☆	☆	☆	☆	☆	☆	☆	☆	☆	☆	☆	☆	☆	☆	☆	☆	☆	
孔　德　興																		

姓名＼民國年	41	42	43	44	45	46	47	48	49	50	51	52	53	54	55	56	57	58
李炳森																		
蔡崇禮																	☆	☆
王石定																		
何　傳			☆	☆														
本多光十																		
久永均介																		
張啓華	☆	☆	☆	☆	☆	☆	☆	☆	☆	☆	☆	☆	☆	☆	☆	☆	☆	☆
朱再發	☆	☆	☆	☆														
黃朝聰	☆	☆																
王隆遜	☆	☆	☆	☆	☆	☆	☆	☆	☆	☆	☆	☆	☆	☆	☆	☆	☆	☆
郭萬枝	☆	☆	☆	☆	☆	☆	☆	☆	☆	☆	☆	☆	☆	☆	☆	☆	☆	☆
林丁財	☆	☆	☆	☆	☆													
王峰巒					☆	☆	☆	☆	☆	☆	☆	☆	☆	☆	☆	☆	☆	☆
郭蘭芳					☆	☆	☆	☆	☆									
彭明哲											☆	☆	☆	☆	☆	☆	☆	☆
孫土池					☆	☆	☆	☆	☆	☆	☆	☆						
陳水池											☆	☆	☆	☆	☆	☆	☆	☆
陳長輝																☆	☆	☆
楊長義																		
黃玉振																		
謝朝春																		
郭振麗																		
洪漢川																		
戴天賜																		
朱有福																		
李金盛																		
林孟丹																		
柯清芳																		
林招來																		
王健作																		
李春松																		
洪哲臺																		
陳世強																		
蘇順三																		
林永富																		

表1-2　曾任高雄市第三信用合作社之理事及任期時間（續完）

民國年\姓名	59	60	61	62	63	64	65	66	67	68	69	70	71	72	73	74	75	76
林　　允																		
莊　　然																		
莊　文　郁																		
郭　　鬱																		
葉　　分																		
葉　　在																		
久德福彌																		
莊　國　乾																		
孫　　建																		
楊　春　安																		
黃　慶　雲																		
林　　迦																		
李　　水																		
王　天　貴																		
黃　德　勝																		
蔡　智　成																		
葉　　棄																		
陳　　拋																		
黃　盤　銘																		
黃　德　明																		
馮　　課																		
胡　知　頭																		
李　朝　魁																		
朱　清　琳																		
林　瓊　瑤	☆	☆	☆	☆	☆	☆	☆	☆	☆									
朱　維　欽																		
潘　　耗																		
楊　金　虎																		
駱　榮　金																		
川口長助																		
高橋善三郎																		
千貝千代志																		
藍　日　榮																		
孔　德　興																		

民國年 姓名	59	60	61	62	63	64	65	66	67	68	69	70	71	72	73	74	75	76
李　炳　森																		
蔡　崇　禮	☆																	
王　石　定																		
何　　　傳																		
本多光十																		
久永均介																		
張　啓　華	☆																	
朱　再　發																		
黃　朝　聰																		
王　隆　遜	☆	☆	☆	☆														
郭　萬　枝	☆	☆	☆	☆	☆	☆	☆	☆										
林　丁　財																		
王　峰　巒	☆	☆	☆	☆	☆	☆	☆											
郭　蘭　芳																		
彭　明　哲	☆	☆	☆	☆	☆	☆	☆	☆	☆	☆	☆	☆	☆					
孫　土　池				☆	☆	☆												
陳　水　池	☆	☆	☆	☆	☆	☆	☆	☆	☆	☆								
陳　長　輝	☆	☆	☆	☆	☆	☆	☆	☆	☆	☆								
楊　長　義		☆	☆	☆	☆	☆	☆	☆	☆	☆	☆	☆	☆	☆	☆	☆		
黃　玉　振		☆	☆	☆	☆	☆	☆	☆	☆	☆	☆	☆	☆	☆	☆	☆		
謝　朝　春					☆	☆	☆	☆	☆	☆	☆	☆	☆	☆	☆	☆	☆	☆
郭　振　麗								☆	☆	☆	☆	☆	☆	☆	☆	☆	☆	☆
洪　漢　川								☆	☆	☆	☆	☆						
戴　天　賜									☆	☆	☆	☆						
朱　有　福										☆	☆	☆						
李　金　盛										☆	☆	☆						
林　孟　丹														☆	☆	☆	☆	☆
柯　清　芳														☆	☆	☆	☆	☆
林　招　來														☆	☆	☆	☆	☆
王　健　作														☆	☆	☆		
李　春　松														☆	☆	☆		
洪　哲　臺																	☆	☆
陳　世　強																	☆	☆
蘇　順　三																	☆	☆
林　永　富																	☆	☆

＊因經營業務變更，原任理監事全部辭職改選（民國15年4月29日）。

註：高雄三信的理事更換約有幾個區分時期：民國6年到民國15年；
　　民國15年到25年；民國26年到民國34年；民國35年到45年；民國46
　　年到71年；民國72年到民國74年；民國75年到76年。高雄三信理
　　事，於第二時期改選了百分之百；第三期約改選百分之五十；第四
　　期改選百分之七十、八十；第五期（民國46年到民國71年），約三年
　　改選一位，約百分之十左右；第六期改選了百分之五十、六十；第
　　七期改選約百分之四十、五十。

　　「☆」代表任期時間。

資料來源：高雄市第三信用合作社，《飛躍七十年》（1988），頁204-
　　212，由蕭芬芳製表。

表1-3　全台灣與四大都市信用合作社社員數與人口數比較

年度	全台灣			台北市			高雄市		
	社員數	總人口數	%	社員數	總人口數	%	社員數	總人口數	%
41	142,962	8,128,000	1.8	36,173	585,459	6.2	14,797		
45	154,928	9,390,000	1.6	25,893	749,524	3.5	18,686		
50	200,289	11,149,000	1.8	31,171	939,040	3.3	29,405	515,153	5.7
56	326,825	13,297,000	2.3	43,412	1,228,837	3.5	56,852	632,662	8.6
60	389,470	14,995,000	2.6	54,878	1,839,641	3.0	81,002	871,824	9.3
65	478,082	16,508,000	2.9	72,069	2,089,288	3.4	107,514	1,019,900	10.5
70	840,905	18,136,000	4.7	129,924	2,270,983	5.7	170,825	1,227,454	13.9
75	1,121,314	19,455,000	5.8	208,678	2,575,180	8.1	223,962	1,320,552	17.0
80	1,940,226	20,557,000	9.4	239,759	2,717,992	8.8	297,525	1,396,425	21.3

年度	台中市			台南市					
	社員數	總人口數	%	社員數	總人口數	%			
41	29,524	212,739	11.8	13,735	231,393	5.9			
45	35,260	249,946	14.1	15,160	287,797	5.3			
50	39,177	310,829	12.6	17,855	350,066	5.1			
56	62,486	391,518	16.0	38,324	416,009	9.2			
60	68,540	467,319	14.7	46,579	484,699	9.6			
65	89,385	561,070	15.9	29,572	537,217	5.5			
70	125,668	607,238	20.7	51,203	594,739	8.6			
75	213,968	695,562	30.8	88,176	646,298	13.6			
80	457,043	774,197	59.0	162,089	689,541	23.5			

說明：1.60年之前的社員數取自吳春來，1973:118-9。

　　　2.雖然法令規定一人一社原則，實際上一個人同時加入二個或以上信用合作
　　　　社的情形仍舊存在，因此本表中的社員數便有部份是重複計算的結果。雖
　　　　然目前並無惕除重複部分的社員數統計資料，此處的資料則在提供一種發
　　　　展趨勢的瞭解上，仍舊是可以採用的基礎。

資料來源：1.《中國合作事業年報》。

　　　　　2.《台閩地區人口統計》。

　　　　　3.各年度《高雄市統計要覽》。

　　　　　4.各年度《台中市統計要覽》。

　　　　　5.各年度《台南市統計要覽》。

　　　　　6.各年度《台北市統計要覽》。

　　　　　7.林寶安(1994)，表四。

表1-4　台灣地區信用合作社存款餘額分級表

資料時間：79年12月底

存　款　餘　額	社數	社　　　　　　　　　　　　　　　　　名
200億元以上 大都會區代表	12	台北三信、台中三信、高雄三信、高雄一信。 台北陽明、台中七信、板橋信用、台中二信、 台中一信、台北二信、台北一信、台北九信。
50億~200億元 中都會區代表	41	高雄二信、台中六信、台中九信、台中五信、 高雄五信、淡水一信、台中四信、台北七信、 台南六信、高截十信、台南三信、新竹一信、 桃園信用、台中十一信、彰化四信、台中八 信、屏東一信、基隆二信。 基隆一信、彰化六信、豐原信用、新竹二信、 員林信用、彰化一信、彰化二信、台南五信、 彰化十信、嘉義二信、鹿港信用、竹南信用、 台北五信、新竹五信、台南四信、新竹三信、 花蓮二信、嘉義一信、鳳山信用、彰化五信、 新竹十信、淡水信用、嘉義三信。
50億元以下 鄉鎮型代表	21	台南七信、台南一信、新竹六信、台南二信、 澎湖二信、台南十信、花蓮一信、屏東二信、 澎湖一信、苗栗信用、南投信用、斗六信用、 新營信用、東港信用、北港信用、岡山信用、 宜蘭信用、台東信用、金門信用、旗山信用、 嘉義四信。

資料來源：中華民國信用合作社聯合社（1991a），頁25。

註：1.同在一都會區但可能區位不同，層次會有不同。如台中九信，雖位
　　於台中，但是在台中的屯區，與台中三信在市中心不同。

　　2.本表只是作為參考架構，而非嚴謹的分層表。

表1-5　訪問之農會80年12月底存放款比較表

單位：千元

農會名稱	存款總額	放款總額	存放比率(%)
新莊市	18,432,705	11,368,736	58.56
高雄市	16,263,038	8,461,594	50.75
大里鄉	8,888,611	6,330,955	70.10
蘆竹鄉	4,958,858	2,191,718	44.29
大雅鄉	4,509,367	2,382,208	53.22
花壇鄉	4,472,814	2,366,314	48.57
下營鄉	3,373,469	2,138,693	59.48
美濃鎮	2,647,068	1,187,777	41.66
彰化市	2,230,476	1,118,702	45.77
旗山鎮	2,206,830	1,256,843	54.10
玉井鄉	2,181,304	1,030,107	43.04
公館鄉	1,869,174	628,997	31.34
大村鄉	1,842,538	1,004,936	50.85
大湖地區	1,068,812	845,734	74.41

資料來源1.蔡陽明《臺灣地區農會信用部經營效益之研究》，1992。
2.資料按存款總額排序，由張美慧製表。

表1-6　台灣地區信用合作社歷年資金調節表

金額單位：新台幣千元

年度別	轉 存 款	借 入 款	轉存款與借入款比較	
			金　　　額	借入款佔轉存款百分比
60年	4,039,882	452,782	3,587,100	11.21
61年	5,658,785	438,084	5,220,701	7.74
62年	6,141,828	1,061,728	5,080,100	17.29
63年	9,338,560	382,659	8,955,901	4.10
64年	11,558,465	2,605,034	8,953,431	22.54
65年	12,242,128	1,059,701	11,182,427	8.66
66年	18,389,520	1,188,521	17,200,999	6.46
67年	21,809,150	2,871,927	18,937,323	13.17
68年	21,505,968	805,090	20,700,878	3.74
69年	27,050,140	2,043,798	25,006,342	7.56
70年	37,491,796	1,186,106	36,305,687	3.16
71年	58,987,187	2,669,360	56,317,827	4.53
72年	80,052,094	1,592,294	78,459,800	1.99
73年	108,101,145	3,619,000	104,482,145	3.35
74年	131,787,780	11,551,391	120,236,389	8.77
75年	165,367,327	2,417,700	163,225,627	1.30
76年	181,534,363	5,283,441	176,250,922	2.91
77年	151,884,227	9,617,351	142,266,876	6.33

資料來源：1.台灣省合作金庫統計資料。
　　　　　2.中華民國信用合作社聯合社(1990)，《台灣地區信用發展
　　　　　　史》，頁267-268。

第二章
地方性與長時段：社會團體化發展之機制

　　地方金融的團體化貨幣網絡，細究其發展的根底，可說是在於台灣地方與台灣歷史。台灣的地理及歷史就地方金融的發展，不只是作為基礎提供必要的空間與時間條件，更可以為從業者作為金融經營策略加以把握和利用，以創造出一般公營行庫無法匹敵的存放款業績。將金融業務發展基礎的時間與空間，轉換成發展的優勢條件，予以有效使用，推動貨幣網絡的高密度建構，這是台灣地方金融能夠有效進行團體化的重要因素。台灣地方金融的團體化，若對於台灣農業世俗社會到工商世俗社會的轉化起著推動作用，乃是因為地方金融與在地方生成茁壯的世俗社會是不可切分的整體。是以，以地方來區別地方金融與一般金融的不同，即在於強調，扣聯於地方的金融單位具備著世俗社會的屬性，是以世俗社會的邏輯建立其金融王國。簡易來說，世俗社會的邏輯就是從世俗生活中，意識到地緣與人脈是可以加以實用的邏輯。所以，地緣與人脈不只是鄉土社會的一種情感上的認同，無觀的自在。在台灣底層的世俗社會，透過地方金融的發展，我們看到地緣與人脈蛻變成一種實用的籌碼，是能觀的自為產物。地方金融與一般金融的分類，深入而言，是社會行動邏輯的分類。地方金融的行動邏輯既是世俗生活的

邏輯，我們便要追問構成其地緣與人脈的自為意識從何而來。

從地方金融的訪談得知，在其經營的策略優勢上，地緣與人脈是殆無疑義的籌碼。這一點從地方金融與當地之公營行庫在存款上作一比較，即可清楚呈顯出來。受訪的鹿港信合社吳副總提到鹿港信合社的情形：

> 新銀行來的競爭非常激烈，目前又遇到利率的自由化，但政府對信用合作社限制很多，幸好信合社地處基層，合作社的理監事在當地都是很有名望的人，所以雖然是經營困難，可是在過去來講，彰銀、一銀、中小企銀及農會總加起來的存款也沒有我們多，這乃是因為信合社得利於地緣及人緣之便。本社有一特色即是推廣存款方面就是從小孩子培養起，就是讓他們儘量有機會來參與信合社的活動，例如我們每年都辦書法比賽，使得小孩子日後長大以後，賺了錢第一個存的就是信合社（訪問記錄F32）。

地方金融的創立者立足於地方，握有地緣便利性，但也需要一定的名望，足以服人，才能廣納人脈資源。台北三信副總經理指出台北三信創立的情形即是一種典型的例子：

> 三信原先也是在萬華，早期的名字就叫做「艋舺組合」。那個時候一直延續到十年前或是十五年前，當時理監事他們的想法，他們的思維還是在萬華這個範圍，也沒有想要走出這個社區。從一開始就是由萬華的士紳組成的，早期原來擔任理事主席，一定兼龍山寺管理委員會的主席，一定兼老松國小的家長會長，三信早期的理事主席一定兼這三個職位。地方上有任何活動，一定會找他出面，任何活動像拜拜、地方上的選舉、重大的糾紛。這三個單位在早

期來講就是萬華地區最重要最顯著的職位（訪問記錄
F22）。

　　既然握有地緣與人脈是地方金融相當有力的經營優勢，我們便
須探討其發展源頭。從調查來看，地方金融揭櫫的地緣與人脈實是
得自於世俗社會中一般庶民，在地方上長期生活的結果。所以，地
方性與長時段，變成是凝聚民氣的聚寶盆，結晶地緣與人脈的過濾
器。就台灣地方金融的團體化發展，這是值得深入思考的課題。談
地方金融的地方性與長時段特質，是要找出地方金融不隨著歷史時
間之遞嬗，而花開花落的大樹主幹。這個不因社會變遷而凋謝的主
幹說明著台灣地方金融的基本性格。受訪的台北三信總經理指出：

> 不管型態怎麼變化，以台北三信來講，三信是以萬華起
> 家，可以說是根，這個根很深。很多都是從他們的祖先到
> 他們這一代都在這裡，有時候他們小時候就認識、支持。
> 其他如七信是在古亭，一信、二信則是在延平區，這是分
> 得很清楚，像陽明就在陽明山附近。所以，雖然現在的社
> 會形態已經變了，但是基層的關係還是在，不過作業方式
> 就不一樣，這個裏頭的規模、做法、想法、內容都相差很
> 多，以本社來講，在七十四家信合社中，員工的素質最
> 高，至少三分之一是大學畢業生，甚至超過三分之一，可
> 能全國我們最高。大概在七、八年前，要招考大學畢業生
> 很困難，在有些鄉下地方現在也是一樣，他們要招考大學
> 畢業生，人家不願意去。我們這裡大概十年前就有大學畢
> 業生，人家沒有的時候我們就有了（訪問記錄F22）。

以三信來講這個根是從早期在萬華地方就埋下的基礎，所以，作業
方式以及人員素質可以不同，但是基層關係仍然一樣。地方性所透

顯出來的基層關係還是根，也就是我們所說的地方金融歷史的主幹，而不是隨時節異動的繁花美果。所以，長時段的歷史時間對地方金融而言，既賦予特權但也給予限制。台北三信總經理指出他們得之於歷史的好處：

> 我們現在的立場是這樣子，跟新的銀行不一樣，他們剛剛出來一下子客戶就增加很多。我們不是，我們已經有七十多年，不論是在客人的心中，或是對外的信用也好，一切都有了基礎。一般來講，這些主要跟三信來往的客戶，他們的穩定性都很高，他們都非常相信我們。所以我們都不需要廣告，廣告費就省了很多。合作社不廣告的，其他的生意，賣電器用品、賣化妝品、洗髮精的，不廣告明天就沒有生意。合作社不廣告，人家都認識，萬華地區好多都是小時候就知道三信，所以不需要廣告（訪問記錄F22）。

長時段的發展，也意味著金融要面對許多因歷史階段產生的限制。這從相關法令的不切合實際需要看得最清楚。因而，法令的不切合實用性，形成地方金融要往世俗生活現實需要，去作彈性調整。台北三信副總經理指出：

> 歷年談自由化、國際化始終把基層金融避開不談。在這種情形之下，回過頭來談基層金融法令的問題，就有很多不可思議的事情延續下來，譬如說信用合作社法有一條規定社員入社滿一個月，才可以放款給他。今天如果這樣做的話，生意老早就被人搶光了。追溯這條法令也有它的背景，因為這條法令是民國59年規定的，當時的銀行也是這樣的做法，只是它沒有明文規定而已。當時的銀行要跟它借錢，要先開戶，開戶往來個兩三個月，他才願意放款給

你。信用合作社社員入社要滿一個月才放款，這包括辦理
入社手續以及其它程序，差不多也是要一、兩個月，這樣
子也就跟銀行相當。59年是這樣子，但是我印象中民國65
年之後，銀行就沒有這樣的限制，那種不成文的規定就已
經逐漸的消除掉了。信用合作社因為有白紙黑字在那裡，
所以動彈不得。怎麼辦呢？以前陳思明當司長的時候，也
瞭解這樣的困難。但是要修改這個辦法阻礙很多，因此就
說你們可以先辦核貸的手續，等入社一個月以後再放款給
他。就是變通啦。可是白紙黑字在那裡，一旦主政的人一
變，可能就變回原來的樣子（訪問記錄F22）。

　　從歷史的長時段與地方性來看地方金融，我們會同時看到其善
變性與不變性。不變的是地緣與人脈這個主幹，善變的是經營策略
與作業方式這些枝節。台灣地方金融在研究上叫我們興奮，是將歷
史攤開在我們眼前，指出台灣乃至中國社會一個長期被忽視的生命
結構，那就是與地方金融長時段發展相扣聯的世俗社會。我們多少
可以從這個地方認識到，世俗社會是中國社會的主幹，世俗生活邏
輯是中國人已典型化的生活邏輯。連地緣與人際連帶，都可以不只
是感情的交流，而具有現實的實用功利性。換言之，人都可以當工
具來使用，這種世俗的實用性真是到底了。地方金融的成功可說是
傳統以來世俗社會的成功，是世俗生活邏輯對當下社會的鞭策入裡
有以致之。

一、地方金融概念中的「地方性」之意義

　　對地方金融而言，經營上的利器「地緣」並非是幸得之物，它
必需深入當地世俗社會的生活結構，掌握庶民生活中一切與貨幣有

關的家計與營利事務，予以最便捷和親切的服務。所以，地方金融在業務經營上所依賴的地緣，並不是因地理上的坐落和社區上的生活，自然生成的，這個條件固然是基礎性的，但若沒有人為的建構，地緣不可能變成對於營運有用的關係資本。從訪問調查中，我們可以發現，地方金融最能從其實用的角度對地方進行「再建構」。一般我們總認為，地方金融既然紮根於地方，地緣的幫助與效應，相對於其它公營行庫，理當垂手可得。深入來看，其實並不如此。任何地理區域所形成的地方性，對所有居住其上的人而言，都是開放與平等的。蘆竹鄉農會在人脈動員上之所以比蘆竹鄉公所更有影響力，或是屏東一信遠比當地的彰銀、中小企銀更具金融支配力，關鍵不在於蘆竹鄉及屏東市本身，關鍵在於蘆竹鄉農會和屏東一信如何去經營蘆竹和屏東這兩個地方。用我們的話來說，即是如何對於所立足的地方，進行再建構而產生出金融營運上有用的地緣效應。地方金融對於地方的後段加工，其重要性和地方所提供的地方本身這個原材料是一樣的。

地緣對於地方金融的重要性不只我們在調查訪問深切感受到。針對台灣基層金融系統研究的「基層金融研究訓練中心」人員，在受訪時也一針見血的指出：

> 信用合作社有一個很大的特色就是說它是local的，所以整個地方性的人脈關係對它非常重要。舉個例子，像新營來講，新營也有一家信用合作社，它的規模也不是非常大，但是新營的信用合作社在當地來講它卻是最好的，就是說存放款是最大的。為什麼會這樣？因為這充分的凸顯出信用合作社本身是一個地區性的，而且它對於地方人脈的經營是非常有關係。這種人脈關係會影響整個貸放款本身的績效（訪問記錄127）。

地方性的建構對於地方金融的重要性，經由專業研究人員的肯定，
更無疑義。現在我們要弄清楚的是，它透過什麼方式來進行地方性
的建構？換言之，地方金融以何種策略對於「地方」這個半成品進
行後段加工？從調查所得，我們大致可以區分成相連貫的內外建構
方式。在內部建構方面，地方金融掌握地方性是從本身的服務內涵
做起。農會與信合社，既是會員與社員的平民合作組織，手中便握
有一定的服務工具，足以來開疆拓土，贏得世俗民眾的信任。在農
會方面，台南玉井農會是典型的一個代表。受訪的玉井農會總幹事
指出：

> 以玉井而言，大多數從事農業生產，沒有工商業，因此與
> 農會的關係相當密切。二十幾年前，玉井存款只有三千多
> 萬，我一直以推廣為中心，現在成長到26億。以農業推廣
> 作重點，只要農民能賺錢增加收入，自然農會會好起來。
> 一方面推動農會業務，一方面幫助農民賺錢。玉井原先是
> 以雜糧為主；花生、芝麻、木薯、甘薯，這些東西收益
> 低。從50年起，我們開始推廣水果種植(芒果)。現在成為
> 全省芒果的主要產地，約有1500公頃種植面積。慢慢的都
> 改種芒果，雜糧變得沒有人種了。因為芒果一年只收一
> 次，受到自然的影響(氣候、病災)，農民的收入沒有保
> 障，風險大，一年只有一次的現金收入。為了避免風險，
> 又開始推廣其它作物如楊桃(至少三收)，分散風險。此
> 外，又推廣百香果(但因毒素病，所以現在沒有了)。後來
> 我們又推廣芭樂，價格一直都不錯，農民也有不錯的收
> 入。現在玉井全年都有水果生產，農民全年也都有收益。
> 農民對於農會的向心力夠，錢都存到農會。十幾年前，玉
> 井有幾家銀行的分行(中小企銀、第一銀行、土地銀行)，

現在通通沒有了，因為他們不喜歡這種鄉下地方，都結束，只剩下農會信用部。農會與會員的關係，不同於銀行與雇客的關係。我們有感情的因素在裡面，這是經過一陣心理建設後的成果。我常告訴農民：農民是農會的會員，就如公司的股東一樣。農會是農民的，農民是頭家。不能說「你們農會」，要說「我們農會」，這也造成對其他銀行分行的壓力。況且我們的手續時間短，不像銀行手續時間長。現在已經沒有人再說，「你們農會」了。農民與農會的關係太密切了，生產資材由農會供應，資金的融通，農會可以提供。生活上，例如我們樓下的購物中心，可以說是與農民有深厚的關係。在農村裡，農會與農民是不可分的(訪問記錄F30)。

玉井本身原來並不生產芒果，透過總幹事戮力經營，一番人文化育，改變了農民生活所得，增進了對農會的向心力，可謂是對地方性內部建構的典範。信合社擁有的服務工具雖沒有農會的寬廣，卻能夠在金融服務的「服務」品質上下苦工。台中三信是全省信合社存放款排名中的佼佼者，可說是信合社地方性內部建構的一個典型代表。受訪台中三信總經理指出：

金融機構是服務的業務，它是屬於服務業的，而服務是靠形象。若形象不好，人是不會來的，若形象做好一點，而存款利率比別家低一點，人們還是會來的；而放款利率比別家高一點，人們還是會來的。但服務不好，就算利息比別家高，依舊沒人要來，這都是要看合作社的形象。而形象要做的好，第一：在視覺上，看得到的地方，先做起來，內部人員服務態度、禮貌的問題、服裝儀態的問題，事實上形象即印象，形象是自己建立起來的文化。職員在

外面的表現也很重要。外面的招牌，若生銹時，人家會說
這合作社到底在做什麼，招牌要擦的亮亮的。理由相同，
平常，人員的識別證要戴正，別人才會看清楚，若不擦亮
實在是不行。民國38年當兵，有個營長很兇，上尉、中尉
衣服肩上兩條槓、三條槓要擦亮這是形象的問題，櫃檯要
清潔，形象是要從眼睛看的到的地方做起，小小的事情開
始，如果門口站一個服務員，客人一來馬上招呼，會讓人
感覺服務很好，就像講台灣話讓人感覺有鄉親味。總而言
之，基層金融信用合作社，大致上是地緣、人緣問題最重
要(訪問記錄F18)。

　　從外部建構來看，地方金融對於地方性的掌握從外部服務做
起。之所以說是外部建構，主要在於地方金融不再像上面所言，以
本身握有的服務工具直接用力於會員或社員身上。而是透過對地方
的各種回饋，和在公共建設的參與等外部方式，進行地方性建構，
以獲取會員及社員的認同。就農會來講，農會無法從所在地的農業
加以經營時，它可以透過信用部的盈餘進行推廣工作。受訪的新莊
農會總幹事指出：

　　　　以70年代來講，那時候的農村經濟慢慢地好起來。我們一
　　　　般的農民會友經濟充足之後，存足夠的錢，他們好像比較
　　　　保守，就是存錢。因為是會員的關係，所以他們都存到農
　　　　會來，以我們新莊而言，有十幾個金融機構在這裏，可是
　　　　在70年代的競爭都不是我們的對手。我們拉存款而非拉放
　　　　款一定是贏他們，因為我們和會員之間有一些地緣關係。
　　　　因為農會所賺的錢主要回饋地方做些社會公益的工作，譬
　　　　如說，盈餘的62%用於推廣經費上，這些推廣經費就是用
　　　　在地方的公益事業，以及農村的建設發展配合市公所的地

> 方建設，回饋地方。所以說使地方上對我們有向心力，這
> 是我們農會在地方上吸收存放款相對於其他金融機構佔優
> 勢的地方。而農會盈餘有百分之62要做為推廣經費，大部
> 分都用於地方建設，譬如說農業用的產業道路，市公所根
> 本沒有預算可以推動，都找農會幫忙。還有農民補助款對
> 於農藥補助一半、耕耘機、農機具我們也照樣補助。像我
> 們去年盈餘有三億多，提撥一億多做為推廣經費；而新莊
> 市公所一年總預算也不過三、四億元，扣掉人事費及雜七
> 雜八的費用，而能用於地方建設的實在有限。譬如，有一
> 條產業道路要開闢而沒有經費，就一紙公文下來，請我們
> 農會協助辦理，我們就撥500萬元跟他們配合。這都是我
> 們農會默默在做的事情（訪問記錄F20）。

這種對於地方性的外部建構方式，因為農會握有比信合社更多樣的
工具（它有信用部、供銷部及推廣部等等），所以更顯得有力量。受
訪的省農會總幹事指出：

> 地方農會總幹事所扮演的角色，比較鄉鎮長更有力量。第
> 一個他有金錢，誰要貸款？總幹事的特資費是一倍，鄉鎮
> 長的是多少？所以差了很多，另外人事權，某某人，我聘
> 請來當我的職員，我給你昇邊，當會計股長，當秘書。人
> 事權；經濟權，經濟權就分兩種，東西買賣，農產運銷；
> 金融貸款；還有社會權。他是選出來的，有群眾的基礎，
> 如你拉保險需要挨家挨戶，但是他很簡單，只要招開一個
> 會，什麼班的會議，就都來了。這些人都是保險人，動作
> 很快而且成本很低。所以選舉會發揮很大的功用，力量發
> 揮於無形。所以這個組織平時的時候教育性也有，推廣教
> 育有推廣經費補助，像你到鳳山，農藥一塊錢隨便你拿，

一塊錢只是象徵性的，他不收不好意思，有這種情形。普
通的時候都在做人情，普通的時候都在一起，你說它發揮
不了作用？所以農會總幹事的力量很大，很多是公所鄉鎮
長做完了，然後做總幹事。而且很多農民都是分散的，所
以很多候選人要到鄉下不容易，還是要透過農會。因為我
們有點、有面（一個縣），所以組織的力量很大（訪問記錄
F33）。

當然不只農會有能力進行地方性的外部建構，信合社以其龐大的存
放款資金，對當地之社會經濟潛在影響的能量更為巨大。一位受訪
的台北信合社副總經理指出：

在台灣來講，信用合作社其實是最重要的地方性金融機
構。總的業務來講，超過那些地方性的地區中小企銀，高
雄市銀行，台北市銀行，全都超過。且領導人又很多是地
方上的士紳，領袖，要來參與這種工作，提出意見，應該
是要扮演很重要的角色。因此，就應當引導信用合作社的
資金，可以來益助，支持地方上企業的發展。然後，也可
以在相當程度之內，對地方之公共建設來融資，來支持它
（訪問記錄F10）。

地方金融的經營與對「地方」的經營，使得地方性蛻變為人際
連帶之情感表徵：地緣與人脈，並再由地緣與人脈輔助地方金融的
營運。這種雙向的互為建構過程，使得地方金融一直與地方社會不
可切分，既要在金融的專業性與社會性中間取得平衡，又要獲取兩
者混合的中介利益。做為金融單位卻又要面對複雜的社會化撞擊，
是地方金融的宿命。我們從地方性的建構，看到地方金融複雜性格
的一面，透過長時段的視野，將能把它的複雜回歸到台灣歷史生命

本身來觀照。

二、長時段：地緣效應與人脈連帶之蒸餾器

　　論地方金融的特色時，一般人很容易將農會信用部與信合社的
人脈與地緣兩個特質結合在一起。這個看法當然沒有錯，卻忽略了
真正能將地緣與人脈結合在一起的條件和機制。前面我們已說過，
不見得在地方長大就有地緣資產，同樣的，也不一定具備了地緣關
係就擁有人脈。地緣與人脈之間的連帶，事實上需要經過時間的蒸
餾過程，槽柏方能成爲精華，地緣才可以變成人脈。如此，我們便
需要重新意識到時間，尤其是「歷史時間」對於地方金融的重要
性。簡單來說，沒有人的歷史，時間也就不重要。如同我們看到，
地緣乃是透過人們對於地方之人文再建構而得的產物。人脈深入來
看，我們也可以說，是人們透過歷史時間建構而得的產物。若說台
灣地方金融的優勢，是一種時間的優勢，主要在於長時段的時間資
產能轉化成人脈的資產。時間不夠長，這個轉換不一定有效。羅馬
不是一天造成的，中國社會的人脈網絡同樣不是一天造成的。歷史
對社會的發言權，就在於某一社會實體的型塑沒有給予足夠的時
間，歷史便拒絕合作而予以流產。台灣話所說的「吃快弄破碗」就
是這個道理。然而，將時間拉長並不是機械性的拉長，水到渠成也
不是時間到渠就成，而是要水到了方能克竟全功。地方金融不是只
等著時間的老去，就順手擁有了人脈。時間只是給了機會讓人際連
帶發酵，重要的還是要針對人去經營。從某些台灣地方金融對於人
際網絡掌握的徹底，我們可以見識到這份經歷史時間建構出來的人
脈風光。

　　談長時段所造就的地緣與人脈，事實上也就碰觸到地方金融自
爲的歷史性格。這對於台灣底層世俗社會的認識是關鍵性的一點。

地緣與人脈具備一定人爲的自主性，不是由上而下的政治支配力所能強勢塑造和組裝，這乃是地理空間與歷史時間醞釀的生活結構，有其不因個人意志而轉移的結構自主性。地緣與人脈在這個自主的生活結構裡，才能夠凸顯出地方金融的世俗性格，才能賦予台灣社會發展一個長時段的思考空間。從這個角度來看，我們必須先在歷史結構的縱深，掌握地方金融發展的現實脈絡之後，才能進一步對於地方金融的團體行動意義與價值問題，有所掌握。

　　地方金融從日據時代肇始，農會信用部及信用合作社是混合一起發展。從信合社的發展歷史爲例來看，從民前二年至今概可分爲底下幾個階段：「民前二年至民國二年，是發軔初創階段。第二階段：自民國二年至民國三十二年，是平行推進階段。第三階段：自民國三十二年至民國三十五年，是改制重組階段。第四階段：自民國三十五年至民國六十一年，是管理改進階段。第五階段：自民國六十一年以至現在是成長發展階段。」（中華民國信用合作社聯合社，1990：16）。就我們觀點來說，最重要的當屬民前二年到民國二年這段發軔期。這段期間地方金融不經日據政府及法令規範，自發於民間形成者已有十八個單位：

> 根據各信用組合創立的史實，統計自民國紀元前一、二年以至民國二年『臺灣產業組合規則』頒行，臺灣地區的產業組合，已有十八單位，就中城市及農村信用組合即達十五單位，即：臺北信用組合、新竹信用組合、銅鑼圈信用組合、臺中信用組合、臺中協贊信用組合，臺中興業信用組合，彰化信用組合，臺南信用組合友信會，高雄信用組合、屏東信用組合、東港信用組合、里港信用組合及馬公融通信用組合十三單位；以上均採專營制度。其採兼營制度者，則有關西信用販賣組合及澎湖信用販賣組合兩單位

（中華民國信用合作社聯合社，1990：28-29）。

細觀這個階段發展的地方金融，有幾個值得我們注意的特點：

> 第一，信用合作的創始發源，純為民間自願自發，為融通
> 相互資金供求而結合的組織。當時的政府當局，未予提
> 倡，或為任何的支持、鼓勵。其次，信用合作發軔創制之
> 初，並無合作事業的專案立法，大致依據民法的規定組織
> 之。第三，最初參與城市中信用組合的人，多係在台日
> 人，台籍人士為數較少；農村中產業組合（兼營信用業
> 務），地方人士較多。第四，由於組合初創，類皆規模較
> 小，業務單純，多屬小額存儲與融通；且制度新建，一般
> 社會人士對於信用合作的本質與功能，有欠了解，篳路藍
> 縷，創業維艱，這是任何制度，任何事業，包括信用合作
> 初創必經的歷程。但卻對後來合作事業的立法及信用合作
> 的進展，產生了催化和啟發的作用，自有其價值與意義
> （中華民國信用合作社聯合社，1990：16）。

從上述台灣地方金融的發軔階段來看，其自為的歷史性格表露無
遺。民國二年「台灣產業組合規則」頒布施行之後，台灣地方金融
如雨後春筍，紛紛設立 [1]。經歷史之變革，雖名稱、組織及參與之

---

1 中華民國信用合作社聯合社的研究指出：「直到民國二年二月十
 日，其時臺灣地區已有各種產業組合，包括專營或兼營的信用組合
 十餘單位，基於實際的需要，日本始以勒令第五號依據第六條的規
 定，產業組合法施行於臺灣。同時以律令第二號訂頒『臺灣產業組
 合規則』，同月間，復以府令第五十三號公佈『臺灣產業組合規則
 施行細則』，是為臺灣合作組織法令的濫觴。・・・但此項組合事
 業的推廣表現了兩大特色：第一是，雖然組合經營的業務繁多，如
 運銷、購買、消費及利用等，但卻以信用業務，最能適合廣大民眾
 需求，而呈現一枝獨秀現象，業績特別輝煌。其次是，組合的分布

理監事人員迭有異動興替，然其生命卻一直延續至今。藉由聯合社的研究，將民國10年前成立的信合社陳述如下：

> 自從「臺灣產業組合規則」頒布施行以後，合作組織有了法令依據，各種產業組合紛紛設立，而絕大多數均屬專兼營信用組合。其中規模較大，歷史延續，截至民國10年前所創立開業者，茲將各組合名稱及嗣後改組社名分列如次：計有臺北信用組合（臺北市第十信用合作社）、基隆信用組合（基隆市第一信用合作社）、臺北稻江信用組合（臺北市第一信用合作社）、艋舺信用組合（臺北市第三信用合作社）、大龍峒信用組合（臺北市第五信用合作社）、古亭村信用組合（臺北市第七信用合作社）、桃園信用組合（桃園市信用合作社）、打狗信用組合（高雄市第一信用合作社）、高砂信用組合（高雄市第二信用合作社）、興業信用組合（高雄市第三信用合作社）、臺中興業信用組合（臺中市第一信用合作社）、臺中協贊信用組合（臺北市第二信用合作社）、臺中信用組合（臺中市第三信用合作社）、臺南信用組合（臺南市第一信用合作社）、信用組合臺南友信會（臺南市第二信用合作社）、信用組合臺南興信社（臺南市

則以農村佔最大比重；在城市中的組合，數量雖然較少，但其組織規模與業務數量，卻較農村中的組合為大，而且又幾乎以經營信用業務為重心。」（中華民國信用合作社聯合社，1990：30-33）。另外請參考陳楨〈日據時期台灣合作金融制度的演變〉、林寶樹《台灣合作事業之過去與將來》、〈台灣合作史上之地緣與人脈〉、陳岩松《中華合作事業發展史》、賴建誠〈日據時期台灣的合作經濟制度：1913至1945〉、張雲飛〈中華民國台灣地區信用合作事業史話〉等研究。

第四信用合作社)、新竹信用組合(新竹市第一信用合作
社)、新竹共榮信用組合(新竹市第二信用合作社)、葫蘆
墩興業信用組合(豐原市信用合作社)、彰化信用組合(彰
化市第一信用合作社)、彰化同志信用組合(彰化市第二信
用合作社)、嘉義信用組合、嘉義商工信用組合(嘉義市第
二信用合作社)、羅山信用組合(嘉義市第一信用合作
社)、阿猴信用組合(屏東市第一信用合作社)、東部信用
組合(花蓮市第一信用合作社)、臺東信用販賣購買利用組
合(臺東市信用合作社)及馬公信用組合(馬公第一信用合
作社)等單位。

以上各信用合作社自籌組創立以迄民國78年,有的恰為80
週年,有的則在70年上下歷史相當悠久,其間基於社會
的、經濟的及金融的演變,使其組織及經營,難免歷經滄
桑,但終能不斷成長,卓然屹立,發揮了承先啓後的作
用,在臺灣信用合作發展史中,彌足紀念(中華民國信用
合作社聯合社,1990:29)。

從這些早期創建的信合社可以看出來,台灣地方金融歷史悠久固然
是我們著重之處,從其發展歷程說明著台灣經濟由弱到強,逐步累
積資本的軌跡,更有具體化歷史進程之認識效用[2]。這一點從農會

---

2 這個具體化之歷史進程,以信合社發展為例說明。請參考表2-1及表
  2-2。
  針對表2-1,聯合社研究指出:「在上列台灣初期信用合作社歷年業
  務統計表中,曾經分就自民國2年起至台灣光復時止,各種存款及放
  款逐年實績,予以列舉並加以分析;有一點值得特別提出的,即農
  村信用合作社的存款及儲金合計數,在民國22年前,大都低於放款
  金額,此即反映在最初二十年間,社員存儲能力薄弱,尚不足以社
  員存儲款項支應社員貸款所需,必須仰賴外來資金。但自民國23年

信用部的發展情形，看得異常分明。大里鄉農會總幹事以大里鄉為例指出：

> 早期是一個農業社會，那時候資金缺乏，本會信用部經營不善，那時比較不好經營因為資金缺乏這是第一點要項，我們都知道那時農業社會，如果大家都要存很多錢沒有辦法，那轉變期資金來源是在那時辦理統一農貸的時候，一個會員一萬塊時，徵收臨時輔金五百塊，那時的資金由政府提供給我們農會辦理，這是早期時約民國53年54年的時期，大概54年左右那時候我們靠統一農貸。現在比較好經營了，每個地方農會都不一樣，像我們經營就是在出租市場，屬於都市型的農會。我們的租金如能夠擴大吸收，是在市地重劃的時候，農地會漲，農民賣了就有錢。我們最大的變化期在民國68年的時候，那時候因為第一期重劃改變我們農會金融系統，當然要改變農會金融系統也要有一個總幹事，他發揮極大的領導能力，而職員也能通力合作。

> 以前是純粹農業社會的時代，跟現在農業經營的方式改變很多，在純粹農業社會的時代農會的生存幾乎都是靠供銷

以後，存儲資金即往往大於放款金額，資金運用，較前大為裕如；這也是一種自力調節資金供求，業務穩健發展的象徵。在城市信用合作社方面，此種發展趨勢，發生更為提早。蓋就上列統計表資料觀察，在民國12年前，城市信用合作社的存儲款項，低於放款及貼現金額；亦即意味仍需外來資金。支援挹注。但自民國12年起以後，逐年放款及貼現金額，除民國20年例外，其餘年份，均低於存款及儲金數額，表現了農村信用合作社同一的趨向」（中華民國信用合作社聯合社，1990：59）。

部糧食委託業務有一些的手續費，因為那時稻穀很多，我們還要作一些政府委託事業，如肥料、稻穀。可是信用部以前的金融業務就很差，後來到民國56年以後社會在改變，那時光靠供銷部委託事業農會沒有辦法生存，所以以前我們有一段時間農會幾乎在虧損的狀況下，信用部沒有辦法賺錢，自己的資金不夠，不夠的時候政府委託事業又在轉變，那時入不敷出，所以那時較差的時候差不多農會都要虧損。民國56年信用部超過供銷部才好轉。信用部現在佔整個營業額73.55%(訪問記錄F6)。

農會發展的歷程如同上述信用組合到信合社發展的歷程，說明著地方金融的歷史結構主軸，乃在於經濟發展的背脊上。農會信用部趨於越來越重要的地位，信合社的存放款額度節節上升，無不是台灣經濟力上升的指標。地方金融發展的歷史骨幹，既是來自於世俗的經濟活動，歷史也就變成地方金融的世俗資源，在面對歲月無情的壓榨與剝蝕時，反而能夠利用「長時段」確立了庶民對它的信任。受訪的屏東一信總經理指出：

> 一些賣牛肉麵的有幾十年的歷史、有些炸油條的鍋子有一百年的歷史，大家都要到那邊買，因為炸出來的特別香。新銀行好壞還不曉得，我們八十年的歷史呈現在大家眼前，歷史悠久最起碼我們的基礎穩固。金融機構完全建立在信用上，若新的銀行大家會懷疑是否有問題，我們幾十年的服務讓大家放心。因為金融機構信用第一，完全建立在信用上，我們是以悠久的歷史來贏得社員對我們的信心(訪問記錄F26)。

對地方金融來講，當它要面對當地一般民營銀行及公營行庫的競爭

時，「時間」變成是它的籌碼。歷史上的優點，造就了基礎上的優勢。屏東一信總經理詮釋的好：

> 你到高雄也好、到新竹也好、到台北也好。「一信」的歷史都是最久的，這大小是順序排下來的，老大就是老大，歷史悠久的老大不一定是業績的老大，像現在最流行的是「三」：台北三信、台中三信、高雄三信，儘管「三信」後來居上，但「一信」的業績在業界平均看來表現還不錯。我想歷史上的優點，多少有基礎上的優點。像高雄一信和高雄三信成立的時間相差不到一年，我們屏東比較特殊，屏東二信存款30多億大約我們的四分之一，而它成立的歷史也只有二十幾年。但是「板信」雖只有三十年的歷史，但業績一級棒。所以這也有地區性的分別，像台北三信、台中三信業務有三、四百億，你讓他們的總經理到東港信用做做看，所以天時、地利、人和都是有關係的。像板橋信用光是永和地區的分行業績就將近有一百億。像淡水地區土地炒得一蹋糊塗，人口只有八萬，淡水一信的存款有二百多億，所有八家銀行合起來的業績還比不過它，所以有歷史性也有地區的特性(訪問記錄F26)。

對一個金融機構而言，歷史的優勢乃在於信用的養成需要假以時日，因而，對地方金融而言，擁有的「長時段」本身即不只是刻板的時間尺度，而是營運上的資產。如此的長時段時間效應既紮根於地方上的庶民活動，也就慢慢客觀化成地緣與人脈。從地方金融發展來看，我們可以感知到一種綿延不斷的東西，超越了日據時代與國民政府播遷來台之不同統治形態、經濟形態與社會形態。這就是經過長時段蒸餾出來的「地緣」與「人脈」。我們可以從新銀行與地方金融的競爭洞察到新舊對比的不同力量。這個不同力量顯現

的問題是，新銀行要如何打破地方金融長時段建立起來的地緣及人脈？受訪的台中三信總經理指出：

> 新銀行的建立，對信合社壓力是有的。銀行的組織與信合社的組織是不一樣的，我們基層金融是人多、戶頭多，但是額度小。我剛才說的，就像吃花生一樣，大家都挑大的吃。假如新銀行要與信合社競爭，他們的設備問題、資金、人才問題必須重新建立，因為是新出來的，信合社有三、四十年的建立經營人脈、地脈已有基礎，若要打壞此基礎，要用什麼方法？現在是大家都吃不完，市場還很大。目前是大家的生意不一樣，人脈、地脈不一樣，影響不大（訪問記錄F18）。

時間即是資產。地緣、人脈之所以有效是因為經過時間的錘煉與過濾。然而，不可忽視的是地方金融對於世俗社會中的庶民所給予的支持。把一個客戶從小培養到大，說明著地方金融的真正生命是來自於全力投入世俗生活的貨幣事務，獲致底層俗民大眾對它的支持。因而在地方金融與世俗社會之間，我們看到的是相互支持的歷史發展脈絡。受訪的台中三信總經理指出：

> 地緣、人緣當然還有效，因為我們四十多年來所建立的文化，雖然現代人的人情比水還薄，但其中並非完全沒用。因為許多大的客戶是我們從他還小的時候培養起的，有過去的感情、人緣在。地緣是你跑那裏去也是一樣。我們培養的客戶雖然不可能百分之百留下來，但還有新的被我們培養。因為人都有創業的意願與精神，很多人在鄉村從事農業待不下去時，跑到都市來發展，這些人的發展絕不是靠銀行，而是依靠信合社。就像人的傳宗接代是延續生

命，信合社也面對持續性的問題。對成長比較大的信合社，是否要改成企業組織、銀行？你知道這件衣服是小時候穿的，現在長大了要如何再穿呢？要再做新衣服，因此信合社是要改制，從法律上去修改，把過去的一些包袱丟掉(訪問記錄F18)。

　　從一個更廣的角度來看，地方金融在歷史懷抱中的成長，如同企業的成長，往往是培養經濟網絡的歷程。這種網絡一但形成就會附著在人脈這個架構上，以人脈的形態展現這種歷經長時段時間所栽培起來的網絡。所以，中國人講的關係與人脈，在傳統經濟不發達的社會，事實上是一種結構化之後的社會網絡。然而，在台灣經濟逐步發展，經濟階層結構慢慢形成時，關係與人脈既是社會網絡也是經濟網絡，生活結構既成多樣性發達，生活網絡也就自然會將社會及經濟網絡串連在一起。地方金融所彰顯的地緣與人脈，即是經濟網絡與社會網絡密合發酵的結果，多少也說明了世俗社會彈性、實用的性格。這種自成規矩的世俗生活網絡，說明了世俗社會有其自為的規範。受訪的土地銀行台中分行經理以其對中小企業放款的經驗指出：

中小企業當然這都是經過我們評估合格的，我們才借貸，以我這裡的來講，償還能力都不錯，而且這種以人為主的公司，家族企業。我第一句話就講惜緣，因為他是很想跟你攀上關係的話，除非大家處的不好，不然的話就是在利率方面有一些差距，他都不會輕易的跑到別家去，甚至於我曾經去訪問過一家，以前是小企業，現在變成是中型的，他的產品也銷售到外國的食品公司，我給他一個比別人優惠的條件，低利率，我問他在別家銀行的利率多少？他說12%我說我給你10%，他貸給你一千萬，我貸給你一

> 千兩百萬，結果他說：「謝謝啦，我不能來你這裡，謝謝你經理的好意。」為什麼呢？並不是說我對你有什麼成見，就是因為那一家銀行，我當時小的時候它幫助我有今天這個規模，所以我不能見利忘義。讓我覺得這種人際關係很重要。人還是蠻忠厚的，大家較會惜緣惜福，還是有它的規矩在(訪問記錄F7)。

不是只有地緣與人脈促進了地方金融之發展，恰恰相反，地方金融亦促成了地緣與人脈的發展。這是因為兩者的歷史，都長到足以有社會的支配力。這一點從地方金融與呆帳的關係即是一個好的見證。一般而言，地方金融的呆帳很少，有的單位幾乎沒有。這當然和地方金融偏重抵押貸款有絕對的關係，但是不可否認的是，與長時段經營的地緣、人脈亦有密切關係。一方面地緣與人脈有助於呆帳風險的降低，另一方面地緣與人脈形成的派系，又容易造成呆帳。受訪的下營鄉農會總幹事指出：

> 地緣與人脈關係很大。像我們放款件數很多，我一看這個人就知道，因為至少我在這裡很久了，這個人好不好都知道，有時候根本也不看他借多少，看到名字就蓋下去了。這個很重要，每個人大概都認識，這個人信用程度怎麼樣我們都很了解，而且會逾期放款的老是那幾個人，還有一個是地方派系的問題，逾期放款會高的話跟地方派系也有關係。總幹事屬於這一派，這一派逾期放款就跟你拖拖拉拉，拖久的話就會拖慘了，成了呆帳。因為是同一派系，這個人在地方上可能也很有影響力，逾期的話不好意思送法院，送法院一拖拖久的話，他可能就賣掉了，就有呆帳(訪問記錄F31)。

歷史給予方便卻也帶來困擾，這或許才是現實的真諦。長時段下的地緣與人脈，不管好與壞都是一種台灣社會與文明的現實。走遍全省各地，我們都能感受到在不同地方性風光之中，由長時段結晶出來之地緣與人脈的同一性。台灣地方的多樣性造就出來的地方金融，透過長時段之地緣與人脈，無不說明著台灣地方金融「自為」的貨幣網絡特性，這可以說是台灣世俗社會自為特性的反映。地方金融的成長過程中，在努力於人本資源的經營而逐漸結構化的社會及經濟網絡，又強化了其團體化的發展。

三、地方性與長時段成就了團體化之發展

探討台灣地方金融地方性與長時段，我們要面對的是台灣地方金融之所以對於台灣社會發展有積極意義的根源所在。長時段與地方性做為中國社會恆久存在的社會空間與社會時間，對於世俗生活的支撐與規範早已存在。在長期綿延的時空架構裡，農業社會的節奏，表明了一種人際關係的節奏，是一種穩定與不變的基調。世俗的自為說明一種庶民生活上的自主性。然而，這種自為與自主卻容易為專制獨裁統治者，假藉禮下庶人而予以收編和控制。中共統治大陸時期，是中國二千年歷史發展過程，世俗自為與自主空間被統治者徹底收編的最高峰。狠鬥私字一閃念，對世俗的宰制到了連腦子偶一為之的念頭都要管，也真是清湯寡水不是魚過的日子[3]。這其中一個關鍵是，傳統世俗社會少了經濟團體與經濟階層結構的發展。由祖先崇拜所架構起來的家族團體系統（Braudel, 1993c），是世俗社會的團體主幹。這樣的團體特性維繫社會的秩序與穩定有餘，開創性則不足，尤其更無籌碼與統治者對抗。原因在於這種團體缺

---

3 參考阿城《閒話閒說》一書。

少了宋巴特所講的財富權力[4]，借由財富握有權力的機制。換言
之，傳統社會的背景正足以凸顯出台灣地方金融團體化發展，對台
灣社會的意義。金融的貨幣網絡在經濟的帶動下，使世俗社會有了
經濟團體行動的可能，使庶民重新擁有了財富權力，這無疑是中國
舊文明的新發展。有關這個問題細緻的討論留待第十章再談，我們
現在要思考的重點是，地方性、長時段與貨幣網絡團體化之關連。

　　我們看到地方金融被限制在地方長期發展的積極結果，就是對
於當地經濟與社會資源的網絡化建構。貨幣跟著人脈的網絡化，與
人脈依從貨幣的網絡化這雙向過程，使得地方金融內向團體與外向
團體的建構，越來越具有團體行動效用，這從參與地方金融人數的
擴大可以看得出來。所以，地方金融團體化透過地緣與人脈的長時
段與地方性建構，越顯得穩固與具有團體行動效應。這種因長時段
及地方性而來的團體認同及團體性行動，很幽微的出現在一般俗民
對地方金融的身分界定上。受訪的大理鄉農會總幹事說明這個情
形：

> 農業推廣在地方，與一般農民接觸比較多比較親切。農民
> 不會把我們當作是真正的生意人。早期第一期重劃補償金
> 有八千多萬，台中市銀行和合作社也來爭取存款，因為農
> 民與他們接觸少沒有辦法吸收，我們收回了六千多萬，大
> 部分都被我們吸收(訪問記錄F6)。

當然，經營者實際的金融活動，又要能得到這種不同於生意人的身
分認定，地方金融本身也要有一定的經營策略來掌握人脈。以大里
鄉為例，是採用所謂的「客戶資金貢獻量」的辦法：

> 信用部沒有出現過危機，因為放款都是大里鄉，對大里鄉

---

4 財富的權力說法參考宋巴特《現代資本主義》上卷。

的情況很了解，那個地方、土地多少錢幾乎瞭若指掌。放
款辦法中我們有「客戶資金貢獻量」的辦法。因為我們要
放款給他，現在是利率自由化，存款利率也自由化，央行
不再像以前還規定存款利率多少，全省都要一樣。所以我
們貸款給客戶時要依他的存款，假如他沒有往來，則利率
高一點，如果他存款時機不錯就是好顧客，降一兩碼都沒
關係(訪問記錄F6)。

地方金融對於團體成員，透過長時段與地方性的團體化運作，團體
的認同感變成一種生存心態[5]，而可能穿透時空的差異，表現出與
地方金融再團體化的舉動。受訪的新莊農會總幹事即指出這樣的狀
況：

農會是比較地方性的，那些外地來的人他們以前也是農
民，來這邊安居下來重新出發，所賺的錢比較習慣存在農
會。所以我們這邊有三十幾家銀行我們農會的存款最多，
這些因素也有，還有對我們農會的服務方面也比較有信
心，其他縣市的許多農會也有這種情況，像三重市農會
(訪問記錄F20)。

移入都會區的民眾，對原來農會網絡特質的熟悉，使其能很快的在
不同地區納入同性質的網絡裡。地方金融對於貨幣網絡與人際網絡
長期的經營，使得金融屬性與社會屬性溶合為一，團體的特質也因
此形成利益團體與公益團體的混合。在嚴格之金融專業人員的眼光
看來，這種過度社會化的金融單位，幾乎是四不像的怪物。然而，
從世俗社會的眼光來看，這毋寧是相當自然的型態。日常生活的活

5　生存心態(habitus)概念，請參考P.Bourdieu(1984、1990、1991)及
　　N.Elias(1991)的討論。

動並非一切皆截然可分，合作與營利攜手並進，無疑是考慮到台灣光復之後，虛弱社會現實的需要，有著面對世俗生活的實際。地方金融團體化的獨特性與發展動力，不可否認的正是得之於這種混合的好處。一方面用合作的理念打破傳統以來社會大眾對營利的道德排斥感，與不信任感的戒心；另一方面則以營利的動機提升服務品質，以營利所得回饋社會獲致其對團體的認同。地方金融能作為台灣經濟團體重要的承攜者之一，與中小企業協力團體並列，推動著台灣社會的多元化發展，說明了它們並沒有辜負了歷史所給予的時間，地理給予的空間。這種善用地理與歷史條件的人文化育就是一種文明。

地方金融由長時段及地方性型塑與強化的團體發展，並不只表現在其與金融業務有關之網絡連帶。地方金融的團體性外顯於派系的現象，亦是其團體性客觀化的一種表徵。地方金融在地方選舉中的重要性，深入來講，是因為地方性與長時段蘊育出來的團體化，早已給了地方金融令人眼紅的社會資本。就因為擁有強大的社會資本與經濟資本使得地方金融無法自外於歷次地方選舉。這其實也說明了世俗社會的實際性格，能用的絕不虛擲，無用的棄之如敝屣。團體性說明了地方金融在派系與選舉的重要性。受訪的大村農會總幹事指出：

> 一般講起來，如果在有派系的地方，農會可以說是站在首席，站在領導地位。因為農會每四年就改選一次，改選最主要是從基層開始，從代表、小組長、理監事開始，所以它是最有組織，比鄉鎮公所的鄉長選舉、代表選舉，或議員選舉都來得有基礎。我們農會是最基層最鞏固的組織，所以，我們每一位都是從代表開始，代表他有他代表的票源，有他最基層的人員支持他，所以，我們農會在派系方

面比較合得來，比較穩固，一指揮起來，合作起來，大家
從頭到腳都是一條線（訪問記錄F12）。

所以，反過來講，地方金融由地方性與長時段所形成的團體化，從
台灣地方派系的形成邏輯就不難理解。從地方金融延伸出來的派
系，事實上是在世俗生活中因利益、地緣與人脈不同組合而形成的
團體及團體行動。受訪的一位台中信合社理事主席指出：

派系很難界定。只要兩個不同體系有競爭的話就產生派
系，而且會愈滾愈大。派系有利害關係與利益關係；第
二，原有地方性結構的影響，人家說「種田也會吵架」，
因為水道不同路，就是在日常生活中因為利益、利害關係
而逐漸分邊的過程，慢慢形成點的聯合，所以不一定住在
那就是那個派系。在以前這與灌溉用水有關係，是結合地
方生活的各種事務累積而成，什麼事都有。

台中派系的形成是因為當時賴榮木當省議員，徐肇生也
是。當時張啓仲選北區，是同一個合作社的；選舉時自然
慢慢形成歸派。派系好不好很難講，政府如果不靠派系很
難做事，以前是靠黨運作，現在選票要靠派系，因為派系
跟基層的銜接性、親近性比較高。當然政府希望派系是五
五分，他希望將自己放在天平頭上。以前台中縣派系大概
是勢均力敵，黨部放力量在那一邊，那一邊就會贏，所以
縣長可以讓他們輪著做。地方派系很明顯是地方黨部愈能
掌握時，就愈好控制分配。隨著台灣經濟的發展，派系只
會愈醒目。所以整個走勢是利益結合，其實現在世界各國
政府與不同利益結合是一個普遍的趨勢。大家的理念會轉
變，但在相互依賴時總會結合在一起。派系為何形成？我

> 跟大家說個故事。當年我父親選省議員七點當選十一點落
> 選，因為國民黨做票，因此賴派在省議員上就有斷層，沒
> 有省議員，在一些事情上就無法找人在省議會出力、幫
> 忙。所以互相幫忙、相互依賴這點對派系很重要，你在市
> 議會、省議會、立法院都要有人，要能夠一線上來，事情
> 才會好辦。所以為什麼每次台中縣選舉時系統搶得利害，
> 這是自然形成的。所以政府要打破派系是很難的。現在政
> 府力量愈來愈薄弱，人民的自主權愈高。（訪問記錄F19）

地方金融於長期經營下，在選舉時的組織動員能力可說是其團體行
動最好的說明。受訪的大雅鄉農會總幹事指出：

> 影響很大。每次選舉，只要農會支持，不管那方面的選
> 舉，百分之九十的候選人都會當選，農會在政治影響很
> 大，因為在基層上每個村有代表以及班長，所以只要發揮
> 農會組織力量，可以動員百分之六十的票。這次國代選舉
> 農會總幹事百分之百當選，目前大雅鄉三位縣議員，有兩
> 位是農會支持的；代表大會主席也是農會支持。在地方選
> 舉時，公所的力量較有限；一、因為他們公務人員比較不
> 願意介入選舉，二、其人員不一定是大雅鄉的人，而且公
> 務人員百分之四十經過考試，大部分都是外地人，而農會
> 百分之九十八都是本地人，參與地方意願較高。所以在運
> 作方面較能發揮。而公所發揮力量是透過村長代表，但是
> 村長代表往往有在農會兼代表，較聽農會。村長或鄉代表
> 都兼農會的理監事（訪問記錄F13）。

然而，地方金融具備的這種團體性及團體行動的效力，如同前面說
過的，並不是佔有地緣的方便就有的產物，而是須透過不斷對於人

脈的建構才有的資產。最典型的投資就在於日常生活中紅白帖的應酬。大雅鄉農會總幹事受訪時指出：

> 一個月紅、白帖；有時一天好幾次。以前建議內政部修改農會法，今年才核準，各部門主管照薪水的百分之十（若領五萬則五千塊）可加以應用。那算起來一個主任每年，自己親戚不算，單單會員喜事、喪事平均一年就要十幾萬；平均三天一次，總幹事大概是這個數目的十倍。會員認為請到農會的人就感到光榮、就有面子，人家有喜事就會要你派幾個人過去，喪事人家不好意思講，但要主動去，或做滿月、小孩生日也叫，不去不行，為了地方平時選舉，每樣都要去。前陣子村的拜拜也跑六、七處，去都沒吃，坐一下就走了，不去不行。如果會員家有喪事，我們都派兩個人去幫助。

> 每天與會員接觸，有感情在，會有幫助信用部的發展。但要在同等條件下，他們都會支持我們，但如果新銀行利率較低時，大戶就會跑，因為大戶一個月的利息就差很多，所以會有影響，他不會去考慮過去對農會的感情，小戶還會考慮一下。通常在不同等利益條件下會走，但在同等利益條件下，對農會的感情會有影響。

> 婚喪喜事的參與，坦白說，就是為了選舉才跑啊！否則為什麼做得那麼辛苦。會員勸酒，再苦也要喝，這是為了感情、選舉。對金融是連帶性的，我們去參加時會說：有錢要拿來農會存，欠錢要來農會借，他們會說好，有連帶的關係。如果不選舉我還是會這麼做，但不會這麼積極。現在我一面是為了私人選舉，一面是為了整理農會。若只是

> 為金融業務，因為金融到底比較是利益的考量為主，因此
> 派個職員去即可，不一定要自己出動。但若選舉只派員工
> 去拜訪，有人會覺得面子不夠，效果不好（訪問記錄
> F13）。

地方金融團體化更深的基礎，是在世俗生活中，因地方性與長時段形成的情感連帶。這說明了地方金融的團體化有一定的生活結構當基礎。受訪的彰化縣農會總幹事指出：

> 地方上也有其他的金融單位，而農會信用部做為一個地方
> 的金融中心，在業務經營上可以和其他的金融組織競爭，
> 第一個優點是農民的情感。因為農會在地方很久，農民常
> 常都要跟農會來往，肥料要跟農會買，農藥也是到農會
> 買。農民很多都是農會的會員。第二個是方便上，到農會
> 買肥料買農藥時，順便存錢或是提款。農民的退款也是從
> 農會領出來的。第三個是農會的員工很普遍，幾乎每一村
> 都有員工，所以我們在請員工的時候會注意看，如果某一
> 村沒有人，我們會優先那一村的人。所以有錢要存農會就
> 可以請他上班時順便載一程，或是請他幫你領個一萬元今
> 天要用。這個就很方便。利率方面可能也有方便一點（訪
> 問記錄F5）。

地方金融團體化的存在，若意味著貨幣網絡與社會網絡既連結在一起成結構化的狀態，則個人的行動已不是任意而完全自主，他必須考慮的是團體的利益平衡，自己的社會資本能夠掌握這個團體的分量。受訪的大雅鄉農會總幹事指出：

> 如果他在地方基礎已經很穩，甚至在地方力量已很大了，
> 他就可以比較不必考慮選舉和人際關係，只加強業務即

可，這是有可能的；但以大雅鄉來講，因為我剛接任，年紀還算是較小的，在人際關係上還要加強，不能不考慮這些因素，這是各人情境不一樣而才會有不同態度。在農會，總幹事權力看起來是很大，事實上，往往要考慮很多因素，和受到各方面的限制，實際上相當有限。像人事權，照理說總幹事權限很大，只要我決定要升那一個人，就可以升他，但這往往要考慮很多，如地方派系及各方面的人情，並不是想像中權限那樣大（訪問記錄F13）。

台灣社會的團體發展，是台灣經濟發展的一個基礎結構。台灣經濟的發展，是台灣社會團體化發展的溫床。地方金融得天獨厚之處，是善用了歷史給予的長時段，與地理給予的地方性，利用貨幣網絡整合了近一世紀社會與經濟發展的成果。地方金融對於地方性、對於長時段的耕耘，使得地緣與人脈能夠進一步客觀化為團體及團體行動。這是一般公營行庫做不到的社會行動。地方金融的團體行動賦予它在地方世俗社會十足的發言權，台灣社會有了地方金融的團體行動，配合中小企業的協力團體經濟活動，不但維繫了傳統以來的世俗空間，而且擴大了這個世俗空間，並以財富權力分化了政治專制統治者對於世俗社會的宰制權力。這是值得我們對於台灣地方金融特別注意的地方。

四、小結

地方金融的團體化，必須在地方性及長時段的脈絡中才能開展，這說明了作為金融單位的限制，及作為合作組織的特權。長時段與地方性值得作為一個主題在地方金融的發展提出來討論，是因為它們構成了地方金融既是古老的，又是活著的鮮明特質，使我們

可以觸摸到台灣文明的脊背。因為內向團體化及外向團體化的相生相成，使地方金融並沒有在時間的擠壓下，飛灰煙滅。團體化與地方性、長時段有了互相為用的親近性，就使得角色曖昧的地方金融能夠搭上時代的順風車，收攬經濟成長的花果，不斷累加其存放款量。所以，地方金融之團體化，將人文建構涵容於歷史建構，地方性與長時段的意義將不只是地方金融團體化之原因，也是地方金融團體化之結果。這樣的視野，無疑的，也是來自於地方金融綿延的生命，讓我們能透過歷史，與社會保持適當的觀察距離，而能夠發現社會團體化發展的存在及意義。如此，伊利亞斯與布勞岱兩人的長時段觀點，對我們都有啟發性。不管是教我們抽身而出，利用長時段歷史的距離反觀社會；或是保持著分辨長時段現象和短時段現象的能力，而能掌握歷史的支配主軸，在台灣地方金融與世俗社會的瞭解上，都同時受用。

　　從歷史角度觀照，地方金融面對的最大轉折，仍然是在於農業經濟到工商經濟之間的改變。從地方金融長時段發展的歷史來看，台灣社會跟著世俗經濟動起來，這是值得大書特書的地方。在第一章談團體化形成時，我們看到地方金融團體化的階層結構。這意味著透過地方金融我們也看到了，類似中小製造業經濟階層結構形成的現象。就傳統中國綿延一、二千年的文明慣性來看，一直沒有被中國社會發展出來的經濟階層，開始在台灣社會發芽茁壯。從這個歷史的觀測點，我們說台灣傳統的世俗社會開始為經濟所轉化，才有其現實的意義。地方金融的團體化、長時段與地方性的特質，能將這個觀測點的優越性表露無遺，既說明著地方金融對台灣社會發展的重要，也說明著地方金融對於瞭解台灣社會的重要。

表2-1　台灣初期歷年信用合作社業務統計表

民國2年至34年
單位：日幣千元

民國	農村專兼營信用合作社				城市信用合作社				
	調查社數	存款	儲金	放款	調查社數	存款	儲金	放款	貼現
2年	11	—	84	694	—	—	—	—	—
3年	23	—	154	1,277	—	—	—	—	—
4年	53	184	385	2,114	—	—	—	—	—
5年	70	342	1,032	3,354	—	—	—	—	—
6年	106	874	2,408	5,687	—	—	—	—	—
7年	142	1,391	4,591	9,823	5	32	119	396	575
8年	175	1,061	5,218	14,261	6	35	310	1,500	260
9年	200	1,173	3,725	16,437	8	162	777	2,402	207
10年	215	1,941	5,108	18,283	9	251	1,635	3,791	24
11年	228	—	5,678	19,357	12	724	2,670	4,968	16
12年	240	—	7,517	18,581	17	1,052	4,179	6,482	54
13年	248	—	13,857	18,908	19	2,371	6,401	7,468	141
14年	265	—	17,642	22,181	19	3,144	8,423	8,508	357
15年	271	—	18,484	25,777	21	3,137	9,523	9,325	554
16年	286	7,231	20,833	29,350	21	2,473	9,957	10,233	737
17年	298	6,509	23,417	31,357	21	2,594	2,206	11,640	819
18年	302	6,147	24,986	39,892	21	2,430	11,631	12,506	753
19年	307	6,664	22,686	41,596	21	1,786	11,728	13,316	124
20年	311	6,105	24,797	43,261	21	2,558	11,759	13,784	668
21年	325	11,345	31,628	43,875	22	4,664	15,299	14,214	659
22年	339	19,108	35,489	47,771	22	5,643	16,632	14,562	679
23年	351	22,795	47,566	51,587	22	5,771	17,706	15,116	720
24年	371	20,008	58,103	60,852	22	7,186	19,468	15,929	736
25年	380	24,492	66,156	74,023	22	7,118	20,711	17,421	643
26年	400	30,881	63,484	81,900	22	5,884	20,419	18,645	599
27年	407	42,744	87,127	82,377	21	17,922	25,860	18,636	634
28年	414	31,639	119,710	95,399	22	17,944	35,737	21,320	800
29年	419	35,117	130,459	116,082	25	19,055	46,499	29,897	1,130
30年	418	48,790	142,684	125,125	25	19,027	50,996	32,610	1,066
31年	408	48,790	176,808	135,722	25	23,335	59,155	35,578	1,037
32年	390	98,411	250,292	144,351	25	29,868	75,408	39,180	—
33年	266	153,985	288,280	105,986	40	68,428	147,067	57,426	1,151
34年	272	188,020	269,493	72,126	39	53,440	104,109	52,142	—

資料來源：1.台灣省51年來統計提要
　　　　　(1)民國32年至34年農村專兼營信用合作社存款數，包括現金在內。
　　　　　(2)民國7年至9年、22年至34年城市信用合作社存款數，均包括現金在內。
　　　　2.中華民國信用合作社聯合社，《台灣地區信用合作發展史》(1990)，頁
　　　　55-56。　　單位：日幣千元　　民國2年至34年

表2-2　台灣地區信用合作社歷年存放款業務統計表

金額單位：民國 37年前舊 台幣千元
38年後新

年度別	存款總額	放款總額	存放款比率%
35年	313,616	166,056	52.95
36年	731,912	436,171	53.53
37年	7,294,031	3,904,171	91.04
38年	2,556	2,327	90.38
39年	12,979	11,730	60.87
40年	63,405	38,597	57.89
41年	126,615	73,297	67.69
42年	176,052	119,163	70.61
43年	232,416	164,114	74.97
44年	285,166	213,779	69.11
45年	362,518	250,549	70.81
46年	520,247	368,401	60.23
47年	886,168	533,749	67.15
48年	1,177,252	790,544	72.73
49年	1,364,648	992,506	63.94
50年	1,896,103	1,212,415	61.78
51年	2,531,185	1,563,839	57.26
52年	3,433,678	1,966,272	53.05
53年	4,814,378	2,554,051	56.46
54年	5,405,376	3,051,771	65.06
55年	5,740,976	3,734,990	63.64
56年	6,657,899	4,237,004	69.16
57年	7,243,640	5,009,347	69.00
58年	8,433,681	5,819,200	65.18
59年	10,046,444	6,548,200	633.69
60年	12,984,555	8,270,242	60.94
61年	16,440,757	10,019,635	67.48

62年	22,627,812	15,268,390	61.61
63年	27,762,837	17,105,891	68.53
64年	35,583,142	24,386,018	68.53
65年	43,530,162	29,855,809	68.69
66年	58,717,008	29,810,336	65.47
67年	80,573,720	56,665,143	70.33
68年	89,326,812	65,050,153	73.02
69年	106,736,773	78,328,902	72.52
70年	126,448,059	87,921,461	68.33
71年	163,254,644	105,005,396	62.65
72年	211,098,316	129,484,282	59.53
73年	259,566,354	149,052,089	55.23
74年	282,928,997	156,135,419	53.08
75年	323,559,679	143,815,893	43.23
76年	409,352,437	199,252,723	46.79
77年	525,640,892	327,478,449	60.47

資料來源：1.台灣省合作金庫民國75年編印：《台灣省合作金庫四十年誌》
　　　　　及中華民國信用合作社聯合社統計資料。
　　　　2.中華民國信用合作社聯合社(1990)，《台灣地區信用發展史》，頁
　　　　　182-184。

第三章
關係資本與地方金融經營

　　關係資本在台灣地方金融的發展過程中，特別值得提出來討論。如果說台灣近百年地方金融的發展方式，與公營行庫有根本上的不同，在我個人看來即在於對於「關係資本」深切的認知與使用。對地方金融從業人員來說，「關係」不只是生活的邏輯，也是資本的邏輯，如此，才能在其金融服務裡，貼切的將「關係資本」轉化為經營的理念，並體現在行動中。在台灣生活的諸領域，關係皆有其重要性，然而，中國人生活脈絡與文化脈絡中的「關係」，卻在地方金融的經營裡，看到了最淋漓盡致的表現。關係之成為「關係資本」也在地方金融存放款的業務推展中，獲得了最透徹的表述。從台灣地方金融生活世界「關係」到「關係資本」的客觀化過程（如以存放款多寡作為業績評定），我們將可看到地方金融的貨幣網絡如何透過生活結構，有效的掌握關係資本。

　　人際關係的重要性，在地方金融的訪問過程中，也為受訪者普遍意識到，這幾乎已變成是一個常識性的認知。將一般銀行與國外銀行做比較時，人際關係是國內銀行的特點。若是把一般公營行庫與地方金融加以比較時，人際關係則是地方金融獨門武功。從國外、國內到地方，人際關係一層層深入，是我們調查地方金融看到的一個現實。受訪的土地銀行台中分行經理指出：

　　　　人際關係扮演的角色我認為非常的重要，因為在金融界競

爭林立的情況之下，一般的社會大眾他要選擇一家銀行往來，第一考慮的是人際關係，如是否與本銀行的襄理、經理、甚至經辦員等有認識。談的來，會先來找我們，我認為這是佔很重要的一個比例。以我的經驗來看，這或許跟中國人的個性有關係，中國人較惜緣、重感情。日本、美國比較現實，台灣也有這種情況，但比重不會很高。當然如果現在市場的利率競爭的很厲害，我的客戶亦知道別家金融機構的利率價格比我們優厚很多，但會因此種情況到別家去的很少，10%不到。一般而言都會維持長期的關係。

合作社與土地銀行比較來看，合作社純粹是地方性的經營，土銀在台灣講起來也算是地方的，但與合作社比起來地方性不那麼濃，因為它全省都有。合作社唯一的優點，就是它的社員代表，它的理監事在特定的區域裡面有它的勢力存在，有它的人際關係，也因如此，所以它們今天才能繼續維持下去。它們的缺點，現在是因為在中央的法令方面對合作社比較有限制，比如說到目前為止法人不能辦理貸款。一定要以人為主，變成說假如一個公司想要到合作社去接洽，一定也都是基於人際關係，基於私底下的一些特殊關係。以公司法人到合作社貸款變成違規，要把它化整為零，找人頭，一樣是一億，他要找十個人，一個人一千萬，就這樣把錢貸出去。在這種情形之下假如接一個case到銀行來，我們就無法做，此為我們的短處。（沒有辦法使用一些變通的方法）以土銀來說，我們是公營的行庫，本身具有一種廣意的公務人員的身分，一定要按照法律的規定來辦理，這個就是我們的弱點(訪問記錄F7)。

人際關係既然對於地方金融有特殊的重要性，我們便能將過去對於「關係」的研究與討論[1]，重新擺在知識脈絡思考其特質。從生活脈絡看到「關係」到「關係資本」的客觀化過程，我們在知識上來談這個過程的細緻轉化，才有現實的意義。否則只不過是概念及文字的遊戲。如同法國歷史學家布勞岱所說的，概念與模式是在陸上打造的船，能否航行還是要擺回大海裡才能知道，不能在大海航行的船隻是沒有價值之物[2]？概念與模型相對於生活的解釋不也是如此嗎？

一、關係資本與地方金融之服務品質

做為一般認定為基層金融機構的地方金融，就整個金融市場而言，是在怎樣的市場情境下，需要特別凸顯「關係資本」的意義與重要性？換言之，地方金融作為同樣提供金融商品服務的單位，在怎樣的市場區隔下，需要有不同的賣點？在我們看來，地方金融之所以要特別在意關係資本的累積，緣之於它在金融商品市場真正的王牌貨，不是金融性商品本身，而是「服務」這個商品。在地方金融尚未能擴大其業務範圍、取消其營運區域的限制，乃至改為商業銀行或國民銀行的前提下，「服務」可能仍然是其有限金融商品中，最搶手的王牌貨。服務兩個字，是台灣今天已漸邁入第三產業社會的我們，耳熟能詳的生活世界字眼，服務業的到來標榜著社會走入了一個新的人與人互動的關係、秩序、價值與心態的世界[3]。

---

1 這個主題一直是個人台灣企業與社會研究的重點。請參考筆者《協力網絡與生活結構》、《關係、派系與心態》二書。

2 參考布勞岱《論歷史》一書有關歷史方法之論述。

3 「服務」做為一種人與人互動的社會心態結構，從台灣、香港及大陸三個社會的比較，最容易看出層次之間的差別和不同，這是值得細加比較的探討題目。

然而，還在三、四十年前的台灣農業社會，人們怎麼認知這兩個字的意義？我們先且聽一段人生閱歷的表述：

> 剛才我們總經理要我報告我在合作社三十幾年來的心得。坦白講，我民國46年初中畢業一年後就到屏東一信來。我是從基層工作幹起，從掃地、燒茶這些基本的工作一直到現在擔任協理。這三十幾年我感覺信合社與銀行不一樣的是：信合社是社員結合的地方性組織，銀行好像官僚體係。因為我初中畢業時到市公所去服務，我們的公庫和銀行往來。跑一年的銀行，再到信合社來服務，確實感到銀行和信合社之組織結構不一樣。還有裏面人員對客戶服務的態度也是不一樣。我從基層的工作幹起，到櫃台的工作也好，或者退到第二線指導職員的工作也好，我的一個觀念是：要怎麼把信合社經營的好，當顧客進到這個門，我們要怎麼服務客戶，讓客戶滿意離開信合社的大門？我從小到信合社來就有這個觀念，認為：金融業就是服務業嘛！信合社也是服務業的一種，既然是服務業就得把「服務」這兩個字做好。我常跟職員說，客戶到這家金融機構來，我們的職員要做好，不要讓客戶認為這職員的服務態度很差，客戶要求什麼我們就做什麼，我們信合社營業範圍比銀行要小得多，要怎麼生存要靠我們自己。我常跟我們職員說，我們這一碗飯要吃要自己去掙，不像省營行庫只要省議會通過就有了，我們必須靠自己賺！以敝社跟屏東地區一些金融機構比較起來，業績也好或客戶對我們服務態度的肯定也好，我們都比別家金融機構來得好，這一點是我服務屏東一信三十幾年來最值得安慰的地方、也是我自己覺得比較有成就感的地方(訪問記錄F26)。

　　以上一段話，是一位從事三十幾年信合社業務老成員的自白，典型的說明了地方金融對於「服務」兩個字，自覺的認知與期許。以服務爲宗旨的地方金融來講，服務團體會員本就是其存在的基礎和前提。無論是受訪的信合社或農會信用部成員，都堅稱服務會員是他們的天職。從諸多受訪的地方金融加以分析，在私營新銀行尚未加入競爭行列時，比起一般公營行庫，地方金融的服務品質確實令人耳目一新，印象深刻。地方金融與公營行庫在服務品質上的差別，在我個人看來，不只是量的不同尚且有質的差別。這主要的關鍵在於「公」、「私」兩個不同制度場域所延伸出來文化心態之差異。這個質上的不同既是制度結構使然，也是集體心態文化的慣性作用。地方金融有觀察台灣社會（乃至於中國社會）「關係資本」的重要性，首要前提就在於其能打破公營行庫這種制度結構與文化心態慣性的限制，使自己面對服務品質的壓力。一位屏東信合社的總經理，在受訪時以他自己的經歷說明，公營行庫的制度與心態，限制了其服務品質的提升，而地方金融正是在這一點上取得了成功：

　　　　屏東一信在屏東地區有高水準的市場佔有率，這最主要的原因是我們全體員工的敬業精神，這是非常重要的。公家銀行普遍存在「多做多錯」的心態，一般公營行庫的員工都是經過高普考而進公營行庫，尤其以往在新銀行開放前大部分可說是公營行庫，而公營行庫的員工受到政府相當的保護，尤其公營行庫的賞罰也好、對獎金的制度也好，沒有什麼誘因。如果一企業的經營沒有誘因的話，員工表現好、壞沒有分而考績甲等、乙等都是輪流的，在公營行庫都是這樣子的，你表現沒什麼用。我以前在農民銀行我有這種想法，升遷照排隊來，三年的助理員、三年升辦事員、四年升課長……這都有一定的程序。那時候，財政部

派我到美國幾個月去那裏瞭解他們的銀行制度,去那邊我發現他們員工的敬業精神都非常好,因為他們那邊賞罰分明、誘因較大。像我們台灣世華銀行,他們員工的薪水是機密,假如你把薪水透露給第三者而讓公司知道的話,就要被開除。在美國也是這樣子的,這有什麼好處呢?每一個人對銀行貢獻多少,就支領多少薪水,這是很現實的。

目前在研究管理的學者,認為美國和日本的管理模式不一樣。日本是終身僱傭制,在日本如果你今天在三菱商社,明年跳到松下企業,然後再跳到八佰伴,跳來跳去人家會看不起你,覺得這人對公司不忠。商社在用你時就會考量:你會離開三菱商社,明天你也會離開松下企業。所以在想法上不一樣,日本人的終身僱傭制,一個人投入一個公司就要把整個人貢獻給公司,都有這種敬業精神。日本人的敬業精神不得了,像他們的大藏省晚上燈火通明,他們政府部門行政效率很高,可以說是政府引導企業。在台灣好像這個味道沒那麼濃厚。在日本,在大藏省待遇高聲望也高,你若45歲從大藏省退休下來,各大商社搶著要,因你是公認的人才。在經濟學中有實質所得與非實質所得之分,你若是大藏省的連走路都有風,這是整個文化的問題。所以在日本式的管理,敬業的精神造就整個日本的文化,造就日本今天經濟高度的發展,造成他們經濟的實力。在美國也是一樣。在台灣你說一個博士大家都覺得了不起,人家國外博士一大堆,像我有一次到美國參加一個研討會,和一些銀行行員相處幾個月,我了解到:在台灣實際上相當以學歷為導向,你若是個碩士你就該是什麼職位。在國外是看你能力的表現,看你表現怎麼樣。

我舉個簡單的例子來講：我在美國期間透過一個親戚認識
一個王先生，他在香港非常有名，他是一家很大投資公司
的負責人。民國六十幾年時，石油危機，資金非常缺乏。
他向我提到可借一億美金給我們銀行，但需要有外國銀行
的保證，有沒有可能？那時候我只是農民銀行的襄理，並
不能決定這麼大的決策，只是提到這個案子得經財政部同
意才行，而且由外國銀行做保證須支付保證金。後來在一
個早餐會中，和一個美國銀行小主管無意中的閒聊提到這
件事。之後，我已將這件事忘掉了，但他們的副總裁說要
召見我，我也搞不清楚是怎麼一回事。見面時那副總裁很
客氣的問我：是否有一位叫王先生的朋友？他是否提到要
借一億美金給農民銀行，要外國銀行保證？副總裁手中不
僅有這個資訊，而且對王先生在香港的實力，這個人的人
品，各方面都徵信好了。我用這個例子是要講一個公務人
員的心態。那時候，我心裏在想何必雞婆呢？一億資金借
給我們銀行，我們銀行賺很多錢，但我還是領那麼多的薪
水，但中間如果有什麼差錯那怎麼辦？所以何必多一個麻
煩？但同樣一個外國銀行的行員他一聽到這樣的
information就往上報，報給副總裁，因為這個資訊很重
要，假如一億完全借給我們銀行，這保證金有千分之25那
不得了，他馬上有利可圖，對他將來的promotion也好、對
獎金的獲得也好。

這在我們台灣的銀行沒有用，一些我以前銀行的同事現在
擔任副總經理、經理級的很多，我們有時一起吃飯、聊
天，那些經理常常抱怨：我屏東分行經營很好，為銀行賺
了五、六千萬，而豐原分行虧了好幾百萬，結果薪水和獎

金都一樣，升遷也沒有比人家快，在這種心態下久而久之
會不會很努力地工作呢？我常講，你若到公營行庫行員的
服務態度都不好，若有一個行員的服務態度特別好、對顧
客特別親切，別的同事一定會認為怎麼那麼肉麻！到信合
社來不一樣，整個櫃台的行員大家的服務態度都很親切，
如果你一個人繃著臉大家會覺得這個人怪怪的。所以很重
要的是要有誘因，在我們信合社的不同單位有個競賽的辦
法，按表現而給獎金讓他有誘因才能動。這個都是服務品
質，我們盡量提升服務品質，像我們貸款相當的快，來信
合社借錢的話，我們馬上徵信，手續很快（訪問記錄
F26）。

金融機構有服務品質的壓力，才會去發現人與人關係建構的重要
性，才需要去累積關係資本。當我們能從地方金融對於服務理念的
強調，與日常生活服務實踐的落實，看到地方金融成績斐然的存放
款額度，關係資本才可能成為瞭解台灣世俗社會有意義的概念。因
為，我們可以從關係資本看到庶民自為貨幣網絡發展的社會推動
力。

「關係資本」對地方金融這種「服務」屬性，相對於其他公營
行庫的重要性，也間接說明了，地方金融從原本兼負其他社會功能
的多重角色，慢慢突出了金融性服務的本業化與專業化，正彰顯了
台灣底層世俗社會的發達與興旺。受訪的台北三信副總經理一席
話，從信合社的角度，點出了地方金融一切有關金融服務的專化與
社會發展的結構關聯：

我們強調信用合作社是要服務社員，服務社會的。用什麼
來服務呢？當然最重要的是本業上去服務。需要儲蓄資金
的有地方儲蓄、需要借貸資金的有地方借貸。甚至於，希

望購買黃金的人，也可以找信用合作社買。希望，凡是理
財融資，金錢的處理上，應該都可以找信用合作社處理。
在本業上來服務社員，服務地方，這倒是第一個。換句話
說，就是市場業務做得很好，這是最重要的服務方法。其
他的服務方法，早期的信用合作社還會替社員辦幾個聯誼
活動，提供場地。那麼現在漸漸地少了，為什麼呢？因為
你能提供的場地，提供的婚禮場地，不如那些大飯店所提
供的，對不對？我們到東南亞的信用合作社去看，有很多
地方，他們還在營業廳的一角，擺一個醫務室，裡頭也有
牙醫的設備，也有簡單的醫療器材。它就在那個地方，替
社員，替地方上的人服務。看看牙齒，蛀牙了就治療治
療。東南亞的農村信用合作社，還很多這樣子做。所以，
有一回，我跟幾位在學校教合作經濟的學者先生，當然也
有中國合作事業協會的先生，到東南亞去考察。他們跟我
講：「你看，這個才叫做信用合作社。」我當然也很欣賞
他們的信用合作社能這麼做。可是當我反問他們說：「今
天我們臺北三信，如果要設一個醫務室來這樣做的話，有
沒有用？」不會有用的。而且衛生局鐵定不同意，為什
麼？因為臺灣的社會環境跟需要，還有醫療的管理行政，
難道還需要如此？這怎麼可以一概而論呢？（訪問記錄
F10）

本業化與專業化是地方金融回歸到金融業務屬性，確立其關係資本
的運作基礎，也回應了社會發展過程中分化功能的需求。然而，這
樣的本業化、專業化的真正的成效還是要鑲嵌在服務的脈絡，才能
變成凸出於公營行庫的有效資產。如此，「服務到家」的做法便是
其服務品質的極致說明。受訪的一位台中信合社理事主席指出：

在台中市我們可以服務到家,甚至在大雅、潭子、大里、
烏日、太平我們還服務到家,所謂服務到家是你們的薪
水、出出入入都由我們來轉帳,你要什麼我們都辦,甚至
你們有什麼要服務,我們都幫你做到,天天幫你跑腿。我
們可以辦到什麼程度呢?我們還派專人保全去你家拿錢
呢。什麼營業時間,民間那有什麼營業時間,所以他的服
務是超過那個標準。你看來我們這邊借錢利息還稍高一
點,可是有人還願意來,就是這個。倒不是說他違法,沒
有違法,完全合法,他願意來,因為平時服務太周到了。
「假使我現在有錢,可是人家決定吃完晚飯再交給我這筆
錢,你們能不能派保全人員來收帳,我在那裡交給你們就
算入戶頭?」我們都答應,都可以做。連保全都做了,連
你們家有什麼要存都可以護送,把它送到,因為現在合作
社都有保險。保險櫃、保險箱出租都做了,都幫你做了。
(訪問記錄F2b)。

　　地方金融服務到家的做法,其積極性意義,乃在於從服務品質
確保與世俗民眾情感上的連帶,建立關係資本長期的有效性與轉換
性。這種服務品質與情感連帶的接合,會在幽微的情境發揮其作
用。受訪的屏東一信總經理說道:

人情關係的效用是一定有的!人在一起總是有感情,所以
在最起碼的相同條件下,加上感情效用就在這裏,譬如說
放款,我們屏東一信年息是10%,其他銀行以年息9.75%
要將客戶爭取過去,劉協理跟客戶說,老朋友在一起那麼
久了,捧捧場,客戶會接受。其實,熟悉了,要他換個環
境他也不願意(訪問記錄F26)。

　　當然，不一定關係資本透顯的情感連帶都是自發形成的。「關係資本」在世俗社會使用的強度，甚至可以不是發之於自然，而是強制性的當工具使用。公館農會總幹事就指出：

> 吸收存款或放款，靠人情去拉啊！靠員工哦！有效啊！我們給員工壓力，每一個人要負擔幾百萬，他就要拚命去拉。我們現在拉了一千多萬，利用多種關係想辦法啊！因為我們自己養活自己。農會現在的立場就是這樣（訪問記錄F17）

到此，我們可以瞭解到，「關係資本」的建立與累積，不只是人情連帶的建立與累積。這是對於中國人情關係的誤解。「關係資本」是一種情感與利益綜合的產物。地方金融的關係資本之所以有效用，是因為它建立於金融服務業最本質的服務場域，所以關係才有附著生成的空間。感情與服務品質綜合的地盤，才可能是「關係資本」真正落腳之處。受訪的屏東一信總經理分析得很深入：

> 我想服務品質都是綜合性的：配合服務態度、配合辦事的效率、配合信合社的人脈關係。我常認為信合社不該像銀行雨天收傘的作風。資金在緊的時候我們會把資金留給跟我們往來良好的客戶，供他們使用，對於以往少於往來的客戶暫緩借貸。我想這是比較有感情的做法，顧客對我們也比較有信心。銀行在資金凍結的時候，資金控管在總行而不是一個分行經理所能決定。基於這些情感、基於服務品質及悠久的歷史，是我們今天業績能到此地步的主要原因。
>
> 我想將來可能會有變化，將來新銀行的加入會產生變化。屏東一信以前的市場佔有率沒有那麼高，這幾年我們信合

社的成長比其他銀行來得快。成長率是百分之四十幾、五
十幾可以說是高成長造成這種情形。以往我們強調服務態
度,一樣的利率到這邊來,主管很客氣地服務客戶,你若
到銀行去借錢那種感覺就不太好受,借錢要拜託人家、行
員又愛理不理的樣子,到信合社來就不一樣,所以他們喜
歡到信合社來。那將來新銀行是民營的,他們的管理方式
據我所知也是這種方式。這種以服務態度爭取客戶的差異
不會像過去來得這麼大,所以我常跟我們幹部講,新銀行
的設立對我們的衝擊會很大。因此我們不僅得強調服務態
度也得著重服務品質,在資訊方面像玉山銀行整個home
banking也在做,只要將終端機接到顧客的家裏,家裏就可
以透過終端機轉帳,取得其他的資訊,包括飛機時刻表、
包括股票行情、匯率市場的動態。假如將來我們信合社的
電腦化沒有進步到這種程度,或許有些顧客他會走,服務
品質好壞騙不了人,感情的關聯是有限的,自己得提高服
務品質(訪問記錄F26)。

　　從上面的討論可以瞭解到,關係不可能只是情感性的連帶,無
法只用非實用性的抽象感覺構成其全部內容。關係隱含著相當強烈
的世俗實用性,它之所以被強調,是因爲做人處事的規矩常常是環
繞這個實用性建構起來的一套邏輯。地方金融強調服務品質、強調
關係,是因爲地方金融的屬性恰恰在兩者的結合過程中,找到自己
最適生存與發展的場域。而這個結合所能提供給世俗大眾的東西,
最具實用性。所以,服務及服務品質的強調,使得地方金融進一步
精緻化關係的運作策略和技巧,久而久之,關係便有「關係資本」
的效益了。地方金融,能將關係客觀化爲關係資本,絕非偶然,也
並不是短時間就能進行這個轉換,握有這個特殊的資本。第二章討

論到的時間與空間是重要因素之外，團體性行動的效力是很重要的一個構成要素。

二、關係資本與團體性行動

地方金融在「關係資本」的累積上，反映在其具有團體行動效率的服務態度上，是極爲明顯的一個特色。因其具有團體性的行動張力，所以沒有一般銀行及公營行庫的束縛，而能發揮團體的戰力。這種具有團體行動效果的服務形態，恰好再度強化其人脈關係累積的深度與廣度。受訪的一家屏東信合社總經理，在談到其信合社存放款業務的成功因素時，將這個「關係資本」的累積竅門做了極具體的說明：

> 關於信合社與其他它地方金融的比較，在屏東我們一信的業務情形，存款有165億，放款約有123億左右，我們這業務量在屏東等於五家銀行的加總。五家商業銀行：一銀、彰銀、華銀，再加上中小企銀及農民銀行，大概跟我們差不多。他們一家銀行大約有三、四十億。很多人到屏東就問說：到底用什麼方式而有這樣的市場佔有率？我想我們這些主管和員工都在當地，所以人脈關係好，第二是服務好，乃基於合作社服務的心態和公營行庫不一樣。信合社因為服務品質好，又有幾十年的歷史，所以大家對我們合作社肯定。合作社服務心態和公營行庫不一樣，我舉個例子講，以往合作社代理證券公司的收付事務，在這十幾年對合作社來講可說幫忙很大。以前我們這邊有頂台證券公司及友信證券公司，友信證券是由一信辦理收付業務，頂台則由彰銀負責。當時我們股票市場正在蓬勃發展的時

候，從民國77年一天營業額大概幾億，膨脹到友信一天做
24億。頂台證券更曾經一天做到27、28億左右，那由一天
營業額2億一直膨脹到二十幾億。那時候彰化銀行代理收
付的地方就設一個工作站，一部電腦，二個職員而已，民
眾要交股票款交割排隊排的很長，排在後面的民眾拍桌子
在罵，二位承辦人員「罵不還口，打不還手」默默地在那
邊算錢，辛苦地加班一個小時加班費才30元。公家銀行就
是這樣子沒有辦法，人員要增加沒有辦法，電腦要增加受
省議會預算控制。而由我們所承辦的友信證券就是不一
樣，看他們業務量增加我們就馬上支援人手，電腦不夠我
們工作站就馬上增加，我們很快很靈活，業績膨脹到二十
幾億時，我們人員本來是5位、馬上增加，7位、9位到13
位，我們一直在增加；現在一萎縮下來我們人員馬上輪調
到別處，很方便，所以就是服務好。另外就平常的貸款而
言，譬如說你要貸幾千萬而超過一定上限額度，在銀行就
得送總行徵信單位調查可以說大費周章，有時候一筆貸款
可能你一個禮拜需要錢，但是有的案子送到總行徵信下來
再簽案上去要好幾個禮拜。而我們這邊很快，若是大案子
每個禮拜有放款委員會一批准即可，非常的快。所以這些
都是我們地方金融的特色，地方金融有地方金融的好處，
我們的服務態度可以吸引顧客、吸引社員，我想這是我們
成功很重要的一點。

就信合社與地方社會的關聯。我想我們信合社成立已有八
十多年，社員有38000多，可以說每一個角落都有。只要
我們信合社辦得好，我們信合社的社員的向心力都會很
強。我們會做些回饋社會的事情，像我們這邊的義消需要

一些資訊設備，我們就買了一套十幾萬的設備送給他們，以往需要救護車或公益活動我們都儘可能地捐助來回饋社會。對社員方面，送社員紀念品也好、社員子女獎學金也好、還有對社員教育以培養社員對信合社的情感，這是其他金融機構做不到的。所以信合社的人脈關係也比其他金融機構來得好（訪問記錄F26）。

上述這種「關係資本」與「團體行動效率的服務」互為再生產的過程，可說是地方金融一個相當普遍的現象。兩位「基層金融研究訓練中心」受訪的研究員分別指出：

我想不管是信用合作社也好，農會信用部也好，以我個人的觀點來看的話，它這種人脈的經營是他最基本的客戶群，因為它是所謂的社員制。意思是說，這種人脈的關係事實上是一個非常重要的因素。第二個重要的因素是什麼？我們透過中心做過一個工具行為的分析，叫做信用合作社改制銀行可行性的研究。我們也發現，事實上信用合作社對客戶的service比一般的金融機構都要來的出色。因為金融本身是一個服務業，在這樣的前提底下，它可以透過它的人脈、它的服務，透過它對社員平常的一種交流，它可以讓它的存放比率達到某一種水準。

其實不只台中，在全國很多地方，譬如說花蓮、和最近的雲林信用合作社，它最佳的存放款，一定是比當地銀行的存放款還要大，有很多地方都是這樣子。這個我們可以找到事實的根據就是說，信用合作社在地方的草根性非常的強。另外它的服務很好，每一家信用合作社你一進去他就會說：「頭家，來坐」，然後茶就遞上去。在銀行裡這種

　　情形很難看得到，尤其是商業銀行。可以跟各位報告一個
　　很好笑的例子，我自己親身經歷的例子。我岳父是台灣中
　　小企銀的研究員退休，他往來的客戶竟然是台中的七信，
　　他並不是在他自己的銀行往來，這是一個相當值得我們深
　　思的現象。而且在我們所做的調查，可以發現信用合作社
　　的服務態度，一般民眾對它的評價都比銀行好的太多了。
　　這也就是為什麼信用合作社要比一般銀行的存放款比率好
　　的原因」（訪問記錄127）。

總合而言，地方金融的經營，最具特色的一點可以說是對於「關係
資本」的經營。對地方與人脈的經營無非是獲致「關係資本」的一
種手段，各種服務品質的提升與強化，重點還是在於累積「關係資
本」。「關係資本」可說是地方金融佈建及擴展其貨幣網絡最重要
的工具。人脈關係與服務品質使得地方金融的經營迭創佳績，也就
說明了地方金融貨幣網絡強烈聚合人氣以推動資本流通的效率，正
是使得台灣世俗社會的「關係」能轉換成「關係資本」的關鍵。從
日據時代農業社會到光復後的工商社會，地方金融對於「關係資
本」的經營不因社會形態的改變，而能一貫的對於自為的貨幣網絡
起著建構與拓展作用，使原來在農業世俗社會中的地緣與人脈，據
此可以轉化成支援工商世俗社會發展的「關係資本」，不能不說是
台灣地方金融對於台灣社會發展極為有意義的貢獻。

　　「關係資本」在地方金融的運用，上述提到的具有團體行動效
率的服務是一個思考的重點。進一步我們必須探討的是，團體行動
效率緣之於怎樣的人際連帶邏輯，使關係變成「關係資本」的客觀
化過程更清晰可見？在這裡，地方金融獨特的自然人組合與法令規
章，使關係與利益能在團體邊界內自我循環。受訪的一位台中信合
社理事指出：

經濟競爭，還是用人，人的感情還是厲害。「他要借12.5給你，我11就可以借你了，你要不要跟我借」，這是給他好處。有人要挖腳時，找一個很好的朋友穩住，「不要、不要，七信對你不錯，六信要挖你，你就去，害我很沒面子，你入社還是我推薦的」。有時候存放款數額不會很大，大家還會考慮到感情。如果大企業就不行了，這一差就好幾百萬，幾十萬的，我們一差都很少，差個一萬、五千。他說「請一頓也不夠，算了！算了」。所以他累積一四、二四，匹數很多，可是金額很少，所以還是用人的感情融通。剛才我講地方金融的社會性，人的關係比重很大，不像銀行，銀行他算的出來，會計師說這樣不行，理財的部門經理人一算不行，「這一銀坑我們、華銀……」，他一點都計較，我們合作社不太計較，有時候借的錢高一點，他也不計較，客戶會說「借13.5我也借，我們都是好友」，他變成討人情，他寧可多一點，好像對你們合作社有貢獻。

社員與信合社來往，與借錢規模也有關係，因為他借、出入多少，我們都會照那個額度，這是我們合作法規定的，照他交易的數額多少，我們每年會給他交易的分配金，很大的數字。多一、二千萬的交易，可能可以多分到一萬、分到二萬；說的難聽一點，也可以彌補他，萬一在這裡交易有損失。這麼講就不好聽了，不過這合乎合作法，因為我們按交易的多少來分配、分紅。所以他借數如果多的話就多。可以彌補吃虧的地方（訪問記錄F2b）。

關係與利益能在地方金融所建立的團體邊界內自我循環，也就默默強化了「關係資本」的團體效用。至此，「關係資本」不再只是個

人資本，「關係資本」亦可以是地方金融團體本身的集體資本。地方金融以到家或團體化的服務，不斷確立關係與利益循環的實質價值，並讓好處給大家看得到。這就使得團體成員偶有埋怨，卻無法不與地方金融往來。其中的玄機，受訪的一位台中市信合社理事主席講得很清楚：

> 批評借貸的對象，銀行也好、合作社也好，這是人的心理。他總覺得沒有他預期的那麼快，那麼有效率，那麼有利，所以不批評倒很奇怪。現代台灣地區的人很會批評，所以合作社一定被批評，我想其他金融單位也是。另外有個事實勝於雄辯，就是說，嚴格來講，他們還願意在那麼多不利的因素下，和合作社來做相當的交易，尤其在台中地區，也說明了對他們還有正面的效果，取得資金還算是方便一點。我們舉個例子，你到一家銀行，你要借款，他保持一定的速度，你有沒有設定，沒設定他幫你設定，弄到好大概要二個星期到三個星期，你才真正的會拿到錢。我們合作社快到可以日夜加班，什麼都來。我看好像你在急的時候，對我們更容易，我們可以在三、五天把事情料理完畢。當然我們要付出很多代價，舉個例子，你跟代書、地政事務所、主管單位，都要配的很好，你讓他們都沒有空隙，可是要完全合法，因為你不合法，將來你得不到保障，所以我們會盡量的快。

> 第二個我們會在平時，你買了財產，我們會去鼓勵你，你就設定了。「設定了，不借閒著也沒關係，你要錢，不要說明天，你今天來，我下午就可以給你，甚至來了就可以給了」，所以我們都鼓勵多設定。像幾十億設定沒有拿錢，隨時需要就可以來拿。所以我們非常鼓勵，任何人有

房子，你不需要借錢都可以來辦好，你要錢，一句話。銀
行不會跟你講這個，講這個幹嘛呢？「公事，我不認識
你」，我們是一天到晚聊，「你兒子買一間房子，買在那
地方，分期付款都是現金拿的，那設定，不用借，跟你一
樣。局勢變化很大，有時候要錢。一通電話來，錢就準備
好，不用下車，送到你那兒」。就用這種方法，所以就
快。你說一個月多三百塊的利息他就不計較了，服務那麼
好，就這樣。其實他們也會抱怨，那麼熟，還跟我拿到十
幾的利率。那你好好想，他為什麼不去選低的，而選你。
兩個原因，第一個他拿不到；第二個是不好意思，就是這
兩個因素，沒有別的原因了。因為銀行有時候真是一板一
眼，你叫他快一點，他就有違法的嫌疑，我們都沒有，早
就叫他辦好好的。然後你去找別的代書辦，因為你一個人
去辦，一件假使一千五，我們合作社，也是我們社員，我
們就說「我們自己辦自己的，不可以這樣，你要打幾折，
但全給你辦，你一個月可以辦幾百件」，「讚！讚！半價
就好了」，所以他也佔了便宜，你到別的地方一千五，這
裡七百五，而且絕對辦得好，「不能隨便辦，他是我們的
社員，一年辦幾千件的」，所以他也有信心，這很有社會
性。信合社就用這樣子把人給黏在一起(訪問記錄F2b)。

　　地方金融團體化的服務模式，是以團體能量直接切入交易過程
以減低交易成本[4]，這就打中了整個金融服務的核心點。經濟學所
宣稱的交易成本理論，在台灣地方金融的發展得到了最好的運用。
地方金融深切瞭解「關係資本」對它們而言，其重要性不下於貨幣

---

4 有關交易成本概念請參考熊秉元《尋找心中那把尺》一書中有關寇
　斯定理的討論。

資本，也就比一般公營行庫更加用心經營與累積「關係資本」。
「關係資本」的累積過程，說穿了就是不斷以地方金融的團體行動
效率，降低庶民與金融機構打交道的交易成本，而使世俗社會大眾
都消費得起切合自己需求的金融服務商品。如此，我們看出，個人
擁有「關係資本」與團體擁有關係資本在社會學的分析意義上，不
盡相同。地方金融以個人所建立的「關係資本」形構成團體的「關
係資本」，也就使得地方金融足以與一般公營行庫的經營，進行競
爭，而且迭有佳績。這是因爲團體對於「關係資本」的追求意識，
會落實成爲金融交易的最適模式，活化貨幣網絡的設計。使得世俗
大眾幾乎不需負擔交通、動產及不動產擔保品手續費、程序勞動、
人際搓商等等一切時間、體力及金錢成本。台灣地方金融團體化的
重要性，不但在於轉化「關係」成「關係資本」，更在於將個人
「關係資本」轉換成團體「關係資本」，體現了最低交易成本的金
融服務，從爾也就祛除了貨幣流通的人爲障礙，使貨幣網絡能快速
運轉，帶動社會與經濟的發展。

三、關係資本與世俗信用

　　地方金融對於「關係資本」自覺或不自覺的經營與積累，就其
生存與發展而言，都要經過客觀化的過程，才能化爲擴展當地貨幣
網絡的資源。從我們對於地方金融的調查與深度訪談，可以瞭解
到，「關係資本」的客觀化結果充分表現在存放款額度；「關係資
本」的客觀化過程則不斷彰顯在世俗信用的建檔與確認。一般而
言，地方金融的呆帳都不大[5]，這說明了地方金融利用「關係資

---

5 從「東亞社會經濟研究中心」所有對農會信用部及信合社的訪談可
　看出這個比率極低。

本」達到世俗信用的建檔與確認工作，已到達相當的成效。這裡所謂的世俗信用是一種人身的信用而不是契約信用。是對於和地方金融有往來之庶民個人及其生活脈絡的瞭解，而達成的資產透視。世俗信用可以不經法定程序獲得，而可以在泡茶聊天當中、於婚喪喜慶之時、舉凡一切世俗生活瑣事、枝微細節的互動過程進行潛在的建檔與確認工作。世俗信用其實並無大道理可講，只不過是於生活中處處用心，在人情酬酢裡多一份敏感。將這些用心與敏感所得涓涓細流的訊息，集合成有價值的業務網與徵信庫，而能在適當時機起關鍵作用。譬如一位受訪的信合社總經理就指出這種寓世俗信用於生活的過程：

> 前幾年資金氾濫的時候每個銀行都有「放款推動小組」出門拜訪顧客推動放款，我們劉協理都有規定每個員工要拉多少放款，要怎麼拉，譬如吃牛肉麵的時候，就問老闆這房子有沒有抵押，平常到這裏吃牛肉麵吃那麼多年了，這時也該捧捧場（訪問記錄F26）。

「關係資本」之所以能夠客觀化在世俗信用的建構過程，主要在於地方金融的自然人組合，在實際運作上，法律與制度的規約不一定是保障貨幣網絡順暢流通最有效的手段。或者我們可以說，地方金融還涉到有關法律事務與制度規章的有效運作，還需要世俗信用的配合與支援。譬如我們問到一位信合社總經理，該社借錢不還這種民事案例多不多？他就指出：

> 不會很多，因為我們都很瞭解顧客的情形，像我們劉協理對顧客的信用好不好都很清楚，因為都是地方上的人。至於銀行的經理或許是台中調來的，一個公家銀行裏的職員據我保守的估計，有一半以上是外地調來的，而且經常輪

> 調，所以他對借款戶的瞭解沒有辦法像我們這般深入。對
> 不動產的行情，那個地段多少錢，像我們劉協理對什麼
> 路、那個角落一坪多錢，他都掌握的清清楚楚（訪問記錄
> F26）。

所以防止呆帳的產生，就如同找存放款一樣的過程，最重要的不是
靠發生之後的法律救濟，而是透過人情連帶鞭辟入裡的掌握世俗信
用。一位受訪的鹿港信合社副總經理指出這個道理：

> 因為信用合作社是地方性的組織，具有地緣的特色，所以
> 一般銀行要貸款不容易，它的呆帳也很多，而信用合作社
> 的呆帳很少，雖然信用合作社放款的對象是自然人，如果
> 真有人貸款逾期未還，用人情去催款都還是會還，這種信
> 用合作社的特色，純粹是人際關係的緣故。其實招存款也
> 是一樣的，由於大家牽連起來都是親戚，透過這種親戚連
> 帶找存放款都很容易，但要倒卻是很困難，也就是說，地
> 方金融的特色就是人緣、地緣深，推展存放款就成為事在
> 人為，法律與制度不一定行得通（訪問記錄F32）。

深入來看，「關係資本」客觀化在世俗信用的建構過程，需要
在一定的生活空間才能進行。對客戶的瞭解與對地方的瞭解是同一
的過程。人脈與地緣從此一角度來看，對地方金融的經營不只是存
放款的工具，更是其賴以存在及發展的架構與座標。沒有了這個人
脈與地緣所形成的架構與座標，地方金融要將「關係資本」客觀化
為世俗信用，即失掉了其價值與意義。這一點，地方金融經營業者
看得相當清楚，一位受訪的高雄信合社副總經理就指出：

> 三信存放款比率這麼高，而其如何降低風險可以從兩個角
> 度來看。第一個角度，三信於經營業務有一特色，即非常

了解我們的客戶，為什麼非常了解我們的客戶呢，這也是
信合社的一個特性，因為信合社是地區性的，所以它的工
作人員、社員都是地方上的人，因此工作人員對社員非常
了解，尤其高雄三信於60年代就推展外務的工作，外務就
是我們的員工要到我們的客戶那邊拜訪，因此我們能夠降
低風險最主要的就是我們了解我們的客戶，透過這種人際
關係的了解達到風險的降低。第二是經營上的特色，即掌
握景氣的動向，因為不管你怎麼經營，如果你的經營與景
氣的動向背道而馳，那一定非常危險。最近我們的業務為
什麼推展得這麼好，當然跟景氣也有關係，不過有一先決
要做的，萬一景氣有一點反常時，則要通知分社要注意客
戶資金的用途，若客戶搞的是投機的事業則要慎重考慮是
否貸款給他(訪問記錄F24)。

地方金融有了這個架構與座標，整個發展與努力目標便很清楚。因
而，在面對一般銀行與公營行庫的競爭時，便更能凸顯出地方金融
人脈與地緣的重要性。所以地方金融所要努力的便是不斷強化及穩
固人脈與地緣所搭建的架構。這一點從高雄地區一家信合社提出所
謂的「轄區密集經營」策略，即可畫龍點睛的道出這個底蘊：

到目前為止，銀行的衝擊對我們不造成影響，因我們擁有
地緣人脈。早期的主席採取轄區密集經營的方式，以里為
單位，分社有幾個里只要掌握這幾個里就好，後來更進一
步，即五百公尺以內，每一家庭有三信一本存褶，我們不
打遠距離，只要把里掌握好即可，這個里發生什麼事都知
道；若這個里有人要娶媳婦則組成一服務團去幫忙，我們
做到轄區密集經營，其他合作社沒人這麼做，這套方法至
今仍繼續使用。外務組織對這個里有幾戶都很清楚，有訪

問卡，會訪問該里的居民，因此該里若有新住户，其最先接觸的金融機構一定是三信，所以對於社員的吸收很快(訪問記錄F24)。

所謂的轄區密集經營法，是針對地緣與人脈的系統建構，這一點我們在第二章已有所討論。在此我們看到一個相呼應的重點是，「關係資本」也是一種人爲的建構與累積，否則世俗信用就不具保障效用。這樣的認知，對地方金融從業者而言，是清楚而明白的生存事實。他們以地方文化來形容這個特質。受訪的高雄三信總經理即指出：

合作社比較接近文化面、社會面，高雄三信採轄區密集經營的方式，我們對這種經營方式非常有興趣，這就是地方上的特殊文化。與銀行不同，合作社的辦事人員都是地方性的，但銀行沒有這種親切感，銀行的人員比較不具地方性。合作社給人親切感、具親和力(訪問記錄F24)。

地方金融有了這個地方性的特殊文化，便形同握有了金融業務上的有利作戰武器。只要肯用心去琢磨這個利器，當地銀行便很難捋其鋒芒。受訪的玉井鄉農會總幹事指出：

玉井鄉其他銀行分行撤走的原因主要是業務推展不容易，吸收存款也很難。因為農民賺的錢都是經由農會的協助，同時我們也經常宣導，有錢存農會，要錢到農會借。我們的職員都是本地人，大家都很熟，根本不用特別去作徵信，所以貸放時間很快。一般銀行業務推展不開，不能老是虧本，所以撤走(訪問記錄F30)。

在此，我們從這個地方性的特殊文化，可以看到「關係資本」與世俗信用的積極意義。並不一定需要以繁瑣的法律規條與程序，才能

保證人與人互動的秩序。從都會區的高雄市到僻處山丘一偶的玉井鄉，邏輯有其相通之處，說明著中國文明長期綿延的骨幹。這個骨幹在於世俗的信用是一種低成本的徵信，「關係資本」內含了人與人的信任結構，只要是世俗大眾便要遵守這個規矩。受訪的蘆竹鄉農會總幹事指出：

> 農民為何不存錢到一般銀行？而是存到農會？農會都是靠關係。我的很多朋友都說：「你們的利息差郵局那麼多，想要領走；但是一見到你面，就不好意思領了。」農民很老實，能靠過去的關係。農會信用部在地方上距離近，提領款比較方便，又常來走動，與農會員工比較熟悉。有人際關係，能爭取信任。現在農民也大都不敢帶錢遠行進城，怕搶劫、金光黨。因此為了佔有市場，農會信用部設分部很重要，未來我們還準備要在每一個分部設一台自動提款機（訪問記錄F9）。

俗話說，見面三分情。中國社會人與人互動的情感樣態，關鍵在於面對面所滋長的人情味。見了面，不好意思領，是這個人情味與鄉土味在發酵，這絕非一件生活小事。高雄市農會股長指出：

> 農會很有鄉土味、很有人情味，舉例來說，這裡的農民銀行，當時我們辦一個受災戶專案貸放，農民銀行也有辦，農民就要到農會，而不去農民銀行，因為他到農民銀行不知道找誰，還有一點，農民喜歡打赤腳在街上走，打赤腳他不敢進銀行，但農會他敢去，而且翹個二郎腿，嚼檳榔，他無所謂，甚至農會主管都跟你嚼檳榔，這種有人情味，很人性化的機構，會使鄉村經濟更穩定（訪問記錄F25）。

鄉土味、人情味、打赤腳、翹起二郎腿、嚼著檳榔是世俗社會的世俗語言，是禮不下庶人的世俗生活。在這個質樸而無任何矯飾色彩的人際互動規矩裡，人與人的熟悉顯得無比的自然，彼此之間的情感交流既親切又不需偽裝。這說明了穿梭在同一貨幣網絡的庶民，共享了同一生活結構的語言與情感，世俗的信用在這個前提下也就能得到保障。因為世俗信用不是世俗生活之外的東西，所以，其本質便非以法律程序從上而下來規範與張羅的制度活動。世俗信用本身就是世俗生活裡自然生成的一套規矩。其不避鄙俗除了說明世俗生命的健朗，也道出了庶民彼此之間信用形態的粗闊與實在。

低成本是世俗的邏輯。一切生活成本越低，生存便越能得到綿延，生活便越能有所累積。世俗信用的意義是如阿城講的，世俗自身的淨化，即用現實當中的現實來解決現實的問題(阿城，1995：57)。既用現實當中的現實來解決現實的問題，成本如何能夠不低廉？這種不假外求的世俗智慧，被台灣的地方金融用到徹底的地步，台灣社會本身也得到了好處。受訪的台北三信理事主席指出：

> 信用合作社這個組織成立平均都是幾十年了，過去都是用自然律來規範。社會仕紳的身分就是一種信用，Credit就是這樣來的，而不是說他有多少錢，你說對不對？這種東西維繫幾十年來，它對台灣的貢獻是非常大的(訪問記錄F22)。

地方金融「關係資本」內含的世俗信用，當然也不是一派樂觀與天真的歌頌。從經濟世界的角度來看[6]，世俗社會中的這種世俗信用，深沉的說明了傳統中國社會經濟的低度發展。其重要指標是，西方從十五世紀歷經威尼斯、熱那亞、阿姆斯特丹及倫敦發展出來

---

6 參考布勞岱對「經濟世界」的界定與使用。Braudel(1986b)。

的信用制度，中國社會完全付之闕如。信用體制是西方資本主義最
高層次的交換工具，沒有這個體制，西方上層資本主義出不來[7]。
地方金融的低度呆帳，地方金融從光復之後比重逐漸增加的抵押貸
款[8]，多少有其因應法令規章的限制，但也說明了台灣金融體系，
放到經濟世界的角度來看，尚未發展到最高層次。受訪的一位台中
信合社理事主席不諱言的指出：

> 我舉一個例子，就拿我那合作社來講，已經算不錯。不
> 過，現在放130億左右，信用貸款只是幾千萬，全國的信
> 用合作社都是抵押貸款。這是很不合理的，將來在法律上
> 一定要解決的，因為金融法都是我們借用的，因為沒有金
> 融合作法。其實我們提存呆帳準備金都是照銀行提存，人
> 家銀行都有呆帳，就是我們合作社沒有呆帳，這麼偉大，
> 當鋪嘛！而且都是抵押。應該給人家信用貸款，這比較像
> 信用合作社，否則就不像了。我們只被倒過一次，也不太
> 像話。不能這樣說因為它是地緣的關係。所以將來立法應
> 該要來規定，然後把它做個解決。其實不應該有這麼多盈
> 餘，應該被倒一下，一年倒幾十萬是合情合理的。應當要
> 有危險的承擔能力，而且政府已經讓你做準備了，我們還
> 一直累積、一直累積，到資本額都這麼高這麼多了，所以

---

7 參考布勞岱《文明與資本主義》三大卷對於資本主義的研究專書。
8 以信合社為例，民國40年放款總額中信用放款佔52.8，抵押放款佔
   47.2。民國50年，兩者之比是58.2及41.8；60年是43.2與56.8；70年
   是22.3與77.7；80年是9.0與90.0。由此可看出60年之後，信用貸款逐
   漸減低，抵押貸款逐漸加重。參考吳春來《台灣信用合作事業之研
   究》、中華民國合作事業協會《中華民國台灣合作年鑑》、台灣省
   合作金庫合作金融部《台灣地區信用合作社業務經營分析報告》、
   林寶安《台灣地方金融與地方社會：信用合作社的發展歷史與社會
   意義》。

這也是一個很大的問題(訪問記錄F2b)。

從地方金融人員的自白,我們看得很清楚,世俗信用不是真正金融資本主義裡的信用。從台灣經濟發展的層次來看,地方金融之執意於抵押貸款,說明著我們地方金融活動尚無法承載高層次的信用體系,無法使用複雜的信用工具。或許這更說明著,傳統以來的世俗社會,真正缺少的是資本信用的整套運作工具、制度與認知理念。這整套東西與固著在「關係資本」與世俗信用的抵押貸款,是完全不同兩個範疇的產物。受訪的一位台中信合社理事主席語重心長的指出:

> 從前不必冒這個險,我頭殼壞掉,自己砸自己,當然做安全的。可是現在不行了,人家銀行增放信用貸款,來搶生意。我們現在也在研究,所以有個研究室,也正在研究他們怎麼來調查信用,他們用什麼做指標,他的可信度,他發生的呆帳有多少,我們現在都搜集資料,也要試著做。從前不管信用不信用,我們都用不動產做抵押,然後信用貸款,信用名稱的轉換,可能資產還是做資產保,還是保得住。所以以後恐怕要研究所謂的信用度怎麼來評估,他的危險承受,合作社的體體質受不受得了,研究好,我們會試,不過我們會保守一點。不過還好,我們累積的盈餘也給我們有點信心。我們各種提存的呆帳準備金,二十幾年都沒有用,數以億計。當然在保守的安全措施絕對沒有問題,不會去影響到社員的權益,否則一弄不好,全跨了,我們量力而為。信用放款是我們研究的課題,也是我們將來擴展的空間。從前我們沒有爭取過,所以對我們來講是一個處女地帶,我們要衝一衝。可是我們自己要研究這個問題。我們現在是改變了,從前我用職員,講一句不

太客氣的話，其實都是看你能帶多少業績來，以後我們不這樣子。希望是專業的，這樣子對我們比較好。銀行來挖我們的人員是，一拉像粽子，一串去了，以後這樣就不會。他跟我們事業體溶在一起，他的事業是我們的，我們的事業是他的，他離開這裡，他的螺絲去拴別人的，不一定拴的很好。現在不同，現在是各自為政，將來我們會慢慢走向銀行，所以銀行業在那十幾、二十年了，也不太想動，因為別的銀行不會用那麼高薪來用你，因為你只不過是個螺絲，去了動不了。不像我們現在的職員，一拉去，他有業績，他有人緣、有地緣，可以獨立作業，將來我們要分工合作（訪問記錄F2b）。

一串粽子，或是一支小螺絲丁，這是截然不同的特質，這個比喻把地方金融與銀行組織的不同屬性表露無遺。在一串粽子的團體組成下，「關係資本」與世俗信用，鑲嵌在一起互為再生產，地方金融團體的屬性不斷人脈化及再團體化。這最具體的反應在地方金融從業人員業績的考評上。受訪的一位理事主席指出：

我們取消業績的作法，不過別的合作社有的不取消，你能拉多少存款，你能放多少，變成任用和考核的唯一指標。現在不同了，你能突破一個觀念，我們也算是很大的貢獻，你的貢獻就分得很屬害，人事運作都透明化，怎麼樣升遷都明白。像我們現在的一本人事資料正在整理。從前都沒有，可是這一、二年，我們就整理，也要造冊。從前不是，什麼都不會，只要會拉存款，就升得很高，現在沒有了。現在評估比較合乎金融的運用（訪問記錄F2b）

世俗信用表明了時代所給予地方金融及世俗社會的曖昧，世俗

邏輯與資本信用邏輯的混淆，也呈顯了傳統農業世俗社會過渡到工商世俗社會之間的矛盾與駁雜。然而，從台灣地方金融的茁壯，卻又不能不說這也是一種兼容並蓄，還是不失世俗社會實用性格本色。究根到底，「關係資本」與世俗信用也不可能全然予以拋棄，如同在地方金融長時段的歷史發展過程，「關係資本」及世俗信用作為抵押貸款的基礎，未來的信用貸款，「關係資本」與世俗信用，可預見的，仍然還是基礎。這主要在於，「關係資本」與世俗信用不只是交換工具，它們也是生活工具，是世俗生活的基本工具。人要生活不可能拋掉生活工具。生活工具勢必會不斷支持新的交換工具，只要新的工具比舊的工具更有實用性，世俗生活是不會排斥的。談到這裡，我們就碰觸到了文明主幹與枝節問題。就我個人看法，「關係資本」與世俗信用，牽涉到的是中國文明與台灣文明主幹構成問題，而貨幣工具與資本工具的使用形式，關聯的是文明會隨季節綻放的花果問題。主幹不死，花果則能隨季節而遞嬗。

四、小結：關係資本與人的資本

地方金融對於「關係資本」的建構與強調，豁顯了人的資本的重要性。講究服務的重要，即率先以站在經濟制高點的優勢位置，向底層的世俗社會靠攏與妥協，這就表明了地方金融早已洞察了服務業時代對人的界定與看重。就連76年發生擠兌，存款業務落到全省谷底的旗山信用，亦不忘找機會經營服務品質，往上爬升。調查時，受訪的旗山信合社總經理指出：

> 旗山鎮約在兩年前還有兩家行庫：中小企業銀行及合作金庫，台灣中小企業銀行在民國78年撤銷移到鳳山市，合庫在前年六月移到高雄改為大順倉庫，台灣中小企業銀行在

旗山已有三十幾年的歷史，另外有第一、彰化銀行、農會加上郵局共有七家，可見競爭之激烈，難怪中小企銀及合庫要撤銷，以合庫在此九年多來講，其社團的存款不算才三億多，它政策性的來此設，也政策性的走了。雖然我們是旗山信用合作「社」，而他們是銀行，聽起來好像他們很大，我們很小一樣。所以經營金融第一必需讓人有信心，那麼這與主事者有相當的關係，起碼這個主事者是可以令人可安心的，而且服務也是非常重要的，例如你不讓人家方便人家怎麼要來，即使是因親戚關係來如果服務不好，不出三天就走掉了，服務方面就是你能夠解決他的需要，生意能夠成功就是你能夠解決人家的需要，你要賺人家的錢就是你要能滿足人家的需要，所以服務這點也是能使得我們業務得以成長的主要原因之一。而服務就是要靠我們全體員工的共識，雖然別的銀行員工的學歷、訓練都比我們的高，但除了我們有地緣關係之外，還靠服務與宣傳來相輔相成，所以我們在三年多以前存款才五億多而已，民國77年底存款才5億6266萬，放款3億4531萬，盈餘148萬而已。過去幾年因為放款的不適當，發生擠兌的危機，這是發生在76年的時候，主要是信心危機，人家謠傳主事者倒了，還好當時我們錢還夠，當時放款只保持在50％而已，一下子7億存款降為4億，經過一、兩年的運轉後再人事改組，發奮圖強重新再來。78年存款成長了62％，79年26％，80年40.7％，到今年現在已成長29％，放款方面78年成長34％，79年55％，80年40％，目前到現在已成長37％(訪問記錄F28)。

從地方金融來看，人是一切資源的基礎，是最根本的資源，所以參

加信合社是擁有很大的社會資源,掌握信合社則擁有很大的經濟資源。受訪的一位理事主席,在被問到有關營利分配時這樣回答:

> 信合社給員工這麼高的薪水,有沒有違法,我們這個有法令規定,不是信用合作法,就是法令規定,不得多過我們利息收入的百分之二十五,我跟你們報告的,什麼不超過二十五,十五都不超過,所以我們沒有違法。不能超過,理事可以有酬勞金,盈餘的百分之十,像我們來講,1億8000萬就拿1800萬,我們理事十一位,一個人就可以一、二百萬。沒有,我們不要,這個不重要,我們一年一個人大概頂多十萬、二十萬而已,因為我想太好不要有人知,每個人都來競選理事就慘了。所以就曉得,它是這樣的一個組織,從客觀條件來說,當理事沒有利,所有財產都要連帶保,賠都要賠,漏氣像台北十信,連出國都不行,所以別人都不太喜歡。另外一個,「你們抽多少公費,哇!真的嗎?總共才十多萬,那不合算」他就這樣。我們只不過把幾股的分配告訴你,那就不多,所以剛才講薪水那麼好,可是照法令,二十五我們發到十五,那差很多。法令規定可以百分之十,還有硬性的,可以給理事拿,我們還不拿。所以就曉得他主要的重點不在這裡。一般人把他照文字來看,還看不出所以然來,你們現在一問,就問出內幕來。所以要從事地方政治也好,其他都好,如果你能參加合作社是很大的社會資源,如果能掌握合作社,是很大的經濟資源。那樣可以讓你的事業有永續的力量,你政治舞台的持續競選,也有永續的能力,這是有關係的。如此他人脈就夠。人,我們認為是一切的資源基礎,最根本的資源。所以合作社如果能夠好好的利用,他會有很大的利

潤（訪問記錄F2b）。

地方金融對於「關係資本」的看重，說穿了是對於營利機會與營利空間的看重。有了營利機會與空間，「關係資本」才有現實意義。對我們而言，之所以不從道德角度看地方金融壟斷與寡佔所獲得的巨大利益，乃在於從整個社會的視野來觀照，必須有團體擁有財富權力才能真正確保世俗的自為與自主空間，不管這些團體是由那些人構成，是什麼屬性的團體。從社會及歷史結構來看，我們要看的是經濟團體有沒有發展出來。地方金融團體化的重要性在此。團體化說明了台灣社會動用人脈資源的方式，也說明了它們回應社會變遷的動態能力。受訪的一位理事主席說明他們對於金融經營環境變化的因應之道：

> 從前我們希望開放，現在表面希望開放，實質不希望開放，因為既得利益都不太願意跟人家分。我們那時因為他有一定的法，所以若增一家分支機構，用中程的看法講，百分之一百有利，近程不一定，我們信用合作社三年才開始賺錢，因為我們要投資不少。開始建立人脈關係，他需要不少錢，可是從五年以後，家家都會賺錢，所以大家都曉得，增加分社只會賺錢不會賠錢，所以大家萬眾一心，就是要搶。代表大會最有興趣，「我們再增加一個」，「讚！讚！」，大家都讚，就是這樣子。所以從前只要增加一家就有好處。現在不是，現在銀行也開放了，那麼你再開放，要量力而為，所以有的只要能保住市場就好。所以現在心態不同了，合作社在感覺上好像是弱勢金融，他們是強勢，這個危機意識已經有了。另外，他就趕快調整，所以從前很少電腦化、跨行，現在他都做了，一聽說銀行要開放，這幾年幾乎都做了。所以你有他也有，因為

他資訊很靈通，然後利害關係很直接，所以他反應很快，
他決策不像我們考慮很多，幾年了還決策不了。合作社咱
們十幾個人吃頓飯就解決了，明天買電腦就買。現在的銀
行就是反應決策太短，缺點是說犯錯很快就犯了，沒有什
麼時間觀念(訪問記錄F2b)。

中國社會的「關係資本」，不能誤會成只是片面的、狹隘的套
關係、拉交情的行動效果，它有相當積極的社會意涵在內。庶民的
社會行動，沒有構成關係的長久基礎和骨架，也就無法形成「關係
資本」。從台灣地方金融來看，地緣人脈及服務品質的相生相成，
是世俗社會之關係，能轉換成「關係資本」的長久基礎和骨架。針
貶地方金融的良窳好壞以及興革之意見，另有專責機構與研究人員
來進行[9]，本章只是要借重地方金融指出台灣以及中國文明的基調
與社會發展的主幹。「關係資本」確實有助於我們瞭解台灣社會發
展的基本架構。人的資本既是綿延的主軸，也即是社會發展的基
礎。不同歷史階段和社會、經濟形態，對於人的資本有不同的對待

---

9 這方面的專題研究很多。譬如針對基層金融研究之「基層金融研究
訓練中心」所做的有關地方金融研究的一系列叢書，如蔡培玄
(1987)、黃永仁、施富士(1986)、蔡秋榮(1988)、王正強(1984)、
陳昭琳(1983)、黃永仁等(1990)等人的研究。另外可參考張慶堂著
《合作金融的改革》、《現代合作金融制度與經營》、中華民國信
用合作合作社聯合社編《台灣地區合作金融制度概述》、吳恪元、
張森宇著〈現階段台灣城市信用合作組織析論〉，李俊科著〈信用
合作社之資金運用與管理〉，林永昆著〈信用合作社應興應革之我
見〉，林彩梅、吳恪元著〈信用合作社的金融與社會功能之研
究〉，莊美娟著〈台灣地區信用合作社改制問題之研究〉，黃敏
助、蔡培玄著〈信用合作社規模經濟問題之研究〉，廖和壁著〈信
用合作社業務經營與管理〉，許坤祺、林炳祥《信用合作社改制為
區域銀行可行性之研究》、林文啓著〈農會信用部之經營管理問
題〉、何顯重〈改進台灣農業信用制度芻議〉等研究。

和使用方式。傳統過多的人口，排斥了機器使用的空間，這種使用
人的方式，是良性的使人貶值的一種方式。中共實行共產制度，以
政治力剷平經濟上的不平等，造成了擁有開腦高超醫術的醫師，與
一名理髮師同領四百五十塊人民幣的待遇，這是一種惡性對人的貶
值[10]。台灣地方金融團體化中，對於「關係資本」的強調與使用，
使金融流通提升到足以促進總體社會進展的地步，將人的資本發揮
出其應有的光彩，這無疑的是對於人的升值。談地方金融我們看到
了台灣社會對人的升值而非貶值，這是台灣社會真正的資源。而其
活水源頭正在於我們有一個容許人之自主與自由發展的世俗空間。
地方金融也再度的為此世俗空間賦予新的發展基礎，此即工商世俗
社會的轉化，我們會再回頭談此一重大課題。

---

10 請參考「東亞社會經濟研究中心」有關大陸研究〈深圳經改會〉訪
　問記錄。

第四章
日常生活中自為的貨幣網絡：標會

標會，或稱民間合會，從本書觀點來看，可說是最底層的貨幣網絡，亦即是最底層的金融交換工具。作為文明發展的工具而言，標會可說是一種一般俗民大眾皆能使用的金融工具。之所以是一般俗民皆能使用這個工具，乃在於標會並沒有創造出高層次的艱深金融語言，它只是充分借用了原本早已存在的人情網絡這個世俗社會的辭彙。所以，從我們的角度來看，標會以底層貨幣網絡的身分，說明了台灣社會連帶與社會結構的獨特面貌。宋巴特在其大作《現代資本主義》總結西方資本主義社會發展的特質，乃在於「一切原始個人結合的和個人色彩的關係之客觀化」（宋巴特，1991b：19）。簡單的一句話，卻直指西方社會發展的核心議題。這種個人結合關係的客觀化，或者是韋伯所講的理性化，在社會實體的認識層次上，毋寧意味著西方社會連帶及社會結構的基本性格[1]。在這個認識前提下，中國或者台灣的社會是否必然順著宋巴特及韋伯所建構的西方社會發展脈絡，從個人化關係走向客觀化、合理化的關係形態？對此，我愈來愈表示懷疑。然而，這個潛在而不自覺的預

---

1 有關韋伯理性化的討論，參考其 *Economy and Society* 一書，或陳介玄等著《韋伯論西方社會的合理化》一書有關之討論。

設，卻是談論標會活動所應避免掉落的陷阱[2]。

標會，恰恰從最個人性的關係表明了台灣世俗社會的性格。這種個人性說明了它獨特的理性與效能。我們不能用西方式的客觀性及合理性做最終的判準以衡量其良窳，而必須在自己社會脈絡找到它存在的總體結構，並藉由這個總體結構來衡定其意義及價值。所以，標會研究要看的並不是標會本身，而是日常生活中這個自為的貨幣網絡如何在「生活結構」的卵翼下，得以吸收養分使自己綿延長存，發展出一個堅實的底層貨幣社會。事實上，從我們觀點來看，底層貨幣社會的發展，其重要性，不下於上層貨幣社會的發展。沒有一定豐厚的底層貨幣社會當基礎，來自上層貨幣社會的進步拉力，將不能發揮其促成總體社會進步的效果。標會作為最低層次的金融交換工具，在加速貨幣流通的過程，也創造了貨幣的社會價值，不只是提供了俗民資金累積的管道，更是一種自為的強制性儲蓄工具。其集攏的貨幣效應及社會效應，為上層金融交換工具的發展積累了足夠的能量。

一、標會與總體金融結構

標會與總體金融的關係，有不可切分的關係。從研究來看，民間借貸佔有民營企業借款來源百分之三十六點六二[3]。而據文山的

---

2 標會研究的規範化走向使其研究局限於標會在金融工具及法律層面上諸多問題的討論，而無法碰觸到標會與生活世界關聯之意義。多少隱含了以法律建構的客觀標準為衡斷其存在價值的思考架構，即可能有這種預設的危險。有關的研究請參考曹競輝《合會制度之研究》，黃永仁等著《台灣地下金融問題：民間合會與地下錢莊》、杜量著〈台灣之合會儲蓄〉、何顯重著〈台灣之合會儲蓄事業〉、林光裕〈民間互助會之探討〉。

3 從表4-1可看出民間借貸的重要性。

論文指出(文山，1984：41)：「據財政部調查，台灣地區民眾參加標會的普及率高達百分之八十一，估計每月透過標會的信用融通金融達95億元，一年約1140億元，佔國民所得的百分之二十二，其規模之大，可見一般。」標會對於探討台灣貨幣流通的重要性不言自明。于宗先這樣定位標會：「就台灣經濟而言，地下經濟部分佔了整個經濟相當大的比重，而這個比重有與時俱增的趨勢。支持地下經濟滋長的源頭則是『標會』。如果稱標會是地下經濟的『銀行』，就其功能而言，並不為過。」(于宗先，1983)如果說標會是地下經濟的銀行，那麼這個銀行是怎麼出現的？換句話說，它存在的經濟條件為何？

　　民間標會存在之經濟條件，討論最多的是從地下金融與地上金融此一二元結構的角度來觀照(彭百顯、鄭素卿，1985，黃永仁等，1983)。從地下金融或所謂無組織之金融結構，我們看到標會的發展，是因金融壓抑之利率結構所擠壓出來的空間。張火旺指出：

> 銀行利率遠低於民間黑市利率，造成黑市借貸盛行，於是倒會、詐欺等經濟犯罪案件層出不窮。同時資金市場機能喪失，造成資金供需不能平衡，銀行銀根緊縮或鬆弛(爛頭寸)的現象時有所聞，資金供需的調節不夠活潑，資金市場始終居於波動與不安，進而影響到經濟體系的穩定；僵硬性的利率，使得貨幣的價格顯得不甚合理，因此，不能反映資金的真實成本。……由於現行的銀行利率背離了資金的真實成本，銀行資金形成奇貨可居，銀行員則可以對客戶百般的刁難，甚至於索取回扣或要求回存，因而貨款的實質利率顯然高於官定利率甚多，銀行體系變得衙門化與無效率。如此，僵硬性的利率實已形成銀行現代化嚴

> 重的絆腳石。……金融壓抑尤其將利率壓在人為的低水準
> 再配合信用的配給，以低利率大額資金供給現代工業部門
> 即反映對小農部門資金供給相對地減少與利率的增高，同
> 時造成上述種種幣端。此一政策措施實造成黑市資金市場
> 廣泛流行於小農部門以及黑市利率特高的主要因素(張火
> 旺，1981a：9)。

> 無組織資金市場與有組織資金市場並非替代，而是一種互
> 補之關係。前者能補充銀行功能之不足，提供部份的民間
> 資金，對於發展中國家之經濟發展有貢獻(張火旺，
> 1981b：18)。

官方有組織的資金市場之高利率，提供給民間標會的發展空間，在
於比較利益下的一種選擇。丘芳英等對於標會的研究指出：

> 因此在「金融壓抑」的政策下，一方面由於銀行存款利率
> 偏低，使得民間累積的資金，不願存入銀行，而運用於存
> 款利率較高的民間互助會等無組織金融部門(即民間借貸
> 市場)；另一方面，銀行放款利率過低，金融機構基於安
> 全性與利益性之考慮，依照貸款者的信用分配，其可貸資
> 金之多寡則取決於其信用良否而定，而造成資金使用效率
> 低落，而對於一些中小企業及社會大眾而言，由於不易在
> 銀行貸得其所需之資金，就只好退而求較銀行利率來得高
> 些，卻比地下錢莊利率低的民間互助會，因此，工商業者
> 有參加民間互助會的數量，愈來愈多，尤其是景氣復甦後
> 之階段。……金融機構基於利益原則，也不願意多作瑣
> 碎、繁雜之小額短期放款，需要此類資金之消費大眾只好
> 訴求於方便快捷的民間互助會了(邱芳英等，1985：

108）。

組織性建制金融機構不足以符應經濟成長所需，亦是民間標會存在的一個空間：

> 從民國53年至72年，二十年中，國民生產毛額增加5.15倍，每年平均增加8.66％；國民所得增加4.56倍，平均每年增加7.95％；而在同一期間，全體金融總分支機構家數僅增加2.15倍，平均每年僅增加3.99％（邱芳英等，1985：110）。

　　台灣既有金融組織及制度性資金供應管道的不足，或者說高層次的信貸貨幣語言尚未普遍化深入社會大眾生活結構中，固然說明了標會得以存在的客觀空間，但卻不能解釋整個標會活動在台灣世俗社會普遍存在的理由。再好的環境，沒有行動主體來善用這個環境的優點與資源，終歸是無法開花結果。標會足以成為底層社會中最具活潑生機的一種自為貨幣網絡，主要還在於台灣的民眾不自覺或自覺的動用了社會網絡轉化為貨幣網絡的機制。這對於手中並無任何金融工具或融資管道的一介百姓，尤其重要。標會之所以具有十足的世俗性格，乃在於本質上它並不以資本關係形成貨幣網絡，而是以社會關係形成貨幣網絡。而且社會關係形成的貨幣網絡，其保障既來自於社會關係，其限制也來自於社會關係，換言之，標會的特色及不足是同一的，即人走在貨幣的前面。貨幣並沒有將人的關係予以客觀化，標會本身也不形成一無形的貨幣市場將個人關係予以市場化，並由市場的機制將此一人際連帶形式合理化。這說明了貨幣網絡的形成既非中性也不一定具備客觀的進程，它的發展深受生活結構的制約。當然，任何貨幣的網絡化發展，也勢必以其具有文化色彩的張力重塑生活結構。台灣世俗社會中的標會，充分說

明了這樣的道理。

二、俗民經濟學：貨幣的簡單再流通

　　生活中的貨幣剩餘，構成了貨幣運用的前提條件。由經濟類型所參與形成的社會體制則決定了俗民運用貨幣的方式。以中小企業經濟爲主體建立起來的社會體制，尙無法發展出貨幣的高層網絡，俗民大眾就其生活取材，利用最貼切生活的人際網絡發展出人人能參與的貨幣流通方式。標會，無疑的是這種貨幣流通方式的最佳代表。標會的盛行不墜說明了俗民大眾的貨幣累積有效的在進行；同樣的，世俗大眾所得的增加與儲蓄的普及，亦使得標會越發流行。標會研究，在量的指標下，最重要的調查文獻要算是民國73年省主計處所舉辦的「台灣省民間儲蓄與借貸狀況及意向調查」。藉由這份調查，我們可以看到所得增加與儲蓄、標會之關聯：

> 若從家庭特性觀察，儲蓄與家庭所得水準，都市化程度，戶內就業人數及經濟戶長教育程度等之關係甚爲密切。有儲蓄戶佔總戶數之比率，隨家庭所得水準之提高而提高，如年所得在60萬以上之家庭，高達97.33％，而未滿12萬元之家庭，僅爲64.22％。都市化程度中，都市層有儲蓄戶之比率爲91.79％，高於城鎮層之87.02％及鄉村層之85.11％。主要原因由於居住於都市化程度越高之地區，其所得水準亦較高，雖其生活水準亦相對提高，唯收支相抵，有節餘者比率還比其它各層爲多，再以一般金融機構亦都集中於都市層，民眾提存方便，儲蓄戶比率相對比其它各層爲高。……從調查樣本戶中有儲蓄者之3,095戶觀察，主要之儲蓄方式以存放在金融機構爲最多，佔52.03％，參加民

間標會居次，佔33.33％。（王維漢、李貳連，1985：75）。

然而，若就家庭參與標會本身作一觀察，則會發現全省家庭參與標會的普及性，以及家庭所得與參與標會個數與會金之關係[4]：

> 根據調查結果顯示，本省家庭參加民間標會者佔51.60％，未參加者佔48.40％。就全省家庭觀察，平均每戶擁有1.04個會，每月會金為4887元；就有參加標會之戶觀察，平均每戶參加個數為2.01個，每月會金為9471元（王維漢、李貳連，1985：79）。

> 參加標會個數：家庭參加標會個數常視單會會金大小而定，單會會金小，參加個數較多，且亦隨家庭之負擔能力而不同，所得越高其負擔能力越強，其平均參加標會個數亦越多，如年所得未滿12萬元家庭，平均每戶參加0.32個會，60萬以上家庭則為1.88個會，會數為最低所得家庭之5.8倍。若參加標會戶之平均水準觀察，農家為2.11個會較非農家1.98個會為多，鄉村層2.12個會亦較城鎮層與都市層1.96個會0.14個，惟細觀其單會會金情形，農家或鄉村層家庭所參加的會大都屬小金額者，因此參加會數雖較多，但總會金反而較少。平均每戶每月會金：所得愈高之家庭，每月繳納之會金亦越多，如最高所得家庭平均每戶11,320元為最低所得家庭平均1,078元之10.5倍（王維漢、李貳連，1985：86）。

從調查所得我們可以發現，社會大眾參與標會的普遍性。這種普遍性從數字結構說明了標會是一種俗民經濟學的計算方式，一般

4　參考表4-2的統計數字。

人隨其經濟所得可以進行的貨幣簡單再流通。我們從家庭參加標會的目的及原因，也可以意識到這種精神[5]：

> 家庭參加標會之目的：家庭參加標會按金錢運用方面觀察，主要仍以儲蓄或儲蓄兼借款為主，換言之，平時作為資金儲存處所，賺取利息收入，急用時標下週轉應急，據調查結果顯示，純為儲蓄目的而參加標會者，佔43.47%，兼有儲蓄與借款雙重目的而參加標會者，佔54.65%。此外純為借款目的而參加者，僅佔1.88%（王維漢、李貳連，1985：83）。

> 本省家庭參與民間標會活動，細觀之，其主要原因認為金錢運用較方便者，佔37.13%，其次為朋友間之互助者佔33.92%，因利息較優厚而參加者再次，佔19.58%，而認為利息收入可以免稅而參加標會者，則甚少，僅佔1.75%，前兩項理由所佔比重中，鄉村層居首，城鎮層次之，都市層最低，且農家高於非農家，因利息較優厚而參加標會所佔比重，則上述情形卻正好相反，都市層高於城鎮層及鄉村層，非農家又高於農家（參見表19）（王維漢、李貳連，1985：83-84）。

量上的統計數字表明標會的功能是多樣性的比例分配，然而，從筆者質上的個案調查[6]，卻說明了一般人的標會活動同時考慮了金錢運用方便、朋友互助、利息優厚及可以免稅等幾個因素的好

---

5 參考表4-3統計數字。

6 針對T9廠的個案研究，筆者在調查其創業資本及發展資本的結構時，對標會資金的挹注作用，及相關於本章所提之標會問題曾一併探討。部分資料可參考本書第五章。

處。生活中的事事項項，其意義並不是成比例分配的，而是混雜在一起形成一個統一體。傳統中國對於白銀的積藏而非流通，使得貨幣無法形成資本性的積累作用。這對於傳統經濟的低度發展亦可互相契合[7]。然而在台灣一般大眾的日常生活中，因整個經濟結構的高度發展，社會所提供的創業及投資機會隨時存在，將貨幣轉換為資本的需求更加的殷切。世俗大眾在無法與銀行打交道的情況下，與地方金融扮演的角色相類似，標會的存在提供了貨幣轉化為資本的管道，擴大了家計經營空間，使得世俗生活的提升能夠實現，可說是對於傳統的現代性轉化。

這種經濟發展的進程也可以從標會的形式顯現出來。隨著台灣的貨幣經濟越趨成熟，標會幾乎都「以現金標為主，佔90.60％，實物標佔9.40％」（王維漢、李貳連，1985：79）。現金標的普遍化使得利息的計算簡單易懂，一般世俗中的市井小民皆可將本求利，自己計算利息的所得與負擔。依王維漢、李貳連的分析，台灣標會利率是這樣的分布：

> 本調查之標會利率係按平均每次標息除以每期標金計算而得。平均每會標會利率為15.84％。標會利率在20~30％者最多，佔25.64％，其次利率在16~20％者，佔20.99％（王維漢、李貳連，1985：82）。

標會的平均利率達15％，比一般民營銀行、公營行庫及地方金融的定存利率還高，有利於民眾的儲蓄。而就貸款來說，這種利率水平又較中小企業，尤其是大企業能從公銀行庫獲得的貸款利率為高，

---

7 有關這個問題的討論參考黃仁宇《中國大歷史》、韋伯《中國宗教》、布勞岱，*A History of Civilizations*、黃宗智《華北的小農經濟與社會變遷》、《長江三角洲小農家庭與鄉村發展，1350-1988》等人著作。

但較之於地下錢莊的高利貸，卻又低了很多。對早期很多創業的頭家來講，是唯一或是最好得到借貸的一種管道，可稱之爲台灣社會的「便捷信用」（easy credit）。而這種資金成本，不但是經濟性的，也是社會性的，對一個創業者而言，使用這一筆資金有一定的社會壓力。因爲做不成功，企業倒了，不是變成公銀行庫的呆帳，而是左鄰右舍親朋好友血汗錢的泡湯，再立足於俗民社會，面子顯得難看。細觀標會本質，既是一種便捷信用，便是信用貸款性質而非抵押貸款。吳以體的研究也說明了這個要點：

> 一般而言，會員之間多半存有某種人際關係，以這種人際關係作爲一種互相信用的保證，而不以其他有形資產或以某種收益之獲取作爲保證。就其對資金供給人之所獲保證而言，全憑互相信賴而已，比較銀行貸款之需提供擔保品或保證等，標會的資金供給者的風險較大（吳以體，1983：165）。

從標會所豁顯出來的計算意識，我們可以注意到，一般人之「信用意識」與「信任意識」是混合在一起的。從標會的運作本質來講，它是信用融通貸款而非抵押貸款。這種信用貸款是以對人的信任保障了對貨幣的信用。是以既有的社會網絡維繫了貨幣網絡的運作，而非以貨幣網絡本身保障了信用貨幣的運作與流通。信任意識與信用意識的交融，社會網絡與貨幣網絡的合一，使得標會做爲民間自爲的信用貸款工具，在技術上可能。所以，透過標會這個傳承已久的民間金融活動，我們多少可以看到俗民貨幣流通的主要機制。如同吳慶土指出的：

> 民間合會流傳已久，具有互助濟急之本質與平民金融之便利，因此有相當深厚的基本需求存在，要完全消滅這一類

> 眞正基於互助濟急，而由少數關係較爲密切的一群人所組
> 成的合會，料必不大可能，而且也無多大必要（吳慶土，
> 1983：55）。

少數關係密切的一群人所組成的合會，點出了信任意識與信用意識
交融的可能條件與限制。佳里的大倒會與桃園名女人呂秀的倒會，
主要的問題都在於，超出了信任與信用可整合的網絡及團體邊界。
試看，「呂秀死後，債權人委託律師呂傳勝辦理債權登記，債權人
計有591人，債款總數3億2902萬4937元」（廖國棟，1972）。這樣的
規模已成合會儲蓄公司，而非民間合會了。其間的差別就像日本賴
母子講會與營業無盡會的不同，前者有情感連帶後者則無（陳榮富，
1953）。而會員之間情感有無，除牽涉到團體組成的性質之外，團
體的大小是其中的關鍵。

三、標會的運作邏輯：小團體連帶

　　標會本身所形成的組合，是否能稱之爲團體，當然大有疑問。
這牽涉到對於團體這個概念的界定問題。在這裡我們對於團體採取
最寬鬆的定義，意味著在一定的目的下所構成的持續性之集體行動
的人際組合現象，這種集體行動從無到有的過程我們可謂之爲一種
團體化現象。標會在此定義下，可稱爲團體化現象，因爲它本身是
在共同集資這個一致的目的下所形成的團體行動，在此目的下，參
與成員要共同遵守標會的規則，否則集體的行動就無法進行。現在
我們要問的是，爲什麼台灣社會能存在著標會這種貨幣網絡的流通
方式？上面所提到金融結構的陋失及俗民的貨幣累積，並不能真正
解釋台灣標會得以發展的理由，這兩個原因在西方社會都曾經存在
過，但西方社會在那當時並沒有發展出台灣類型的標會。金融與貨

幣因素的解釋，只說明了台灣「可能」產生標會的環境與條件，並沒有解釋了標會能產生的真正原因。我們可以說，正是台灣的社會結構本身使得標會能夠在台灣社會發展普及，關鍵點在於社會而不在於經濟，經濟只是給了社會更大發揮的籌碼。

我們說標會能夠存在與普及的最終因素在於台灣社會本身，即意味著標會這種底層貨幣網絡的出現，事實上是來自於台灣生活結構的型塑。台灣一般民眾密集式的家居生活聚落方式、工作崗位上同事之間的互動模式、親朋之間的集結形態，這種種的生活形態所形成的人際互動結構，造就了台灣社會之團體組成及社會連帶的獨特形式。是在這個基礎上標會得以蓬勃發展。

首先，從密集式的居家生活聚落方式來看，台灣世俗社會的標會活動，取決於地理結構與社會結構的互動模式。據個人的調查，一般人參與標會很少離開其以居住地為核心所形成的生活圈。密集的居住聚落，使會員與會首之關係，以鄰居者最多，佔50.46％（王維漢、李貳連，1985：82-83）。地理上密集式的住宅座落形態，使得會腳繳交會款或會首催收會錢，能以最短時間最少的精力來進行。而這樣密集式的居住形態，也使得鄰里之間貨幣的信用徵信得以可能。超出了這個生活圈會錢的繳交與催收變得麻煩，會首與會腳之間的信用徵信少了來自生活互動的保障，也就變得不可計算，充滿著不可知的風險。

其次，形成標會的另一個網絡圈來自親朋好友的互動。從家族團體連帶與擬似家族團體連帶來看，這是一個相當容易轉換成經濟網絡的社會網絡，主要的原因在於其貨幣信用不假外求，能由網絡的連帶形式予以保證。而在網絡的連結與互動過程，也就同時完成了貨幣信用的徵信過程。這種社會徵信也因為生活互動的保證而具有相當的穩定性，所以在標會形成的會員與會首之關係，為親友

者，佔了25.65％（王維漢、李貳連，1985：82-83）。

最後，形成標會的網絡圈由同事組成。從底層社會來看，學校、政府單位及公民營事業單位，構成了標會的另一個重要的場域。同事之間關係密切者容易成會。據個人調查，由機關單位所起的會，相當穩健，不容易倒會，主要在於同事之間的標會有固定的薪資收入為保障、職業工作又有其一定的生活紀律，使得標會在這個網絡圈能很穩定的遞接下去。是以從量上的調查資料顯示，一般標會會首與會員關係為同事者也佔了17.83％（王維漢、李貳連，1985：82-83）[8]。

以鄰居、親朋好友及同事所形成的三個標會網絡圈，事實上並非如上述之分析類型是獨立的，在生活領域我們看到的往往是三者的統一或混合。譬如，會首與會腳的關係，可能是鄰居、但也是親戚與同事。三種網絡圈的重疊也就說明了生活結構是標會運作不墜真正的保障。從標會本身的組成來看，「會首」做為起會人當然是靈魂人物，他的號召力決定了這個會能否組成。會首選「會腳」，如同會腳評估是否入會，皆有其判準。對會首來講，他要承擔全會的風險，萬一找到的是財力或聲望不佳的「弱腳」，是極大的不利。從會腳來看，他也要慎選會首，否則信用不保入會則無異於入火坑。所以在日常生活中的人際互動已儲存了會首與會腳彼此之間的信用評估。在一般俗民日常生活中之東家長西家短的井邊耳語與店子頭聚會，事實上扮演著與你生活圈相干的一切人脈訊息之傳遞。就因為參與標會者透過生活互動的熟悉，取得了在鄰居、親友與同事三個網絡圈的連保作用，世俗社會中的標會便不會有太大的風險。標會將地理上的便利、社會網絡的穩定性轉換成貨幣網絡的連帶，也就是開展了具有貨幣信用意義的社會網絡，形成了從微視

---

8 上有關會首與會員關係之統計，參考表4-4。

到鉅視社會總資本的再生產。

　　然而，就個人而言，要擁有具備貨幣信用意義的社會網絡，不是一蹴可即，而是需要時間的培育與經營。這中間貨幣資本的累積與社會網絡的累積是相輔相成的。我所調查的一個個案，經八年的時間，參加了23個會。參加這麼多的會，有些固然是因為經商及日常需要而刻意入會，有些卻是因為隨著人際網絡的延伸而在人情及利益連帶請託下自然參與。所以，一個人縱然手中有閒錢，沒有時間擴展其社會網絡，是無法同時加入很多會的；同樣的，你手中握有豐富的社會網絡，但身邊無資金亦是枉然。是以，一般人參加標會，上文所提到的平均每戶參加個數為2.01個，每月會金為9,471元，大致上是在其生活結構中家庭剩餘資金，與其所擁有之社會網絡取得平衡和最有效使用的一個常數。若是要超越這個常數，便要有將鄰居、親友及同事三個網絡圈銜接起來並在區域上予以擴大的本事。所以，就社會網絡具有一定邊界而言，並不是任何標會都對每一個人開放的，一般民眾所能參加的標會活動，是順著其貨幣累積的能量與社會網絡的脈絡在擴展與延伸。標會在這個底層金融的獨特意義是，標會並沒有創造了這個社會網絡，只不過是借用了既存的社會網絡。就因為標會只是借用了生活中既存的這個社會網絡，所以它是一種極為便捷而有效達成供需兩造生活利益的貨幣網絡流通方式，這主要在於它不用另起爐灶，自己再建立一個金融體系來支撐俗民的貨幣流通。世俗社會中自成的社會網絡即是一種自為的貨幣網絡。

　　標會既然沒有創造了社會網絡而是善用了既存的社會網絡，那麼我們也將看到，一個人參與標會以及對於標會的認知，潛在的深受其人際網絡邊界的限制。會頭在召會時，所考慮的入會人數固然有其針對總額會款多寡使用上的方便及利息的考慮，然而，在考慮

受邀入會者每一個都必須是可計算風險最低、信用最好的會腳之前提下，入會的參與人數即會受會首可信任人數之限制，而不能無限制擴大。是以，從統計數字來看，互助會參加人數分布如下：

> 平均每一個互助會參加人數為26人，以21至25個人之型態最多佔30.51％，其次為26至30人者，佔21.15％，再次為16至20人，及31至40人者，分別佔16.83％及16.45％，四者合計為84.94％（王維漢、李貳連，1985：82）。

以佔84.94％的比例來看，平均每一個互助會參加人數為26人，以及入會人數最多為40人，多少可以看出一般做為會首者之社會網絡的平均規模及邊界。這個平均規模及邊界人數，很可能同時涵蓋了鄰居、親友及同事三個網絡圈，但也可能只局限於其中的一個或二個構成。組合的情形端看會首可信任之人脈資源在生活網絡圈的分布狀況而定。

　　以民國73年而言，每會平均26人的規模算是不小的一個網絡，若將時間往回溯，於1922年，台灣總督府的調查來看，不管區域及金額大小，每會平均人數為12人[9]。從1922年的12人到1984年的26人，數量上的統計說明著台灣民間標會所透顯出來的人群組合，還是一種小團體連帶。生活結構所提供的是觀察標會形成技術上可能的基礎，社會團體組成的形式，卻如同我們在地方金融所看到的，

　　9　陳榮富的研究指出：
　　　「此種搖會（即合會）歷年究有多少？已無完整的資料可稽，但在日治時代，據前台灣總督府的調查與估計，1922年共有4,400組，52,276戶，契約總金額4,403,312日圓（註：台灣總督府財務局金融課編印「台灣之庶民金融現況」9頁。台北、台中兩區域共計2,200組，26,138戶，契約額2,201,656日圓，新竹、台南、高雄、花蓮港、台東各區域係估計數字）。其詳細情形，有如上表。」（陳榮富，1953：123）。

是支配著貨幣網絡及團體行動的結構。台灣社會的團體組成，因應著一定的行動成本計算邏輯，爲達成有效的團體行動，泰半不會過大。中小企業的協力團體是這般，地方金融的理監事團體如是，民間標會自爲貨幣網絡所圈劃的團體也是如此。所以，這個小團體的規模，剛好是吃飯時，一桌人的大小。十來個剛剛好聲息互通，情感可以完全表達。20個人大圓桌勉強可以，卻已有耳語的空間，超過30人，就很難在同一桌子裡互動了[10]。社會的連帶邏輯再度與世俗生活邏輯符應。是以，台灣民間標會之所以會流行，絕非偶然，沒有社會小團體的骨架做支撐，不可能持久。小團體的社會網絡邊界，與世俗生活的世界疊合在一起，貨幣網絡的運作即不需成本。這就好比當你手中握有國際貿易網絡時，不會只賣一種商品，這不符合成本效益。從這個角度來看民間標會，又何嘗不是如此？只不過我們常常忘了，能夠再生產貨幣網絡的社會網絡是已結構化的東西，往往被我們視爲當然而不覺察到它的存在。

四、小結：標會的文化意義

西方資本主義社會的獨特性是社會關係的界定，慢慢由市場關係及資本關係轉換了傳統的家族連帶和個人連帶。如此，一切制度發展的合理性與客觀性，才有了社會基礎。標會在台灣的發展，卻看出反其道而行的方向，傳統的家族連帶走向擬似家族團體連帶，個人性的關係善用了新的經濟資源與擬似家族團體連帶結合，成就了小團體的行動。因而，使得標會的發展述說著台灣社會及文化的風采。這就如同布勞岱指出，作爲西方資本主義高層次交換工具的匯票，自有其特定的社會及文化基礎：

---

10 參考陳介玄〈圓桌社會學：談台灣世俗社會的小團體結構〉一文。

作為西方商業資本主義的主要武器，匯票幾乎只在基督教
世界內部流通，直到十八世紀仍是這樣，並不朝著伊斯
蘭、莫斯科公國或遠東的方向越過界線。十五世紀，在北
非的一些商埠，確能見到熱那亞的匯票，但匯票由一名熱
那亞人或義大利人簽發，又由在奧蘭、特蘭姆森或突尼斯
的基督教商人接受，事情因而還是在自己人之間進行。同
樣，在十八世紀，從巴達維亞、英屬印度或法蘭西島匯回
的款項仍是歐洲人之間的業務往來；收發雙方都是歐洲
人。威尼斯與勒旺地區曾有匯兌往來，但匯票的簽發人或
簽收人往往是威尼斯駐尹士坦丁堡的總督。匯兌不在自己
人—遵循同樣原則和接受同樣法律裁決的商人—之間進
行，匯兌的風險就會超出合理的程度。這裏並不涉及技術
的困難，而是由於文化的隔閡，因為在西方以外，還有密
集而有效的匯票流通渠道，供穆斯林商人、亞美尼亞商人
或印度商人使用。這些流通渠道也分別到各自的文化邊界
為止。塔維尼葉介紹了人們怎樣通過婆羅門商人的一系列
匯票，從印度任何一個城市，把錢陸續轉匯到東地中海地
區。這是最後的轉運站。文明世界和經濟世界都在這裏到
達邊界，匯兌因而也在這裏遇到障礙（Fernan Braudel,
1986b: 66-67; 1993b: 56-58）。

從布勞岱這段話要說明的是，標會之運行有其文化的根基，沒有這
個文化的根基，不可能在共通的基礎上運行，這就如同匯票在早期
世界的運作一樣。換言之，標會不能超出其小團體的邊界，超出這
個邊界也就是人際網絡有效的邊界之外，人際網絡也就不能降低其
風險了。

　　標會的存在具體而微的說明了一個不受國家及專制獨裁者，控

制與干預的自爲世俗社會的存在。標會的普及透顯了法律規約的各項制度活動，不一定是最有效的、最低成本的一種社會規範方式。直接訴諸人與人誠信連帶的互動，長期而言，便容易形成社會資本的累積。貨幣網絡的發展，會將這種社會資本轉換成經濟資本，就整個社會而言，這也是總資本累積的管道。標會，作爲底層貨幣網絡，扮演著將俗民世俗生活中之個人連帶提昇爲社會資本，並將社會資本轉換成經濟資本的雙重角色。這個角色的重要性，如同我們在地方金融所看到的，是支持農會世俗社會轉型爲工商世俗社會的推動力量之一。標會與地方金融自爲貨幣網絡的發展，是型塑世俗社會自爲性格的豐沛資源，其與世俗生活的融合更強化了實踐效用。從生活來看，標會的千年不墜說明了世俗生活的活力：

> 人生際遇，各有不同，或陷於困境危難，而不得金錢救濟；或有去治學經商，而久缺資金支援，於是以其平時信用，集親朋戚友若干人合爲一會，巨額之資，可以立致，涸鮒之困，於焉得蘇。又人皆有緩急之需，朋友有通財之誼，經濟上巧者有餘，拙者不足，其不足者，起而邀會，以解決金錢上之困難；有餘者，以其所餘，成人之美，既無損失，復可集成整數，便利投資運用，是有無相通，人皆不虞匱乏，自助助人，誠敦親睦友之美風。又平時收入微薄之人，日常生活或庶問題，倘遇事故，則感籌款維艱，如得合組一會，以平常少數節餘，作繳會之用，按期累增，聚沙成塔，至收會之期，可得巨款，遇需款使用之時，即能應付裕如，亦為儲蓄之法。因之，合會制度，能在東方流行千餘年而不衰(吳啓賓，1981：30)。

從標會我們除了看到世俗生活邏輯在其自爲貨幣網絡的彰顯之外，也看到了一種隱性的團體化現象。這種隱性的團體化作用，在

世俗社會與地方金融的團體化作用相輔相成，一旦社會有了剩餘，
便能加速社會總資本的流通。如此，世俗社會的自為貨幣網絡及其
團體化，便是其貨幣積累擴大再生產的軟性固定資本，透過這個機
制，使得台灣底層工業及商業發展更具活力。使整個台灣經由中小
企業慢慢建構起來的產業金字塔結構，發展得更為成熟、健全，足
以面對經濟世界的挑戰。

表4-1　民營企業國內借款來源

單位：新台幣百萬元

民國年底	金 融 機 構		民 間 借 貸						合
			家庭及非營利團體		企業相互融資		小 計		
	金額	百分比	金額	百分比	金額	百分比	金額	百分比	計
53	8,116	51.89	7,175	45.88	349	2.23	7,524	48.11	15,640
54	11,223	55.84	8,515	42.37	359	1.79	8,874	44.16	20,097
55	14,674	54.34	11,962	44.30	369	1.37	12,331	45.66	27,005
56	18,187	57.10	13,045	40.96	620	1.95	13,665	42.90	31,852
57	29,122	65.01	12,776	28.52	2,895	6.46	15,671	34.99	44,793
58	37,762	66.39	15,957	28.06	3,157	5.55	19,114	33.61	56,876
59	36,625	62.42	18,587	31.68	3,460	5.90	22,047	37.58	58,672
60	47,155	65.89	20,883	29.18	3,531	4.93	24,414	34.11	71,569
61	76,784	88.31	30,952	27.54	4,671	4.16	35,623	31.69	112,407
62	119,013	78.28	27,077	17.81	5,944	3.91	33,021	21.72	152,034
63	135,024	69.91	54,998	28.47	3,128	1.62	58,126	30.09	193,150
64	159,628	72.47	56,772	25.78	3,858	1.75	60,630	27.53	220,258
65	184,128	67.68	80,986	29.77	6,928	2.55	87,914	32.32	272,042
66	204,821	67.66	89,049	29.42	8,838	2.92	97,887	32.34	302,708
67	242,781	63.13	133,158	34.63	8,625	2.24	141,783	36.87	384,564
68	302,957	61.38	179,509	36.37	11,132	2.26	190,641	38.62	493,598
69	379,492	63.77	198,875	33.42	16,761	2.82	215,636	36.32	595,128
70	452,134	58.47	302,457	39.12	18,636	2.41	321,093	41.53	773,227
71	473,970	60.47	289,810	36.98	19,973	2.55	309,783	39.83	783,753
72	567,650	64.02	294,356	33.20	24,646	2.78	319,002	35.98	886,652
73	645,811	65.76	303,917	30.95	32,303	3.29	336,220	34.24	982,031
74	669,707	62.34	355,321	33.07	49,304	4.59	404,625	37.66	1,074,332
75	775,568	55.23	585,436	41.69	43,338	3.09	628,774	44.77	1,404,342
平均		63.38		33.44		3.18		36.62	

資料來源：1.中央銀行經濟研究處編印，中華民國台灣地區資金流量統計，引
　　　　　自劉壽祥(民77年)，表3。
　　　　　2.周添城(1988)，〈中小企業融資與經濟發展〉，表8，頁31。

表4-2　家庭參加標會概況

(中華民國73年5月底)　　　　　　單位：%

	總計	已參加標會	未參加標會		總計	已參加標會	未參加標會
全省	100.00	51.60	48.40	按家庭年所得分	100.00	19.61	80.39
按是否農家				12萬至未滿18萬元	100.00	36.81	63.19
農　家	100.00	48.69	51.31	18萬至未滿24萬元	100.00	47.95	52.05
非農家	100.00	52.26	47.74	24萬至未滿30萬元	100.00	50.29	49.71
按都市化程度分				30萬至未滿36萬元	100.00	60.53	39.47
都市層	100.00	54.24	45.76	36萬至未滿48萬元	100.00	59.54	40.46
城鎮層	100.00	50.00	50.00	48萬至未滿60萬元	100.00	64.98	35.02
鄉村層	100.00	49.51	5.049	60萬元以上	100.00	70.22	29.78

　　資料來源：王維漢、李貳連，1985：81。

表4-3　家庭參加標會原因

(中華民國73年5月底)　　　　　　單位：%

	總　計	利　息較優厚	利息收入免　稅	金錢運用比較方便	朋　友　間互助活動	生意週轉方　便	其　他
全　　　省	100.00	19.58	1.75	37.13	33.92	7.28	0.34
按是否農家							
農　家	100.00	15.86	0.97	44.01	36.57	2.27	0.32
非農家	100.00	20.37	1.91	35.68	33.36	8.34	0.34
按都市化程度分							
都市層	100.00	24.16	2.08	32.73	31.95	8.70	0.38
城鎮層	100.00	17.84	1.96	37.25	34.90	7.84	0.21
鄉村層	100.00	14.23	1.02	43.90	35.98	4.47	0.40

　　資料來源：王維漢、李貳連，1985：84。

表4-4 民間標會按會首與會員之關係分

(中華民國73年5月底)　　　　　　　單位：%

	總　計	鄰　居	同　事	親 小　計	友 非商場上 親　友	商　場上 商場上 親　友	本身是 會　首	其　他 關　係
全　　　省	100.00	50.46	17.83	25.65	18.95	7.06	5.93	0.13
都　市　層	100.00	43.29	25.00	36.42	17.58	8.84	5.03	0.21
城　鎮　層	100.00	50.49	17.07	25.95	18.90	7.05	6.35	0.14
鄉　村　層	100.00	60.73	? 8.32	24.24	19.71	4.53	6.71	—

資料來源：王維漢、李貳連，1985：83。

表4-5 1922年底搖會概況表

金額單位：日圓

區　域　別	組(會)數	口(戶)數	總金額	總契約額	一組平均口數
台　　　北	2,055	24,428	153,155	1,831,060	12
台　　　中	? 145	? 1,720	? 30,833	? 370,596	12
其他區域	2,200	26,138	184,038	2,201,656	12
合　　　計	4,400	52,276	368,076	4,403,312	12

表4-6 會金繳納額別統計表(1922年底)

金額單位：日圓

種　　　類	組(會)數	口(戶)數	總　金　額	總契約額	一組平均口數
10圓以內	3,440	40,606	184,008	2,208,096	12
20圓以內	826	10,054	128,168	1,538,016	12
30圓以內	96	1,160	31,540	378,480	12
50圓以內	30	376	17,560	210,720	12
100圓以內	8	80	6,800	68,000	10

資料來源：陳榮富(1953)，〈台灣之合會事業〉，頁123。

第五章
地方金融、標會與中小企業資本網絡

　　地方金融與民間標會的討論，說明台灣世俗社會自為貨幣網絡的形成與發展。然而，地方金融與民間標會存在的意義，不止於自身團體化的社會價值，還觸及了台灣中小企業協力團體發展之社會價值。換言之，地方金融及民間標會在世俗社會的自為發展，必須與中小企業的發展互為發皇，才能豁顯其積極性格及重要意義。從個人在《協力網絡與生活結構》一書的討論，我們可以看出，創造台灣經濟奇蹟的真正行動主體在於龐大的中小企業。台灣中小企業是典型茁壯於世俗社會的企業[1]，其成長所立足的土壤，與地方金融及民間標會是一樣的世俗生活實體。從地方金融與民間標會，我們不能窮盡解釋台灣中小企業創業資本及發展資本的一切複雜底蘊，然而，多少可以看到支援台灣中小企業發展的貨幣網絡，在底層世俗社會的綿密特性與行動張力。台灣之所以在光復後，能以中小企業為產業發展的主力進行外銷，這與地方金融及民間標會所自為形成的貨幣網絡，有一定的相關性。同樣的，地方金融與民間標

---

1 台灣中小企業這種世俗性格從受訪的三百多家中小企業可以多少看出來。請參考東海大學「東亞社會經濟研究中心」有關中小企業訪問資料。

會在近代台灣社會發展的位置，之所以能扮演重組經濟團體，推動世俗社會的轉化，也是得自於中小企業發展的資助，方能水漲而船高。

所以，我們必須再度從一個歷史的高度、社會整體性的層次與視野來觀照，地方金融、民間標會與中小企業資本網絡之間的關連。從歷史說來，這三者都生成於底層的世俗社會，構成了世俗經濟生活的骨幹，其發展本身是探討傳統中國一直延續到台灣世俗社會最好的材料。就長時段而言，是研究台灣文明及中國文明的適當主題。從社會整體來看，經濟對於社會的撞擊是台灣社會變遷的樞紐所在，世俗社會中的地方金融、民間標會及中小企業構成了台灣經濟發展的基礎結構，其積極意義不容忽略。本章希望從中小企業與地方金融、民間標會的關係，說明貨幣網絡所允許的選擇權，是三者彼此在世俗生活中互有影響、共同遵循的生活邏輯。

一、信合社與中小企業之資本發展

信合社對於中小企業的融資問題一直是個熱門話題[2]，因為這牽涉到地方金融營業對象的放寬問題。過去雖然法令上規定地方金融只能對社員(農會為會員)自然人放款，實際上許多的法人是透過自然人身分借款之後，再轉用於公司行號。「基層金融研究訓練中心」對於信合社的研究，就看出了這個普遍的現象。接受我們訪問

---

2 這方面的研究文獻很多，請參考張慶堂著〈台灣信用合作社與中小企業金融的基本問題〉，張慶堂著〈台灣信用合作社與中小企業金融問題的基本問題(下)〉，蔡培玄著〈中小企業營利法人入社問題之剖析〉，王寬裕著〈合作金融與中小企業〉，張森宇著〈中小企業加入信用合作社問題之探討〉，林鐘雄、彭百顯著〈中小企業金融與一般金融之比較〉，黃永仁著〈中小企業金融體系的檢討與展望〉。

時，其研究人員指出：

> 我們可以發現在很多的個案都是在台中地區。如果我們再去探究整個信用合作社的放款結構，雖然名義上是放給社員，但是我們去跟這些業者訪談的時候，就會發現大多數都是用社員個人的名義，把錢借一借然後轉到公司去。因為台中地區有很多是建築業的貸款，這個占信用合作社整個的放款是非常高的。這不只是台中是這樣子，甚至在高雄地區也可以看到許多類似的例子。

> 這方面的資料，我們也僅能用推估，這本身並不是完全合法，因為信用合作社業務的對象是單純對個人，他不能對營利法人放款，像是建築公司。他只有透過建築公司的老闆，他個人當做信用合作社的社員，然後個人的名義將錢借到之後流用到企業體。我想這些undergroud的資料大體上可以從訪談的時候感受得到。但是不容易在數字上看到，因為在數字上顯現的話，財政部來查，他就很清楚了，所以在數字上不容易看到。

> 根據合作社法的規定，信用合作社只能對社員放款，而社員是限制在自然人，而非營利法人。這些建築公司或是一般中小企業的老闆都是以個人的身分來貸款，所以我們從報表上看到的都是對個人放款，看不到跟企業放款，因為那是不合法的，不允許那樣做。我們跟他們經理訪談的過程中，可以發現大部分借錢的都是中小企業跟建築業，但是他們都是以個人的身分來貸款。依我們的估計，信用合作社名義上是貸給個人實際上流到企業的，根據我的觀察，我想我的觀察應該不會太離譜。至少80%跑不掉（訪問

記錄l27）。

黃永仁對於信合社與中小企業融資關係，進行的問卷普查，也支持了上述的看法：

> 平均說來，在回收的樣本中，中小企業放款比率在74年底、75年底、76年底分別為50.92%、51.16%、52.39%，顯見信用合作社的放款中有一半以上係中小企業放款，而此一比率顯然較一般銀行的36%為高。若以此樣本估率來推化母體的話，則近三年來，全體信用合作社對中小企業的融資額度分別為79,504百萬元，74,855百萬元，105,344百萬元，這個數字若與全體本國銀行對中小企業放款總額比較的話，可以發現信用合作社對中小企業的放款約占全體本國銀行中小企業放款的15%左右，顯見信用合作社在中小企業融資上的重要性與實力（黃永仁，1988：221）。

中小企業容易以自然人的身分向信合社貸款，與其家族企業的組織形態亦有所關連。一位合作金庫的受訪者指出：

> 有關中小企業法人貸款的規定，因為合作社是對社員個人生產、消費生活上所需要的資金放款，而過去來講，中小企業多是家族型企業，家族成員多半也是公司負責人，同時也可能是社員，所以以個人名義借款是完全合法的。事實上，中小企業與基層金融的來往是密切的。在則一般中小企業要向一般銀行貸款有其困難（連財務報表都沒有），所以很難借到錢。但是信合社或農漁會這些都是區域性的，祖宗八代都很清楚，自然敢貸給他（訪問記錄F23）。

不管是從客觀的融資結構，或中小企業本身的組織結構，我們都可以發現信合社對於中小企業的金融服務，相當程度彌補了兩者之間

彼此的缺撼。建制金融機構的不足與中小企業本身信貸能力的薄弱，恰好造就了信合社金融服務的歷史位置，架起與中小企業融資的橋樑。這也再度反應出信合社與中小企業的世俗性格，兩者都只能以「現實」當成它們營生的工具，中小企業自然人之取代法人的權宜，和信合社講究形式上的合法，都一樣的實際，並不為僵化的法令規章所窒礙，這即是我們前面所講過的世俗生活邏輯。

信合社本身從業者又如何來看待對於中小企業的融資呢？這是從地方金融主觀層面來探討這個問題。以信合社來看，信合社所提供的融資，儘管有利息所得不能減免稅負的問題，卻是中小企業資金運用上不可或缺的管道。這主要在於信合社的融資不但有社會性的便利，而且也有企業組織上的方便性。受訪的台北三信副總經理指出：

> 台灣的信用合作社對於中小企業、一般國民經濟的幫助到底多大？我想大家也都知道，大約在民國60年初期的時候，你我之流想要在銀行借錢，滿麻煩的，至少是三託五請。既然當時的銀行的地位好像很高，不容易接近。那麼信用合作社做為一個跟地方關係很直接的金融機構，它就是讓人覺得比較親和的機構，它組織的成員，用的人又都是地方的子弟，而且他又以一般的國民，以及中小企業為服務的對象。所以，不喜歡上銀行的人或是實在沒有辦法上銀行的人，就找信用合作社。民國60年代，我們的銀行服務網也是稀稀疏疏的而已，所以這個跟我剛才講經濟的發展和金融的結構現象也是一致的。早期，能夠取得銀行融資服務的人，大概都是已經有社會地位在上層的人，然後才慢慢的往下滲透，這也是底層的地位慢慢從上提昇。所以經濟學講的經濟的發展才造成經濟的福利也是這樣講

　　的。放款的對象也是以法令的限制只能以個人的名義來借
款，以台灣的現象來講，早期獨資合夥的現象還很平常，
即便不是獨資也是家族合夥的性質，這樣子的經濟結構，
也很容易就跟信用合作社往來，再加上銀行很難接近。這
種種因素加起來，就造成台灣的經濟發展過程中，都是借
用信用合作社的融資。信合社就是因為這樣樹立了信譽，
所以存款很多。它在地方上放不完的錢就轉到合作金庫，
合作金庫再向中大型的企業去放款。就台灣的資本形成、
推動儲蓄、以及融通中小企業來講，信用合作社確實上貢
獻良多，這種貢獻有外部的因素，也有內部的因素。就是
我剛剛講的那幾個因素合起來，塑造了在光復之後，金融
那麼不普及的情況之下，因為有幾十家的信用合作社遍佈
各地，讓一般的民眾及中小企業可以取得融資（訪問記錄
F22）。

信合社對於中小企業的融資，在信合社的角度來看，除了自己本身
與地方的親和性，給予借貸者的親近性，以及社會性及中小企業本
身組織上的便利性之外，很重要的一個原因是，早期中小企業與信
合社往來，也具備了財稅技術上的可能性。這一點，將過去與現
在，中小企業和信合社往來環境的改變即可看出來。受訪的台北三
信副總經理，將早期兩造往來技術上之可能，講得很清楚：

　　為什麼在城市地區的信用合作社，改革的要求會比較強
烈？這個跟當地的企業活動情況有關係，我剛剛講早期的
中小企業，即便它是採公司組織，也是家族的企業，這樣
的情況之下，到信用合作社借款比起到地下金融去借，已
經有利多多了，這是一點。早期來講，在稅捐上要作帳，
消化這些支出也比較容易。以前的借款也不會像現在借到

八千萬，以前九百萬、六百萬的時候很常有。這九百萬、六百萬所產生的利息事實上在稅務的會計上來講，很容易消化掉。現在城市地區的商業來講，已經漸漸的現代化了，他寧願請一個專業的會計來處理這些事情，而他本人則到外面去打業務，不要去處理這些事情。而這個會計算一算跟老闆講，這樣子不行，稅跟利息問題差那麼多，老闆三番兩次的被提醒也覺得不行了，而且銀行漸漸也要跟它接觸了，所以它自然就要轉。然後稅務行政也漸漸的嚴密了。所以很多的因素也是湊合這樣的關係。但是如果資金緊俏，銀行貸放不容易的時候，它也是會維持信用合作社這條管道（訪問記錄F22）。

從今日的環境來看，中小企業逐漸往大企業發展，其所需要的金融工具，或是信合社無法予以滿足，或是本身可利用其它直接金融工具而不依賴於信合社。然而，從歷史來看，很多的企業是與信合社一起成長。很多第一代的企業家，況且還是信合社培養出來的。受訪的台北三信副總經理指出：

台灣的信用合作社，以前就是因為銀行不足，本地的士紳也無法去插手銀行的經營，因此，大家創辦信用合作社，來做為資金融通的管道。這個在民國60年之前，可以說，台灣的信用合作社對我們金融的貢獻非常大。像現在，所謂第一代的企業家中，很多都是信用合作社栽培出來的。大家也曉得，以往找銀行借錢，可不是容易的事。可是找信用合作社就容易得多了。在動員社會的資金，促成經濟成長，在我們國家的資本形成來講，信用合作社在民國60年之前所扮演的角色，非常非常地重（訪問記錄F10）。

中小企業與信合社的互動時間既久，便形成具有連續性的貨幣網絡連帶。這時候，貨幣網絡與社會網絡即結合在一起，使我們看到無論是中小企業，或者是信合社因關係資本而黏著在一起的情形。受訪的台中九信理事主席指出：

> 台中是中小企業的中心，所以有錢人多，這十幾年賺很多錢，存錢很多，無形中台中市的存款最多。台中企業在地方金融(三千六百多億)和銀行中存款九千億，比台北還要高。中小企業的發展，因為很小，資金的流通並不透過銀行，銀行都不願意作小額的貸放，找的都是地方金融。等這些中小企業賺了錢，他存款還是回到我們這裡來，這是回饋問題，因為他跟銀行沒有瓜葛。因為當時資金的輸送是透過我們地方金融來發展，這十幾二十年來很多中小企業變成有錢人，所以賺了錢還是與我們來往。除了我們以外，他也會在銀行存，因為他要做押匯(訪問記錄F19)。

信合社與中小企業資金融通問題，我們揀取的重點在於，確認中小企業這個帶動台灣經濟發展的行動主體，如何獲致世俗社會的貨幣資源，俾能得到便捷的信貸，支援其創業及發展資本所需。信合社無疑的是世俗世界第一個重要的貨幣蓄水池。信合社以庶民金融單位自居，所能提供的金融工具也恰好與中小企業需求的金融工具層次，暗相符應。收受活期、定期及儲蓄存款，辦理社員各種放款、貼現及透支，這些主要的信合社金融服務項目，可說是對於國內大量從事小型商業買賣，以及鑲崁在協力網絡中而不用擔任出口重責的中小型、小型及家庭工廠等製造廠商，提供了基本的貨幣工具。在台灣光復後的早期發展階段，對這些類型及層次的龐大中小企業而言，過度精巧與複雜的金融工具，於它們來說並不實際，沒有實用上的價值。

二、農會信用部、標會與中小企業之發展資本

　　從農會信用部的幾個基本數字所形成的圖像，我們大致可以掌握農會信用部與中小企業間的關連。據曾增材的研究指出：

　　　　至70年底存款的變動逐漸明朗化，農會信用部存款已達九百億4,300萬元，較50年底增加81.3倍。在同一時期之信用合作社及全體銀行存款分別增加67倍與58.7倍。如以成長率來比較，則二十年來農會信用部的平均成長率25％為金融機構中最高者。

　　　　70年底農會信用部放款共696億5400萬元。較50年底增加65.8倍。低於同時期信用合作社之72.6倍。而與全國銀行之65.5倍不相上下。就二十年來金融機構放款之年平均成長率而言，農會信用部為24.3％，與信用合作社之24.4％不分軒輊，卻高過全國銀行之23.6％。如果就民國64年至70年這段期間來看，農會信用部之放款年增加率則顯著比較其它金融機構高得多（曾增材，1984：9）[3]。

從農會信用部歷經二十年在存放款的額度、成長倍數及與信合社及全體銀行的比較可知，農會信用部扮演的地方金融角色極為重要。我們接著要明瞭的是，存放款的來源與對象。曾增材研究指出：

　　　　歷年來農會信用部之存款來源以贊助會員為主，平均達農會信用部總存款額的46％左右，其次為農民會員約占35％，公庫存款與非會員存款（其它項目所列）歷年來占的比例均十分穩定，維持8％至11％之間。而贊助會員與非會

___

3　年代間的詳細變動情形參考表5-1、5-2。

員之合計存款則超過55%，顯示農會信用部存款來源以不
具有農會會員資格者為主要來源，說明了農會信用部服務
對象不僅以農民為主，也兼具對一般平民之服務，也反映
出目前農村經濟社會，農民在資金供給方面所扮演的角色
居於次要地位，農會信用部仍需仰賴經營工商業居民之存
款，以增加農業放款之外來資金。在放款對象方面，按農
會信用部管理辦法第十二條之規定，農會信用部不得對非
會員辦理放款，故其放款對象應限於會員與贊助會員。歷
年來農會信用部放款對象應以會員放款為主，贊助會員為
輔。前者歷年來平均約占三分之二，後者約占三分之一
（曾增材，1984：12-15）[4]。

如果從總體存放的結構來看，農會信用部與工商業的連帶將更爲清
楚：

各縣市農會信用部存款變動情形，在民國五十年初期，農
會信用部的主要存款多集中在農業較為發達之中南部各鄉
鎮農會，例如台南縣、高雄縣、台中縣、彰化縣、南投
縣，其存款總額約占農會信用總存款一半以上。但隨著經
濟快速的成長，各縣市存款所占比例亦隨之變動，至民國
70年存款主要集中於全省五大都市的外圍縣份，依次為台
南縣、台北縣、高雄縣、台中縣與嘉義縣。就各縣市存款
變動比例而言，在工商業發展快速之縣份，如台北縣、桃
園縣。台中縣、高雄縣其農會信用部存款所占之比例有逐
年增加之趨勢；相反的，離大都市較遠或農業較發達之縣
份如宜蘭縣、新竹縣、南投縣、台南縣、屏東縣其存款所

---

4 歷年變動之詳細情形參考表5-3、5-4。

占之比例則有逐年遞減之傾向。說明了，工商業化程度的提高有加速農會信用部存款業務的拓展，而不是由於農業的生產增加所帶來的結果。

如果以各縣農會信用部存款來源觀察各縣存款占總存款比例的變化，或許更能解答上述之事實。我們以70年底各縣農會信用部存款來源為例，表中顯示農會會員存款之比例，以農業縣為最高，依次為屏東縣的56.6%，苗栗縣、台南縣、台東縣、宜蘭縣、彰化縣與南投縣的46.24%。而工商業發展較為快速之縣份其會員存款占總存款的比例則明顯低於農業色彩較濃厚的縣份，如台北縣的25.89%花蓮縣的26.24%、新竹縣、桃園縣與高雄縣。就贊助會員和非會員合計存款的比例來看，在大都市外圍之新興都市區、新興工業區、觀光區，其會員存款均顯著低於贊助會員與非會員的合計存款。

在放款對象方面，不論69年或70年各縣農會信用部對農會會員放款的最高比例均集中於中南部農業色彩較濃之縣份（參見表2-9、2-10）。69年底依次為南投縣的73.12%、屏東縣的71.08%，台南縣的67.97%、雲林縣的67.56%與彰化縣的66.94%，70年底對農會會員放款的比例有增加的趨勢，依次為南投縣的73.66%。屏東縣的72.76%、雲林縣的71.25%、彰化縣的70.73%與台南縣的68.25%。在對贊助會員放方面，最高比例是以工商業發展較為快速者為主，尤其以台北縣為最，其甚至凌駕對會員放款比例。69年底對贊助會員放款最高比例之縣份依次為台北縣、桃園縣、高雄縣、花蓮縣與嘉義縣，至70年底依次為台北縣、花蓮縣、桃園縣、高雄縣與宜蘭縣。除宜蘭縣較特殊外，

其餘均與上述的推論互相一致。

由上述對農會信用部存款來源與放款對象分析的結果，顯示農會信用部服務的對象不僅以農會會員為主，亦對一般平民作金融性的服務。此外，農會信用部所扮演的功能，亦隨不同經濟結構之縣份而作不同對象的服務，尤其在工商業發展較為快速者，農會信用部有以贊助會員與非會員服務為主的傾向。而在農業生產為主的縣份，農會信用部對農民資金融通，調節生產方面愈能發揮，對農業的發展也愈形重要(曾增材，1984：15-21)[5]。

另外從林鐘雄、彭百顯對於三家農業行庫資金流向的研究，也可以看出農業金融體系資金高度流向工商業的情形：

觀察當前臺灣三家農業行庫，農業金融角色並不明顯。根據統計顯示，三家農業行庫的農業放款占總放款的比重並不高，合計其農業放款占總放款的比率，民國55年底為55.8%，民國60年底為56%，此後明顯下降，至民國72年底僅及27.8%。以平均比重來看，民國50年代後半期為63.4%，60年代為40.4%，民國70至72年已低至30%以下，只28.9%，亦即有70%以上的資金是分配至工商業用途(林鐘雄、彭百顯，1985：271)。

從客觀的數據來分析，農會信用部的資金對於工商業的融通是顯而易見的。中小企業的發展當然也從中得到了好處。僻處鄉野的世俗大眾，要想黑手變頭家，手中除了幾畝田地之外，別無資產，農會信用部即是最好的融資管道。以台中大雅鄉為例，作為早期製

---

5 各縣市歷年存款變動情行參考表5-5，各縣市存款來源情形參考表5-6，放款對象情形參考表5-7。

鞋業的集散地，農會信用部扮演了很搶眼的資金融通角色。受訪的
大雅鄉農會總幹事指出：

> 農會在地方金融是很重要的；作鞋廠的人資金需要並不
> 大，主要靠人力。開工廠的人，大部分並非是富裕之人，
> 只要在地方有田地就可到農會借貸。鞋業主要是靠人力，
> 加工，到農會貸款的較多。七、八年前大雅製鞋很盛，資
> 金大部份還是靠農會。其他金融機關四年前才開始進來；
> 對地方經濟有貢獻的還是農會，因為郵局只能吸收資金，
> 不能貸款給地方人士。

> 製鞋業與農會的往來很多，連帶的帶動地方經濟進步，這
> 是有連貫性，因為貸款給廠商，廠商養活大雅鄉的人，工
> 人有收入，員工存款亦存到農會。家庭因此也改善，這有
> 循環性，無形中存款也一直增加，有連帶性的（訪問記錄
> F13）。

隨著台灣經濟的發展，農業信用部兼顧各種融資需求的角色，是貼
近世俗社會多元化、富裕化發展的最重要策略。蘆竹鄉農會總幹事
指出：

> 向農會信用部貸款，直接用於農事投資的可能還不到十分
> 之一，大多都是由子弟用來投資房地產、結婚、做生意、
> 設工廠。年輕人比較會投資。現在真正還在種田的農民，
> 本身都有現金來買農具所需，不需要貸款（訪問記錄F9）。

如同我們在信合社所看到的，底層世俗社會的人自有從生活提煉出
來的感情連帶，並以此作為信任的一個判準。情感與政府的背書，
給了俗民大眾對農會信用部的支持：

中小企業還是要到農會貸而不是到各銀行的分行？感情上
的因素很重要，鄉鎮上的人來來往往，感情是很重要的。
第二個是你來農會存貸款比較有信用，農會比較穩定不會
倒，農會發生過問題沒有錯。但是政府會在後面支技。那
個時候鹿港農會發生擠兌，我們彰化縣所有農會集資三千
萬給他。大家看到錢就不會倒。我們就是有這個力量，每
一個農會有多少資源就把它調度過去。我們全縣有五、六
百億，集合起來很嚇人的，只有一個農會有問題我們就可
以支持，使它不至於倒閉。所以存款的人很放心。農會體
系在台灣經濟面是一個很有信用的單位，可能比合作社還
有信用。台北十信就倒過了，我們農會只有過擠兌的現
象，但是沒有到倒的地步。農會有困難我們就全部支持過
去(訪問記錄F5)。

農會信用部與中小企業之間的資金融通關係，是一種鄉土關係
的延續，這種鄉土關係隨著城鄉的交流，跟著工業與農業在世俗生
活脈絡的易位，慢慢發展出來一種面對物質生活的彈性。如此，農
會信用部與中小企業往來的意義就不止於，農會貸款給中小企業的
單向關係，而是像曾增材研究所看到的互相生成關係。因為，中小
企業創造的工作機會，擴大非農業所得，再度挹注農會信用部存款
資金。所以，農村物質生活的彈性與空間，是涵容農業世俗社會與
工商世俗社會互補生成的溫床，這是中小企業發展與農會信用部互
動的一個基礎條件。受訪的彰化縣農會總幹事指出：

農業外收入，什麼叫做農業外收入？就是比如說我的家是
農家我媽媽是農會的會員，我在外面食頭路這個是農業外
收入，我弟弟在做化工原料這個是農業外收入，一個農家
農業外收入還有什麼呢？農忙以外給人家打工，自己有耕

耘機的話,除了自己做以外還幫人耕耘。有人到商店去給人顧店,有人到工廠去做女工,這些都是農業外收入。做一個女工一個月是一、兩萬元,你種一甲地的收入也是一、兩萬塊,所以這個農業外收入是看整個的社會環境變化,景氣好就多賺些,景氣不好自己就多種些作物。像我家的房子以前是自己在漆,現在比較好命請人來漆,油漆工他家也是種田的。這個就是農業外收入,若是景氣不好就自己慢慢地漆,現在有錢就請個工人,他就有農業外收入(訪問記錄F5)。

受訪的大村鄉農會總幹事也指出:

現在一般農民實際都不是從事農業,他們的收入也並不是全部都從農業而來,因為一個農戶的耕地面積非常狹小,一個農家如果只靠農業收入的話,根本無法維持生活。一分地的稻穀才200到300公斤,就靠這些實在無法生活。所以,他們都靠其他的勞動,比如說水泥工,建築工程方面的工作,這是現在最流行也最需要的,他們這樣往外一天,至少有1200元以上,所以他們不需要去耕作,也沒人要去耕作,所以,現在耕作只是「巡頭看尾」。只有明天要插秧了,才放個假回去做田裡的活兒;否則,他們大部份時間都往工程方面的工作去做,或者到工廠去打工。所以,農會要去找他們,都得利用下班時間去找,白天去找人都找不到的,因為都出去做工了(訪問記錄F12)。

農村生活有了面對物質生活的彈性,才真正說明台灣農村是富有了。因為惟有富有,才擁有更多的選擇權。中小企業,如同農會信用部與信合社,剛發展的時候,並沒有什麼選擇餘地,信合社與農

會信用部,能找的存放款對象,就是包括中小企業在內的一般俗民大眾;相對的,大部分想創業的中小企業主,求貸有門的除了民間高利貸、民間標會之外,最方便的就是農會信用部及信合社了。

上面既簡單討論了信合社及農會信用部,底下就再贅言幾句有關民間標會與中小企業之間的資金融通。從張火旺的研究,我們可以約略知道大企業與中小企業融資管道的不同形態:

> 台灣黑市資金實證分析中,根據央行調查報告顯示:民營企業間借款占總借款的比率自民國56年的34.5%至68年的36.5%;而台銀調查報告顯示:資本100萬以上可供調查之工礦企業民間借款占總借款之比率,自民國53年的15.8%降至68年的3.8%。兩者比率顯著不同,印證了大企業大多向銀行借款;而中小企業向民間借款之情況(張火旺,1981b:18)。

然而,儘管我們知道中小企業傾向於民間借貸這個結構關係,在民間資金範疇內的標會,卻甚少人研究其與中小企業的關係[6]。第四章我們討論了標會作為日常生活自為貨幣網絡的意義。在此,銜接討論的脈絡,我們要以個案研究T9廠的資料,略為說明民間標會與中小企業資金融通之間的關係。民國76年,T9廠與原董事長合夥設廠資本額二千萬元,當時T9廠頭家入股四百萬。仔細分析這四百萬的股金構成。其中150萬是以農地,透過農會信用部抵押貸款所得。其餘250萬,皆由T9廠頭家透過親朋好友,利用民間標會所湊得。按當時一會25萬之會錢所得,須標得十會方足以湊齊。所以他動用了有資助能力的親朋網絡,湊足十會,標得250萬的會錢,

---

6 略有相關的文獻可參考彭百顯、鄭素卿(1985)對台灣民間金融的研究。

與農地抵押所得當好四百萬，解決了入股股金問題。從公司創立，一直到79年至80年，該公司掌握到重磅平織布7040支紗染整加工定單，借此王牌商品，資本快速累積[7]，才免於求助於民間標會。可見，民間標會對其創業及在公司尚未能快速獲利的營運階段之重要性。深入來看，T9廠在76年度與人合夥之四百萬股金，之所以要靠民間標會，主要在於創業頭家可以說是白手起家，身邊除了幾畝農地之外，並無任何資產。周遭之親朋好友亦無豐厚資財者，足勘幫忙惟有每人手中的「活會」。就創業資本與發展資本而言，並無其他選擇可言。是以，T9廠之能創業成功，在資本的構成上主要得之於農會信用部及民間標會的資助，沒有這筆創業資金，他不可能由黑手變頭家。

　　民間標會在台灣早期中小企業創業資本來講，往往是構成的一部分，但在隨後的發展資本，於企業獲利之後即變成補充性質，所以往往為人所忽略。從我們訪問過的近三百家中小企業來看，早期創業的業主，求助於民間標會小額款項的累積得以創業，所在多有，T9廠並非是突出的特例。不管是借用信用合作社、農會信用部或者是民間標會，說明的是中小企業本身對於貨幣網絡並沒有太多的選擇權。他的生存與發展限制，幾乎使它無自由可言。從地方金融的角度來看，其實又何嘗不是如此？地方金融若有其它選擇的自由，它也不會甘願於吸收小額又零碎的高成本存款。放大來看，一個社會及文明的發展不也是這般？總有它的限制與自由。信合社、農會信用部及民間標會，構成了中小企業創業資本的可選擇邊界，這說明了中小企業在世俗社會的風光，其實是經過一番寒徹骨才贏得梅花撲鼻香。反過來看，信合社、農會信用部及民間標會也各有其網絡的特點與限制性，既都是世俗社會的產物，也就能將就著

---

　　7 詳細情形請參考本書第六章的討論。

用，彌補各自的不足。這也是世俗的生活邏輯。所以，從世俗的角度來看，選擇權的限制，或許也是選擇者的特權。

三、貨幣網絡化所能允許的選擇權

　　台灣光復初期，中小企業創業資本與發展資本運用的便利性與限制性，主要來自於貨幣網絡的團體化與階層化。地方貨幣網絡在信合社及農會信用部，長期分區就地經營的結果，底層貨幣活動的網絡化形成了經濟生活團體化的現象。世俗社會的民眾，分別以標會、農會信用部或信合社作為團體行動的聚合點。所以，一個中小企業的頭家，到底能選擇那個金融機構，作為貸款籌措資金的對象，一方面受自己貨幣網絡的影響，另一方面也要取決於金融機構本身的貨幣網絡。舉例而言，何以許多農家出生的中小企業頭家，在創業時只能從農會信用部獲得資金，而無法從一般公營行庫貸款？因素之一，當然受到創業者本身資產形態的限制，譬如他僅擁有農地，而無其他資產可向一般銀行抵押貸款；另外一個很重要的因素是，一般商業銀行及公營行庫，並沒有農地買賣的網絡。假設今天台灣銀行接受某個農民一筆農地的抵押貸款，萬一出了問題，可能連要拍賣都找不到對像，不知如何拍賣，因為它不熟悉整個農地與農民網絡。這是很根本的問題，所以重點還是在網絡。農業信用部能承接農民的各種貸款與存款業務，不怕呆帳與債務的處理，主要在於它擁有一切有關農地資產之人脈及訊息所交織而成的貨幣網絡。一般商業銀行之所以不想承作農地貸款業務，主要在於它手中沒有這張貨幣網絡。是以，農家出生的中小企業，創業伊始，以農地貸款只能從農業信用部下手，其道理在此。

　　是以，我們可以看到，不管是資金融通者之金融單位或是資金需求者之企業主，其對於貨幣的選擇權，事實上是對於貨幣網絡的

選擇權。任何金融商品與信貸工具，背後都隱藏著一張看不見的貨幣網絡，以支撐此一金融商品及信貸工具的有效運作。所以，有人在新銀行開放時，持論說新銀行將可取代台灣既存之地下金融，這種過於表面的論斷，即是不瞭解，若是新銀行與地下金融所擁有的貨幣網絡不同，兩者是很難互相取代的。這一點，受訪的台北三信副總經理講的很清楚：

> 有人說，新銀行可以消滅地下金融，它可以取代地下金融，但這恐怕需要相當長的時間。事實上，這個講法在目前來看，有一個疑問，就是什麼叫做地下金融？地下金融譬如說像台北的迪化街，那些布商在放利息時，他不放利息時錢擺在那裡？也擺在銀行裡啊！那麼那些布商放款，他放款的方式，銀行能不能用？不大能夠完全取代。憑一張支票就能夠貸放金錢。布商所以能夠那樣做，是因為其他商業上的配合，不是單純地用一張支票就能跟你借錢。銀行如果要從事這樣的放貸行為，基本上，他沒有其他商業關係可以配合。所以說，在一段時間之內，說它能夠取代多少地下金融市場，我是覺得懷疑（訪問記錄F10）。

貨幣網絡不只需要鑲嵌在一定的商業網絡當中，用我自己的話來說，則是貨幣網絡必然要與生產協力網絡、貿易網絡結合在一起。甚至，它也需要一定社會網絡的配合才能運作。迪化街一家布商的支票之所以能夠貸放，而其不貸放時擺在銀行內的資金，銀行卻不能向同樣對象貸放出去，其道理就在於商業與社會網絡的有無和異同。

是以，不管是信合社、農會信用部、乃至於民間標會所形成的自為貨幣網絡，都有同樣的性格：即因團體化發展特質使其貨幣網絡更具結構效用。貨幣一旦網絡化，或者貨幣網絡更具結構效用，

便鏤刻出生活的活動軌跡，便利了同一團體成員生活總體資源的累積與互動，卻也多少畫定了其活動的可能邊界。我們從農會信用部、推廣部之間的關係，可以把這個問題看得更清楚。當我們在訪問中，問到有關農會信用部與農會分合問題時，受訪的一位高雄市農會股長，很深入的作了以下的剖析：

> 如果把信用部挪出來，最大的一個缺點是，因為農會賺了錢後，要回饋到推廣課，推廣課再回饋到農民身上，直接受惠到一些需要的農民。哪一些農民需要幫助，推廣課的人員最清楚。如果把信用部分出去，那推廣課的經費要自哪裡來？必須從縣政府的補助，一個縣政府兩個，三個人，那裡知道那幾個要補助什麼東西？到時候對農民的輔導，便成流於形式。還是在同一個系統裡，賺了錢由農會來運用是最恰當的。譬如說，有一個農家子弟，想要創業，做有關農業的構想，只有農會的人知道，他常常到農會來走動，會積極的幫助他。要他到縣政府，他不會去，而且，縣政府人員也沒空去理他。這幾十年農村經濟發展會那麼快，農會信用部對推廣部的輔導，就是因為信用部賺錢，把盈餘轉撥到推廣課，由推廣課輔導農民（訪問記錄F25）。

這裡說明農會從信用部到推廣部成一系統，意即我們一再強調的，惟有農會經過了近一世紀的耕耘，才能徹底瞭解與掌握農民生活結構中，所有有關人、事、時、地、物的一切網絡叢結。縣府與農會的差別是，它手中沒有這麼一張農民生活結構的網絡，也就口惠不實，無法行動。所以金融單位在一定市場區隔下，有其一定的貨幣網絡。受訪的土地銀行台中分行經理指出：

在台中來講，不動產的融資就占了80%以上。其中較偏重
於建築業和一般購屋者。房地產有關的方面就占了絕大多
數，因為營造商、建築商也算是中小企業，這二個企業
（建築與營造）連帶比較頻繁，絕大多數是一般房屋的購屋
者的消費貸款，這都是我們在做，偏重於這一類。與中小
企業銀行、ICBC，還是有市場區隔。像其它商業銀行所做
的業務，實際上我們也想要做，但是很難。因為商業銀行
像ICBC有關進出口方面，很早它就已經做了，做好的客戶
除非我們有特殊的情況，否則要把它拉過來實在很難。就
像跟我們配合很好的建築商，其它銀行想拉也拉不過去
（訪問記錄F7）。

　　貨幣的流通從地方金融的角度來看，最重要的是要瞭解，台灣
社會的底層，能透過什麼機制加以網絡化與團體化，以打下經濟與
社會發展的基本架構。這樣的力量從地方社會來看，農會信用部、
信合社與民間標會，無疑的，都有共通的基礎，那就是貨幣網絡與
日常生活的結合。受訪的一位台中信合社理事主席對此有生動的描
述：

　　　　信合社對於中小企業來講是很大的一個助力，而且他還兼
　　　　備了一點，提供資訊，主導你方向的一種特質。剛才我們
　　　　講，這講笑話啦，說「你這麼填不好，這樣填才好，政府
　　　　現在說要這樣」，我們也會把這些意見告訴他，「現在政
　　　　府，你技術生產，你買什麼機器，這都可以用，你填下
　　　　去，填下去，買這好，來借錢」。如果你「借錢要買這
　　　　個，我看不太有用哦」。有什麼資料我們會提供給他。
　　　　「不好哦，現在去會死掉哦，不好哦」，我們也會來這一
　　　　套。我們為什麼要這個樣子，這個讓我們彼此的距離給拉

近了，好像他的利害關係，他的盈虧跟你有關係。「現在
要買那裡，這土地有重劃，土地會漲價」，「我這兒有一
套，幾分田做什麼，你的合不合，有！好，這有用，否則
不好」，然後有人家要跟你租，你契約怎麼定的。台中法
院很多都租得不清楚，都吃虧，我們這裡有法律顧問，你
請他們看一下比較妥當。也會做這些事情，也會來這一
套，因為服務是拉近感情的。所以你們一到合作社，那很
好玩的，一去，「早」、「好」、「要喝茶嗎」、「你有
喝茶的習慣嗎」……，都拉進去了。我們泡茶，還有雜誌
都來了，完全與公家機關上班不同。所以我們也可以做正
面宣導，現在政府鼓勵什麼，我們也會讓他知道，因為有
時候報紙沒有看，來合作社走一走都知道，也有專門這樣
的，也有正面效果。你聽起來好像很好笑，甚至東家長、
西家短，他也會幫你宣傳，還有很多說不完的（訪問記錄
F2b）。

這不是一派世俗生活的景像嗎？東家長、西家短並不是長舌婦的特
權，這其實是世俗社會的景緻。生活中儘是瑣碎之事。卻也在這些
瑣碎的事務我們看到不斷重複的生活邏輯。中小企業的貨幣網絡與
地方金融、民間標會的貨幣網絡，不就在此世俗生活中接軌嗎？貨
幣的網絡化與團體化，其實就是生活邏輯的反應。人既順從於一定
的生活結構生存與生活，就必然要選擇適合於其生活結構的貨幣網
絡。是以，接受貨幣網絡的揀選終究不可避免。中小企業與農會信
用部、信合社及民間標會之密切相關，多少說明了彼此之間的世俗
性格是一致的，因而，所能選擇的可能性也就差不多。

四、小結

　　無論是地方金融、民間標會自爲的貨幣網絡，或者是中小企業的自爲貨幣網絡，講到最後，惟一的指標就是藏富於民。網絡化及團體化發展要帶來庶民的普遍富裕，如此的世俗社會才有可稱譽之處。台灣光復後至今的發展，世俗民眾的富有令我們訝異與驚喜。受訪的鹿港信合社副總經理指出：

> 台灣地下經濟的現象非常蓬勃，程度讓大家都想不到，像一個賣檳榔的人，在我家隔壁蓋的最漂亮的就是他的房子，除此之外還有兩間房子，他的錢從那裡來你實在想不透，他們銀行裡面也沒有存錢，一問之下才知道他是跟會，所以很多人是你所想不到看不出來他會有那麼多錢的。可知台灣的地下經濟是非常活潑的。
>
> 而這些標會的錢通常還是會再流入信用合作社的。如果是做生意又沒有開支票，大概都是存到信用合作社來。所以我剛講我們的存款有九十幾億，總共就有五萬捌千多戶來存，這就是為什麼地方金融的成本那麼高。以放款來講，五十多億的放款中，也有三千多人，每人平均借一百多萬而已，你看像台電每次一借都是百億以上，只要一家來借就夠了（訪問記錄F32）。

我們之所以特別強調世俗社會於台灣社會發展的重要性，除了世俗社會的真正富裕之外，就是世俗社會所彰顯的世界觀，與禮上士大夫的統治階級所建構的道德化認知世界模式，有相當大的距離。傳統中國以來世俗社會的實際與生活智慧，在於今日台灣地方金融、民間標會及中小企業所立足的底層社會呈顯出來，這不是教人高興的文明生命之延續嗎？世俗社會的混水摸魚特質，擺明了世俗社會的自爲性格與自由精神。混水與自爲，這是相對於統治者控制與壓

搾一個極重要的護身符。沒有了這個混水與自為的空間，社會也就
乾枯掉了。台灣中小企業與地方金融，於世俗生活中，深得世俗社
會邏輯之三味，看他們彼此之間為求生存，所發展出來的運作法
則，也真是實際到極點。受訪的一位信合社理事主席指出：

> 中小企業做外銷的比例還是很多，所以我們相信，他們在
> 這現實環境，他們會走二條線；一個是銀行，一個是合作
> 社。那你就曉得什麼時候用銀行，什麼時候用合作社，那
> 巧妙只有他們比我們更清楚，一定有好處，所以一般信用
> 合作社員他也跟銀行有來往。他還會問「人家現在銀行很
> 好，你合作社怎麼這麼吝嗇」，「怎麼吝嗇法，你說
> 嘛！」
>
> 跟我們來往差不多九成九以上是中小企業，因為大企業他
> 不會跟我們來往。台灣現在差不多幾個人就一個董事長，
> 他借了錢，錢跑那裡，我們就說你借錢做什麼，如果他講
> 得不太合法，我們還教他怎麼填，你不要說我去炒土地，
> 要說我去周轉買材料，其實是去買股票。有時他還跟你老
> 實講，你還不敢老實記載，所以根本亂七八糟，只要你填
> 了就好。結果我們成立一個顧問單位，專門教他怎麼寫，
> 這個服務社員比較到家。所以應當合法，合法可以報稅。
> 所以我們現在最爭取的是稅法要承認我們的憑證。第二個
> 中小企業要納入，那才能到公司裡面寫我跟某一信合社借
> 錢，我還他多少錢，你才有辦法查。那你公司這個錢跑到
> 那裡了，很容易查，個人不好查，公司很容易查的。
>
> 「台灣錢，淹腳目」，好賺的時候，你看地下金融都敢去
> 借，合作社才多1%，唉！給你。這不用報，那用報，報了

案底更清楚，不好。他也把它隱藏起來。就是像現在到大
陸去都是中小企業，大企業現在考慮到政府還是不太方便
去。我們的外匯有二種，說實在的。我講的誇大一點，政
府假使說現在外匯八百億，我們民間的外匯也不會低於四
百億，這個我講的是客氣的話，你就聽得出來了，你到世
界主要的華人活動地區，你去看一看就曉得了。你到洛杉
磯，或者溫哥華，你一進去就大聲講國語，馬上發現四個
裡面就有三個或者二個會講國語。政府能控制的是八百
億，還有一部分潛伏在裡面，可是這對台灣有好處，在不
時之需有時候能做個調整，不過希望靈活運用，不要做表
面工夫，有一陣做表面工夫，像到巴拿馬群島，到那裡去
設一個小公司，然後再賺回來，再用國外華僑投資來賺國
內錢，這比較缺德一點，這在吃我們大家自己。我們政府
鼓勵大家在香港設公司，在新加坡設公司，那我們太聰明
了，這鞋本來可以報價十塊美金，大陸一算起來三塊七毛
五本錢，香港就下個訂單，三塊七毛五呀，四塊錢啦，香
港就買四塊錢，大陸賺二毛五，在那東扣西扣也差不了太
多，然後，報到美國報十塊，六塊錢全留在自己口袋裡。
這是政府希望我們這樣子，否則全留在大陸也不得了，現
在他的順差很大了，今年一定一百多億，國際上他是世界
十五大貿易國，我們十二好像。所以政府鼓勵留在第三地
帶，第三國，我們也會愈來累積愈大，所以現在在香港、
新加坡房地產很多都是台灣去買的。所以我們兩個外匯存
款，一明一暗也是不得了（訪問記錄F2b）。

中小企業與地方金融的實際，也並不是說凡是存在的皆是合理的。
然而，不可否認的是，世俗社會也不是靠道德與口號建構起來的世

界。它有它面對生活的需求與邏輯,我們要能洞察它的本質才有超
越它的可能性。對於不合理的現象才有問題意識,以及追求改革的
方向。在進行訪問時我們就接觸到這樣的慧見:

> 台灣可以說90%都是中小企業,這個指標如果法令定得
> 好,它會更適時,更切合,否則的話,它會一部分跑到地
> 下,一部分到地上來。他承擔你高一點的利息,他為什麼
> 一定去做呢,他風險很大,股票好,一個漲停板就可以讓
> 你賺個一年,他自己吸收。所以我們政府有時候只看到表
> 面,就像現在在討論土地,應當從你們社會學來研究主題
> 才對,現在咱們唯利是圖,什麼都向錢看,是弄錯了,土
> 地應該把它做個大問題來研究,因為使用的價值不同,用
> 金錢不能衡量出來。你看像現在的空地稅,台灣有限的土
> 地是最珍貴的資源,強迫提前浪費掉,這真要命啊!這浪
> 費嚇人啊!你說老百姓、工商界就是目光短,連政府的公
> 共設施都目光這麼短,把良田一下一填就馬上重劃,就可
> 以跟老百姓分一半,他分一半,多好。這其實是目光太短
> 了。應當可以把我們大度山,把我們學校好好整理,都弄
> 好,那個是很好的居住環境,世界好的居住環境都在丘陵
> 地帶和山坡地帶,只有我們猛把良田放棄,好快,效果很
> 好,老百姓說這樣才好,明年就可賺大錢,後年就來賣
> 了,他也高興。所以有時候很容易共識,也很有名利,可
> 是把真正應該好好規劃的資源給浪費掉了。那個錢誰賺,
> 因為這個錢不管誰賺都是中華民國的錢,我們想盡辦法把
> 錢給掌握了,讓他要均富也跑不掉。可是如果把他浪費
> 了,很糟糕,非常的糟糕。所以這個錢誰賺沒有關係,像
> 我們倒贊成有誰賺的多,我們就給他獎狀,因為他創造財

富，沒有創造財富我們怎麼均富的起來呢？一定是要有人，否則就是平均，所以我們觀念稍微要改變，將來合作社應當專業管理，將合作金融變成定位真正的、基礎的一個金融，然後跟社會的觀念把它做個隔離，用法律把他界定規劃一個制度，然後慢慢走，經營的是一批人，社員是我們大家，這是我們大家的銀行，可是管理還是要專業化，然後執行合法化，這樣比較好(訪問記錄F2b)。

地方金融、民間標會與中小企業的發展，若意味著世俗社會的發達與富裕，意味著世俗生活講求實際的成果。我們看到透過這些經濟團體的團體行動轉換農業世俗社會到工商世俗社會，這種工商世俗社會的富裕也給世俗民眾帶來自信：

剛才講在香港，政府也知道，他睜個眼睛，閉個眼睛，從前我們也經常發現這個問題，而且我們的教育很普及，所以我們的子女，第二代大部分都在做這個工作。這個也是無奈，結果也慢慢的整個國際很多能夠讓我們有立足之地，表面跟地下活動都壯大起來，這也不得已。有時候政治的關係，從前我們敏感的時候也很不容易做，現在都打通了，現在我們用中華民國的護照，不要說到那裡，你到蘇聯、東歐、連中共都可以去了。從前不是，從前我們做生意趕快到波尼維亞去買個護照，出入方便，生意人都是這樣子的。現在不必了，一看是我們中華民國的護照就行了(訪問記錄F2b)。

整體來看台灣工商世俗社會真正的成熟，除了透過地方金融、民間標會及中小企業貨幣網絡的累積和運轉，尚必須有外部條件的推動，此即台灣貿易網絡所締建的「經濟世界」。透過與經濟世界

的交流互動，台灣文明真正得到了經濟與社會發展的拉力，這是我們在《貿易網絡與生活結構》一書所要處理的主題。

表5-1　歷年農會信用部與其他金融機構存款變動情形比較表

單位：新台幣百萬元

項目 年別	農會信用部			信用合作社			全體銀行		
	存款金額	指數	年增 加率	存款金額	指數	年增 加率	存款金額	指數	年增 加率
50	1,107	100.0	—	1,896	100.0	—	16,578	100.0	—
51	1,427	128.9	28.9	2,531	133.5	33.5	19,379	116.9	16.9
52	1,930	174.3	35.2	3,434	181.1	35.7	24,452	147.5	26.2
53	2,676	241.7	38.7	4,814	253.9	40.2	30,748	185.5	25.7
54	2,894	261.4	8.1	5,405	285.1	12.3	35,746	215.6	16.3
55	3,266	295.0	12.9	5,741	302.8	62.0	43,818	264.3	22.6
56	3,821	345.2	17.0	6,658	351.2	16.0	52,109	314.3	18.9
57	4,300	388.4	12.5	7,244	382.1	8.8	59,717	360.2	11.8
58	4,649	419.9	8.1	8,434	444.8	16.4	71,288	430.0	19.4
59	5,139	464.2	10.5	10,046	529.9	19.1	85,597	516.3	20.1
60	6,558	592.5	27.6	12,985	684.9	29.3	105,015	633.5	22.7
61	8,355	754.7	27.4	16,441	847.1	26.6	144,060	868.9	37.2
62	10,823	977.7	29.5	22,628	1,193.5	37.6	197,052	1,188.6	36.7
63	15,072	1,361.5	39.3	27,763	1,464.3	22.7	243,962	1,471.4	23.8
64	18,844	1,702.3	25.0	35,583	1,876.8	28.2	307,518	1,855.0	26.1
65	25,017	2,259.9	32.8	43,933	2,306.6	22.9	376,237	2,269.5	22.3
66	34,883	3,151.1	39.4	58,956	3,109.5	34.8	637,526	3,845.6	69.4
67	46,687	4,217.4	33.8	80,977	4,270.9	37.4	834,301	5,032.6	30.9
68	53,362	4,820.4	14.3	89,830	4,737.9	10.9	867,549	5,233.2	4.0
69	70,226	6,343.8	31.6	107,351	4,662.0	19.5	810,558	4,889.4	-6.6
70	90,043	8,134.0	28.2	126,989	6,697.7	18.3	973,656	5,873.2	20.1
平均			25.0			23.8			23.2

資料來源：1.《中央銀行台灣金融統計月報》。
　　　　　2.曾增材，《農會信用部與信用合作社業務區域劃分之研究》（1984），
　　　　　　表2-3，頁10。

表5-2　歷年農會信用部與其他金融機構放款變動情形比較表

單位：新台幣百萬元

項目 年別	農會信用部			信用合作社			全體銀行		
	存款金額	指數	年增加率	存款金額	指數	年增加率	存款金額	指數	年增加率
50	1,059	100.0	—	1,212	100.0	—	13,399	100.0	—
51	1,421	134.2	34.2	1,564	129.0	29.0	16,809	125.4	25.4
52	2,043	193.4	43.8	1,966	162.2	25.7	18,041	134.6	7.3
53	2,707	255.6	32.5	2,554	210.7	29.9	22,364	166.9	24.0
54	3,329	313.6	30.0	3,052	251.8	19.5	27,737	207.0	24.0
55	3,810	359.8	14.4	3,735	308.2	22.4	32,772	244.6	18.2
56	4,253	401.6	11.6	4,237	349.6	13.4	40,886	305.1	24.8
57	4,845	457.5	12.9	5,009	413.3	18.2	51,730	386.1	26.5
58	5,127	484.1	5.8	5,819	480.1	16.2	64,536	481.6	24.8
59	5,346	504.8	4.3	6,548	540.3	12.5	78,064	528.6	21.0
60	5,670	535.4	6.1	8,270	682.3	26.3	97,004	724.0	24.3
61	6,448	608.8	13.7	10,020	826.7	21.2	121,466	906.5	25.2
62	8,635	815.4	33.9	15,268	1,260.0	52.4	179,784	1,341.8	48.0
63	10,102	953.9	17.0	17,106	1,411.4	12.0	244,540	1,825.1	36.0
64	14,970	1,413.6	48.2	24,386	2,012.0	42.6	319,596	2,385.2	30.7
65	18,822	1,777.3	25.7	29,765	2,455.8	22.1	362,050	2,702.1	13.3
66	24,284	2,293.1	29.0	38,568	3,182.2	29.6	429,465	3,205.2	18.6
67	34,338	3,242.5	41.4	56,725	4,680.3	47.1	593,941	4,432.7	38.3
68	42,683	4,030.5	24.3	65,300	5,387.8	15.1	695,632	5,191.7	17.1
69	56,077	5,295.3	31.4	76,641	6,323.5	17.4	798,935	5,962.6	14.9
70	69,654	6,577.3	24.2	88,008	7,261.4	14.8	877,670	6,550.3	9.9
平均			24.3			24.4			23.6

資料來源：1.《中央銀行台灣金融統計月報》。
2.曾增材，《農會信用部與信用合作社業務區域劃分之研究》（1984），
表2-4，頁11。

表5-3　歷年農會信用部存款來源比較表

單位：新台幣千元

來源	會　員		贊助會員		公　庫		其　他		合　計
年別	年底金額	%	年底金額	%	年底金額	%	年底金額	%	金　額
54	872,953	28.39	1,510,362	49.12	352,041	11.45	359,790	11.05	3,075,146
55	988,641	30.20	1,569,403	47.93	346,690	10.59	569,808	11.30	3,274,542
56	1,166,485	30.53	1,879,606	49.20	338,663	8.87	436,050	11.41	3,820,804
57	1,260,074	30.24	2,046,453	49.12	499,131	11.98	360,777	8.66	4,166,435
58	1,347,304	29.98	2,263,412	50.36	474,225	10.55	409,664	9.11	4,494,605
59	1,578,851	31.74	2,410,849	48.47	405,609	8.15	578,685	11.63	4,973,994
60	2,277,033	35.16	3,272,173	50.52	532,885	8.23	394,298	6.09	6,476,389
61	2,806,484	34.55	3,887,166	47.86	688,157	8.47	740,264	9.11	8,122,071
62	3,566,117	34.62	4,847,572	47.05	1,048,436	10.18	840,029	8.15	10,302,154
63	5,395,090	36.81	6,697,578	45.69	1,223,930	8.35	1,340,781	9.15	14,657,379
64	6,912,010	37.70	7,805,292	42.57	1,869,212	10.19	1,749,083	9.54	18,335,597
65	9,221,889	37.67	10,501,075	42.89	2,856,631	11.67	1,904,228	7.78	24,483,823
66	13,093,032	38.74	15,014,807	44.43	2,783,715	8.24	2,903,349	8.60	33,794,903
67	17,841,839	39.71	19,736,696	43.93	3,539,454	7.88	3,811,167	8.48	44,929,156
68	20,021,241	40.69	20,079,908	40.81	4,318,451	8.78	4,789,126	9.73	49,208,726
69	25,632,435	39.75	26,703,204	41.41	6,493,278	10.07	5,651,811	8.77	64,480,728
70	34,879,427	42.13	32,203,021	40.10	7,416,332	8.96	7,297,454	8.81	82,796,234
平均		35.21		45.97		9.57		9.26	

資料來源：1.《中央銀行台灣金融統計月報》。
　　　　　2.曾增材，《農會信用部與信用合作社業務區域劃分之研究》（1984），
　　　　　　表2-5，頁13。

表5-4　歷年農會信用部放款對象比較表

單位：新台幣千元

對象	會員		贊助會員		其　他		合　計
年別	年底金額	%	年底金額	%	年底金額	%	金　額
54	1,943,556	66.76	967,488	33.24	—	—	2,911,004
55	2,122,392	66.29	1,045,922	33.71	—	—	3,168,314
56	2,367,434	66.37	1,199,618	33.63	—	—	3,567,052
57	2,642,780	66.76	1,315,784	33.24	—	—	3,958,565
58	2,898,884	67.10	1,421,485	33.24	—	—	4,320,369
59	2,731,617	61.15	1,476,162	33.04	259,384	5.81	4,467,165
60	2,910,629	59.61	1,554,367	31.84	417,402	8.55	4,882,398
61	3,483,847	59.97	1,874,004	32.26	451,211	7.77	5,809,064
62	4,712,465	60.91	2,570,818	33.23	453,851	5.87	7,737,135
63	5,555,758	60.76	3,057,724	33.44	530,548	5.80	9,144,031
64	8,737,252	62.90	4,558,951	32.82	594,607	4.28	13,890,811
65	11,424,227	63.10	6,034,449	33.33	645,396	3.56	18,104,073
66	14,679,123	63.24	7,861,392	33.87	672,413	2.90	23,212,929
67	20,496,630	62.57	11,530,952	35.20	728,836	2.23	32,756,418
68	24,577,624	62.49	13,604,143	34.59	1,149,745	2.92	39,331,514
69	31,141,243	61.48	18,141,484	35.82	1,369,721	2.70	50,652,489
70	39,953,831	63.15	21,520,356	24.02	1,791,997	2.83	63,266,185
平均		63.21		33.54		3.25	

資料來源：1.《中央銀行台灣金融統計月報》。
　　　　　2.曾增材，《農會信用部與信用合作社業務區域劃分之研究》（1984），
　　　　　　表2-6，頁14。

表5-5　各縣市存款變動情形比較表

單位：%

縣市別＼年別	台北縣	宜蘭縣	桃園縣	新竹縣	苗栗縣	台中縣	彰化縣	南投縣	雲林縣	嘉義縣	台南縣	高雄縣
50	5.0	5.9	2.6	4.8	5.4	8.9	7.8	7.3	5.6	6.0	15.6	11.3
51	6.3	6.0	2.7	4.7	5.8	8.8	7.0	7.6	4.9	6.6	15.3	11.2
52	6.4	5.3	2.7	4.8	5.1	7.8	7.6	6.2	5.6	7.1	16.3	11.1
53	7.0	4.5	2.4	4.1	4.9	7.0	8.1	6.6	5.4	6.9	17.5	11.6
54	7.1	4.1	2.3	3.5	4.7	7.4	8.5	7.2	5.4	6.9	16.7	12.1
55	7.0	4.3	2.2	3.3	4.5	7.7	8.5	7.1	6.4	7.3	16.7	12.4
56	8.9	4.0	2.3	3.3	4.7	7.6	7.6	6.2	5.6	7.1	15.8	11.8
57	6.0	3.8	3.0	3.5	4.6	7.3	7.7	6.4	5.4	6.8	16.0	12.1
58	5.7	3.4	2.9	3.6	5.2	7.2	7.9	6.3	5.2	6.9	15.6	12.0
59	6.1	2.7	2.6	3.3	4.7	7.5	8.0	6.2	4.9	6.9	16.2	12.6
60	6.6	2.5	2.5	2.9	4.2	7.2	7.6	6.0	5.5	6.9	16.7	12.2
61	6.9	2.6	2.7	2.7	4.8	8.5	7.8	6.0	5.7	7.0	15.6	14.3
62	8.7	2.4	3.2	2.8	4.2	8.7	6.6	6.1	5.3	6.2	13.3	13.0
63	7.0	2.6	2.8	2.5	4.5	8.6	7.8	5.7	6.1	7.6	15.5	13.1
64	7.8	2.8	3.1	2.8	4.2	9.2	7.0	5.8	5.9	7.2	14.9	12.3
65	9.0	2.6	3.5	2.6	4.4	9.6	6.8	6.3	5.9	7.8	13.5	12.5
66	8.7	2.9	3.7	2.6	4.5	8.8	6.3	5.9	5.9	7.9	13.8	12.6
67	10.2	3.0	4.9	2.8	4.5	9.0	6.0	5.6	5.7	7.3	12.9	11.3
68	11.3	3.0	4.9	3.1	4.5	9.4	6.1	5.4	5.6	7.1	12.2	10.7
69	11.7	3.1	4.7	2.8	4.4	9.7	6.1	5.1	5.5	6.9	11.6	10.4
70	11.7	3.0	4.6	2.8	4.1	9.8	6.2	5.1	5.7	7.5	12.0	16.3

資料來源：1.50～66年取自《中華民國台灣金融統計月報》。

2.67～70年台灣省部分取自《台灣地區農會業務統計年報》。

3.67～70年台北市、高雄市部分，取自《台灣地區基層農會業務經營分析》台灣省合作金庫農業金融部編印。

4.曾增材，《農會信用部與信用合作社業務區域劃分之研究》（1984），表2-7，頁17。

表5-5　各縣市存款變動情形比較表（續）

單位：%

縣市別 年別	屏東縣	台東縣	花蓮縣	澎湖縣	基隆市	台中市	台南市	高雄市	台北市	合計	
										百分比	（百萬元） 存款餘額
50	6.3	0.8	0.9	0.1	0.2	3.0	0.4	1.3	—	100	1,107
51	6.3	0.8	0.8	0.1	0.2	3.0	0.5	1.4	—	100	1,427
52	7.4	0.7	0.7	0.2	0.2	2.5	0.5	1.8	—	100	1,930
53	7.6	0.8	0.8	0.1	0.1	2.6	0.6	1.4	—	100	2,676
54	7.2	0.7	0.8	0.1	0.1	2.6	0.6	1.3	—	100	2,894
55	6.1	1.0	0.9	0.1	0.1	2.7	0.7	1.3	—	100	3,366
56	7.0	1.0	1.0	0.1	0.2	2.6	0.7	1.9	—	100	3,821
57	7.1	0.9	1.1	0.2	0.2	2.6	0.6	1.9	3.3	100	4,300
58	7.3	1.0	1.1	0.1	0.2	2.9	0.6	1.7	3.1	100	4,649
59	7.5	1.0	1.1	0.1	0.2	3.3	0.7	2.0	3.0	100	5,139
60	7.1	1.0	1.1	0.2	0.1	3.6	0.7	2.1	2.9	100	6,558
61	6.2	1.0	1.1	0.1	0.2	3.0	0.6	2.3	3.0	100	8,335
62	5.3	1.0	1.4	0.1	0.2	2.9	0.6	2.5	4.2	100	10,823
63	5.4	1.0	1.3	0.1	0.2	2.6	0.6	2.1	3.0	100	15,072
64	5.2	0.9	1.2	0.1	0.2	2.7	0.5	2.4	3.1	100	18,844
65	5.0	1.0	1.4	0.2	0.2	2.5	0.5	2.3	2.6	100	25,017
66	5.5	1.1	1.5	0.2	0.2	2.2	0.6	2.1	2.6	100	30,230
67	3.9	1.2	1.6	0.2	0.2	1.8	0.7	2.8	2.9	100	46,273
68	3.9	1.4	1.8	0.2	0.2	1.9	0.6	3.0	3.1	100	52,387
69	4.3	1.5	1.9	0.2	0.2	1.7	0.7	4.2	3.0	100	69,478
70	4.2	1.4	1.8	0.2	0.2	1.7	0.6	4.0	2.9	100	88,994

資料來源：1.50～66年取自《中華民國台灣金融統計月報》。

　　　　　2.67～70年台灣省部分取自《台灣地區農會業務統計年報》。

　　　　　3.67～70年台北市、高雄市部分，取自《台灣地區基層農會業務經營分析》台灣省合作金庫農業金融部編印。

　　　　　4.曾增材，《農會信用部與信用合作社業務區域劃分之研究》(1984)，表2-7，頁17。

表5-6 70年底各縣農會信用部存款來源比較表

單位：新台幣千元

來源 縣別	會員 年底金額	%	贊助會員 年底金額	%（A）	公庫 年底金額	%	其他 年底金額	%（B）	合計 金額	%（A)+(B)
台北縣	2,699,224	25.89	4,029,500	38.65	1,998,557	19.17	1,697,281	16.28	10,424,562	54.93
宜蘭縣	1,302,375	48.17	1,047,117	38.73	295,196	10.92	59,182	2.19	2,703,870	40.92
桃園縣	1,453,233	35.57	1,522,358	37.26	485,045	11.87	625,128	15.30	4,085,764	52.56
新竹縣	869,921	34.48	1,173,187	46.51	250,384	9.93	229,152	9.08	2,522,644	55.59
苗栗縣	1,907,642	51.80	1,256,885	34.13	333,515	9.06	184,582	5.01	3,682,624	39.14
台中縣	3,850,243	44.34	3,275,778	37.72	680,616	7.84	877,316	10.10	8,683,953	47.82
彰化縣	2,554,769	46.68	2,122,748	38.78	475,857	8.69	320,061	5.85	5,473,435	44.63
南投縣	2,092,764	46.24	1,876,955	41.47	239,881	5.30	316,254	6.99	4,525,854	48.46
嘉義縣	2,581,821	38.51	3,063,056	40.69	332,611	4.96	727,165	10.85	6,704,653	56.54
雲林縣	2,158,252	42.43	2,058,166	40.46	512,177	10.07	357,746	7.03	5,086,341	43.68
台南縣	5,526,104	51.62	3,965,213	37.04	502,493	4.69	710,908	6.64	10,704,718	43.68
高雄縣	3,874,191	41.81	4,365,869	47.12	553,352	5.97	472,805	5.10	9,266,217	52.22
屏東縣	2,107,456	56.60	1,085,192	29.14	340,025	9.13	190,795	5.12	3,723,468	34.26
台東縣	612,224	50.43	456,045	37.57	74,552	6.14	71,105	5.85	1,213,926	43.42
花蓮縣	417,021	26.24	754,183	47.46	241,908	15.22	176,131	11.08	1,589,243	58.54
平均		42.72		39.85		9.26		8.16		48.01

資料來源：1.《台灣地區農會業務統計年報》(71年版)。

2.曾增材，《農會信用部與信用合作社業務區域劃分之研究》（1984），
表2-8，頁18。

表5-7　69年底各縣農會信用部放款對象比較表

單位：新台幣千元

對　象	會　員		贊助會員		其　他		合　計
縣　別	年底金額	%	年底金額	%	年底金額	%	金　額
台北縣	1,709,523	38.68	2,598,574	58.80	111,606	2.53	4,419,705
宜蘭縣	833,107	57.76	518,333	35.94	90,900	6.30	1,442,341
桃園縣	1,276,645	52.86	1,060,371	47.91	78,039	3.23	2,415,056
新竹縣	3,865,601	64.14	442,815	32.81	41,051	3.04	1,349,467
苗栗縣	1,643,288	63.04	896,891	34.41	66,648	2.55	2,606,826
台中縣	3,276,627	64.02	1,691,019	33.04	150,097	2.94	5,117,744
彰化縣	2,282,512	66.94	1,022,475	29.99	104,901	3.07	3,409,889
南投縣	2,379,209	73.12	768,097	23.60	106,629	3.28	3,253,937
雲林縣	2,097,906	67.56	932,037	30.02	75,262	2.42	3,105,206
嘉義縣	2,223,602	59.62	1,352,735	36.27	153,471	4.11	3,729,808
台南縣	5,063,344	67.97	2,246,627	30.16	139,846	1.88	7,449,818
高雄縣	3,475,693	59.06	2,365,516	40.20	43,735	0.74	5,884,945
屏東縣	2,048,377	71.08	710,917	24.67	122,410	4.25	2,881,706
台東縣	613,910	64.41	320,147	33.59	19,143	2.00	953,200
花蓮縣	666,453	58.94	437,527	38.69	26,761	2.37	1,130,742
澎湖縣	54,871	63.93	24,326	28.34	6,634	7.73	85,830
平　均		62.07		34.65		3.28	

資料來源：1.《台灣地區農會業務統計年報》(71年版)。
　　　　　2.曾增材，《農會信用部與信用合作社業務區域劃分之研究》（1984），
　　　　　　表2-9，頁19。

第二篇

中小企業
與
貨幣網絡

　　中小企業對於台灣社會，乃至於綿延一二千年中國文明發展之意義，直到現在尚未被學界及一般社會大眾所意會，這實在是因為缺乏了理解台灣中小企業的歷史座標與社會坐標。如同我們在第一篇序言所強調的，團體化是一個歷史問題也是一個社會問題，中小企業在台灣社會發展的意義，可以說具備歷史深度與社會廣度的研究價值。從歷史與社會交叉而成的軸心來看，台灣中小企業不但以其協力網絡形成團體化的發展，更以此團體化推動了其它領域之團體化發展，簡單而言，第一篇所討論的地方金融之團體化貨幣網絡，在金融領域之內，地方金融及標會以會員組成的團體，固然是主角。然而，從更廣擴的社會領域來看，真正使貨幣能轉換成資本，並透過這個轉換加速貨幣流通需求的，卻是從事製造生產及內外銷貿易的中小企業。台灣中小企業的歷史與社會地位，乃在於透過其團體化帶動社會各領域團體化之發展，從爾使得傳統下來以農業為骨幹的世俗社會，轉換成以工商業為骨幹的世俗社會，由此進一步開展出中國文明真正成熟的階層化社會。使得經濟、社會與文化可以和政治平起平坐，以階層結構限制了政治的濫權與專制支配。

　　所以，在歷史與社會坐標下來看台灣的中小企業，其發展便不只是經濟性的，也是社會性、文化性及政治性意義的發展。只不過是經濟性的光芒掩蓋了其他面向應有的色彩。台灣中小企業這個認知視野，當然不能流於空泛的宣稱，而必須有實在的材料做基礎。個人在《協力網絡與生活結構》一書提出概括性的材料，在本書及《貿易網絡與生活結構》將會進一步佐證這樣的看法。第一篇我們既已提出地方金融貨幣網絡的團體化特質，與個人在《協力網絡與生活結構》一書所討論的中小企業生產協力網絡，做了初步的回應。第二篇則要針對台灣中小企業在本身協力網絡的團體化互動

中，如何形成其自為的貨幣網絡進行探討。從中小企業自為的貨幣網絡，我們更能清楚掌握到其協力網絡的特質，也更能明白他們的發展，必須與地方金融的貨幣網絡緊密結合的道理。更重要的是，透過中小企業自為貨幣網絡的發展，它們能夠將地方金融的貨幣網絡與後來開展經濟世界的貿易網絡接合在一起，確立了台灣產業經濟進一步發展所需要的總體商業網絡。這是本篇討論中小企業自為貨幣網絡的重點所在。

就本篇的題旨，具體來講，談中小企業與貨幣網絡之關係，主要想指出，從企業經營之獲利結構、資本累積及資本關係來考察，有一個無形的層級結構，漸漸在台灣幾十年的經濟發展過程中，慢慢成熟。這個資本結構階層化發展之形成，其實也意味著台灣經濟發展的進步，逐漸擁有了更多元、寬廣的貨幣語言與工具，如此也就透顯了台灣經濟未來活動的舞臺與空間將不同於往日，而總體社會形態也會慢慢有所轉化。資本結構之層級化發展，當然有著諸多因素與力量同時起作用才能達成，由上而下的政治力量是一個關鍵因素和力量，另一個同樣不可忽視，甚至更具支配性的力量，應是中小企業間「自為的貨幣網絡」在起作用。沒有中小企業間「自為的貨幣網絡」之發展當基礎，資本結構的層級化發展可能無法在台灣快速形成，從爾也就無法在短短的數十年間帶動台灣經濟的快速發展。

階層結構最重要的特質是容許不同質量的社會積累同時進行，由此達成社會總資本最大效率的積累。其特點是不同生活領域之階層結構得以自主發展，並形成了各領域之真正階層結構，以此總體之階層結構保障了單一生活領域階層的發展，但也限制了單一領域頂端階層權力的獨大與專制。台灣中小企業資本的形成，說明了台灣企業發展有其階層化的趨勢。這主要在於企業經營事實上是座落

於不同利潤空間的座標，在利潤形成一定的利潤階層的情形下，企
業發展慢慢也因營利空間的不同，而位處不同的層級位置。其結構
是底層的家庭工廠、小型工廠賺取蠅頭小利，而中小型廠、中型廠
以及在其上頭的大型廠獲取高額利潤。家庭工廠及小型廠的利潤，
事實上，比較接近勞動利潤而非資本利潤，到了中小型廠及中、大
型廠則能坐收由底下眾多小型廠剩餘勞動轉化而成的資本利得。表
面來看這是一種由上對下的剝削，事實上，也是如此。現在的重點
是，在一個總體社會的認知視野下，對剝削的意義要重新定位。從
利潤階層的角度來看，不同規模之企業擁有不同的資本關係，這說
明不同企業資本累積的基礎是不同的。越是上層企業，其政治資
本、社會資本及文化資本越能轉換成經濟資本；但在底層，這個轉
換則相當的困難。甚至企業主也不擁有可以轉化成經濟資本的政治
資本、社會資本及文化資本。因而，就經濟而言，我們可以說，有
了階層，才有了不同質量資本累積的框架，才有經濟合理性的發展
可能，才能避免政治階層的高層壟斷經濟資源。

第六章
家計經營資本與企業經營資本
——台灣資本關係階層化之形成

　　一般學者對於台灣中小企業金融問題之討論特色，常常流於應然的偏頗看法，而沒能對於台灣中小企業資金運作之根本特色提出實然的觀察。事實上，台灣中小企業在資本的型塑及資金的運作上，彰顯出兩種截然不同的類型，若我們不能先期掌握這兩種不同中小企業在資本型塑及資金運作上的不同類型，則對於台灣中小企業總體資金運作之評估，便不能確切的掌握其真相。從我們對於台灣中小企業深度訪談及田野觀察的資料發現，台灣中小企業在資本型塑及資金運作上呈顯出兩種極為根本性的不同類型，此即：家計經營資本及企業經營資本。這種在資本型塑及資金運作上之不同特質，事實上也反應在其企業經營的規模及形態上。以個人(陳介玄，1994)對於台灣中小企業的分類範疇而言，家計經營資本泰半為家庭工廠及小型工廠，而企業經營資本泰半為中小型工廠、中型工廠、大企業以及企業集團[1]。

　　事實上，這兩類資本型塑及資金運作上之不同企業類型，亦反

---

1 本章所討論的材料皆來自於個人參與東海大學「東亞社會經濟研究中心」累積八年共268家企業深度訪談資料，以及個人針對T9廠近八年的個案研究資料，細部引用資料皆同，也就不再逐一註明。

映出他們對於企業經營及資本經營有不同的界定方式。一般而言，企業家的職能如果是對於貨幣利益的追求，那麼，很顯然的家計經營資本與企業經營資本是以不同的世界觀及營利觀在進行貨幣利益的追求。在此，固然我們可以觀察到台灣中小企業經營類型上的層級結構，更重要的是藉此可以看出台灣中小企業生命力的韌性，有其資本經營形態及認知心態上的支持。這就可以說明，儘管台灣中小企業財務是多麼不建全，也得不到銀行的資助，卻仍可以生存及發展的重要原因。這裡，我們要強調的是台灣中小企業的生存與發展有其獨特的資本計算邏輯，這個邏輯的存在與發展不是政府由上而下之金融壓抑的觀點可以說明的，而應從作為金融資金運用主體之中小企業身上，探討其由下而上發展的自主性資本經營運作形態，才能看出這個邏輯存在的社會基礎。

一、經營資本分類之判準：擁有累積工具之不同

韋伯在探討西方資本主義的發展時指出，「合理的資本計算」（rational capital accounting）可說是整個西方現代合理資本主義發展的核心。所有的經濟的及社會的條件，如企業家物質手段之專有、合理的市場、技術、自由勞動者及勞動市場之出現、合理的法律、行政，經濟生活商業化等因素，慢慢聚合使得合理的「資本計算」在西方社會成為可能（韋伯，1983、1991）。而在台灣社會，同樣是企業經營核心的「資本計算」，卻是一個黑盒子。底下我們透過對於台灣中小企業深度訪談及田野個案研究的資料分析及詮釋，希望能略為窺探這個黑盒子之秘密。

所謂家計經營資本是指，企業經營的資本計算，主觀上，不以股息、折舊以及頭家本身的工資做為企業經營成本考量，而以實際營收扣掉其進貨成本之利潤為其獲利之認定；客觀上，經營體之規

模不足吸收市場流行商品大量生產之需求，從爾也就無法進行利潤的大量積累。台灣眾多家庭工廠及小型工廠，就我們田野調查所得發現，一般在這個層次做生意的頭家，其資本計算意識，泰半爲這種家計經營資本的類型。這種資本類型的資本計算形式，乃是一種家計生活邏輯高度邊際效益化的移轉形式。換言之，這些型式的經營體利用既有家庭中之人力、物力及財力，做一種商業或製造性質的投資，其收入之所以高於受僱所得，乃是擠壓於家庭總體資源的創造，而非資本的創造。所以，表面上是一種企業經營，實際上是一種「家計邏輯」的運作原則。也因爲這種「家計邏輯」的計算意識，使得許多家庭工廠及小型廠的中小企業是用一種不同於企業經營資本的態度在面對企業的盈虧。對他們來講，企業實際營收只要超過進貨、人工與雜支等成本就算賺了。然而，對企業經營資本而言，當進一步算上股息、折舊及稅負，可能即變成是虧本了。這種不同的資本計算意識帶來的是整個經營模式的不同，但同樣的也是使得許多台灣中小企業得以從黑手變頭家，並安然存續下去的理由。

　　所謂企業經營資本是指，企業經營的資本計算，主觀上，以股息、折舊以及頭家本身的工資做爲企業經營成本考量，換句話說是以實際營收扣掉其進貨成本、股息、折舊、包含頭家及頭家娘在內之人工成本及稅負的利潤爲其獲利之認定；客觀上，企業之經營體質足以吸收市場流行商品大量生產之需求，使企業能進行大量的資本積累。一般家庭工廠或小型廠的企業，要能在三、五年的短時間，蛻變爲中小型廠、中型廠乃至大型廠，必須很快的將企業體質調整成企業經營資本的模式，才能不斷往上發展。走上企業經營資本的公司，其資本計算不能再是家計生活邏輯邊際效益化的轉移形式，而必須從「資本的邏輯」來思考企業的經營。以上述之「家計

邏輯」而言，企業進行的只能說是貨幣的再生產，有一定的累積效用，但累積的速度很慢。而在「資本邏輯」的企業，進行的是資本擴大再生產。一個企業之營業所得惟有能超越進貨成本、股息、折舊及稅負，才能算是有盈餘，才可能進一步投資、壯大。這種情況下的資本循環不是原地踏步，而是不斷的擴大。

區分家計經營資本與企業經營資本有什麼重要性？從企業經營的立場來看，資本的使用及意義在這兩種企業裡是不同的。家計經營資本的類型可說是完全貼近於日常生活的企業存在形式，其生存法則並不是來自於嚴謹的資本觀念，而是相對於僱傭所得之比較意識下所採取的一種營生策略。因而，惟其不從嚴謹的資本定義下從事企業經營，企業活動的生存空間便放大許多，也不存在資本邏輯下的經營壓力。因為它要的只是(也只能是)在整個協力網絡所創造之資本利得的一點剩餘。這點剩餘在最低的固定資本及流動資本的支出上，即能以利潤的形式存在於頭家的經營意識裡。所以，家計經營資本的企業，盡量利用自己家庭住宅空間為工廠，以減少固定資本的支出，充分使用家庭中的勞力以撙節流動資本的開銷。就家計經營資本而言，善用它所可能擁有的家庭資源，並充分轉化成企業經營資源，這種經營上的策略本身即是一種源自於理性的考慮。相反的，企業經營資本的企業，便需面對資本邏輯的壓力。

企業經營資本所要面對的壓力，首要是資本的擴大再生產，而不一定是商品線的擴大再生產。對企業經營資本而言，它既要採取正規軍的作戰方式，而非家計經營資本的游擊戰策略，則一切成本的估算便要從正規軍的算法著手，舉凡依勞基法的員工待遇、退休金提撥、環保成本的負擔、減少政府行政干擾的公關支出、股息、折舊、貸款利息及稅負等等一切的開銷，都要計算在內。在這種經營形態的成本負擔，對於原先投資的資金，若不能進行資本的擴大

再生產，便無法形成利潤並累積資本。企業經營資本固然有其資本
累積的優勢，譬如，因其固定資本的投資較具規模，工廠新買機器
即可向銀行取得高額貸款。機器原本值八千萬，透過機械商的連
帶，將機器單價提高到一億元，結果就能從銀行再貸出八成資金，
即八千萬。換句話說，整部機器事實上是可以由銀行來完全貸借，
企業主不用自己拿錢出來。但是，這種資金運用的方便，事實上隱
藏了企業經營上更大的壓力。起碼八千萬的貸款利息負擔即是每個
月要面對的現實。所以，企業經營資本的企業動力，就在於每個月
獲利的速度，必須超越於上述各項成本支出的速度。企業經營資本
獲利的速度，決定了企業是往上爬還是向下掉，跟家計經營資本所
面對的是完全不同的挑戰。現在我們進一步要知道的是，什麼樣的
機制決定了家計經營資本與企業經營資本在資本累積上的不同層
次？企業經營資本獲利速度的快慢又取決於怎樣的過程？

二、資本累積的不同密度

　　我們要問的是，有些中小企業為何一直停留於家計經營資本，
而無法過度到企業經營資本？換言之，為什麼有些中小企業的經營
規模及資本累積始終無法快速進行？這牽涉到一個企業從創業到發
展的動態過程。不同行業，或是同一行業在不同協力網絡組合下，
對某一零組件的生產或銷售，在創業與發展上可以有千百種不同的
可能。而使一個企業發展與不發展的因素，可說是經緯萬端，很難
找出單一具決定性的因素來論斷其成敗。然而，從數百家不同規模
與行業的企業訪談與觀察的過程中[2]，我們卻發現一個蠻普遍的現

---

2 參考東海大學「東亞社會經濟研究中心」有關台灣企業的深度訪問
　資料。

象，此即「資本累積的密度」與「王牌商品銜接的密度」兩者之間的關聯。從這個著眼點，我們可以來觀察，使一個企業之輪動起來的受力點到底在那裡？其機制又是什麼？在我來看這是支配一個企業發展或不發展的核心點。也是一個企業資本累積的奧秘所在。

整體來看，中小企業利潤階層結構的形成，從是否具備「王牌商品」可以看出其端倪。一般而言，中小企業真正的高利潤空間，是在於新開發商品剛開始販賣或生產的三個月到半年之間。只要是新開發的某種商品，能抓住市場的需求而大量生產；或是能以最好的生產品質來滿足市場已在流行且有迫切需求的產品，都有一個高檔的利潤空間。隨著產品的產量加大，以及同業一窩蜂的競相生產，產品的利潤便慢慢下降，在製造與買賣兩造甚至都可以到達沒有什麼利潤的地步。對於從事製造、加工或銷售的公司而言，能在其新開發或新推出商品的第一階段流通週期賺到高額利潤，這種商品我們即稱之為「王牌商品」。從王牌產品利潤的累積來考察，往往決定了一家中小型工廠是否能快速成長起飛。某種王牌產品在利潤高檔於半年所累積的資本，可以抵得過同一商品在低檔利潤於三年時間所能累積的資本。所以，台灣中小企業的發展有一個內在規律，凡是能生存下來，並持續獲利的企業，必須有能力不斷更換在自己本業上「王牌」的產品或商品，充分從這個「對組」[3]的產品獲得其高檔期的利潤，並於這個對組產品利潤開始走下坡時，中途換馬，轉換開發另一種能再創高檔利潤的王牌產品。如此看來，中小企業的利潤並不一定固守在所謂高科技、資本密集的產業，而是就不同產業的動態性去掌握該產業不同時點之王牌產品。當企業「王牌商品銜接的密度」形成，其資本累積也就有一定的密度了。

以個案調查的T9廠為例，民國76年以四百萬元與人合夥，78年

---

3 企業主們對於「王牌商品」的口語稱呼。

與合資董事長拆夥，再以四百萬元爲基礎重新開始，至83年累積資本額1億6000萬。五年間資本以40倍成長，可說是高密度的資本累積。細觀其資本累積的主要機制，乃在於對本業王牌商品切合時機的掌握能力。78年獨自經營之後，經一番慘淡經營，79年至80年，該公司充分掌握到重磅平織布7040支紗這種類型的牛仔布染整加工定單，獲取了第一個對該公司而言，屬於王牌商品的高利潤。接著在民國81年到82年上半年，正當7040支紗牛仔布走下坡，王牌商品轉到了當時大量出口的RC伸縮布。該公司以自己內部研發的染整技術，掌握了RC布的獨特染法，創造了別公司無法企及的品質，市場定單大量湧入，帶來了該公司壯大的第二個利潤高峰期。到民國83年，正當RC伸縮布市場萎縮，該公司半年前開始開發的Pigment壓染布於此時大放異彩，形成第三個王牌商品，再度帶動整個公司的發展。

以我們所訪問過的268家中小企業而言，T9廠的例子並不特殊，台灣中小企業創業五年之後，沒有被淘汰而能繼續經營者，大凡都有類似上述借由王牌商品銜接的密度，快速累積資本的經歷[4]。然而，若我們細究形成高密度資本累積的王牌商品之銜接，並非易事。王牌商品的銜接，需要對於不同商品種類市場網絡的不斷開拓，並搭配以高於同業的生產能力。更重要的的是，銜接要有一定的密度，前個王牌商品的高利潤已逐漸走下坡，市場競爭白熱化到成本邊緣，尚沒有新的王牌商品足以取而代之，則高密度資本累積斷了線，公司的發展很可能就此留在原地踏步。等而下之的是，在高負債比例的利息壓力下，公司有可能因營運困難就此跳票而倒

---

4 這種個案，在我們所訪問過的紡織業、石化業、資訊業、金屬機械業、製鞋業及自行車業等中小製造業都有發現。進出口貿易業也是如此。請參看訪問記錄中有關公司史的記錄部分。

掉。所以，對一個剛創立的中小企業而言，公司是否有發展潛力，會充分表現在其經營王牌商品銜接的能力上。一波未止另一波已起，在舊的王牌商品利潤逐漸下滑的尾聲，新的王牌商品已醞釀成熟推出市場，接上了高密度資本累積的節奏。如上述T9廠第一階段牛仔布與第二階段RC布的銜接，RC布與第三階段壓染布的銜接，其中兩個階段之間，在前一王牌商品的下滑與後一王牌商品的起來，要有半年時間重疊銜接期。是以，能夠用一個以上的王牌商品，帶動資本累積的密度，這樣的中小企業即能從家計經營資本的形態走向企業經營資本的模式。

家計經營資本與企業經營資本之不同，從資本的角度來看，主要在於資本累積的密度不同。資本累積之所以不同又取決於該企業所能掌握的王牌商品。王牌商品就企業的生存與發展而言，它是牛排而非麵包[5]。以訪問的許多家庭工廠及小型廠而言，在其行業之協力網絡下，它所從事的是簡易半成品的製造、某個零組件一個細類的生產或製程的加工(如高爾夫球桿球頭的打磨工作)，所獲取的利潤是有限的利潤，足以維持工廠的存續但沒有大利潤可以進一步發展，這樣的企業利得使企業停留在家計形態，雖然無法快速進行資本積累，卻有極堅韌的生命力，因為它們畢竟擁有企業生命賴於存活的麵包。相反的，某些能從家庭工廠或小型工廠發展成中小型廠或中型廠的公司，便不再滿足於麵包裹腹，而想獲得企業生命發展更豐富的營養素，他便會去追求高能量的牛排，此即是對於王牌商品的掌握。透過對於王牌商品的追求，進一步改善公司體質及經營模式。是以，大凡能追求王牌商品的公司，也逐步使其走上企業經營資本的模式。以個案研究的T9廠而言，雖然整個經營過程也有一些前段處理、後段加工的胚布整理工作，做為公司營利的來源。

---

5 借用貿易業NT10廠，受訪業主的用語。

但就整個公司的生存與發展而言，這些工作利潤只是麵包而非牛排，真正使公司起飛邁入中小型廠的關鍵，是在於前述三階段王牌商品的掌握。

　　仔細分析，家計經營資本與企業經營資本之所以會有不同資本累積的密度。家計經營資本無法掌握王牌商品的發展模式，主要在於企業主經營能力的差別。這種經營能力的差別可以從創業所需之計算意識、技術知識的廣度與深度、掌握市場網絡及商品資訊網絡狀況見出其大概。底下分別簡略分析這三個面向。

　　就計算意識而言，前面我們說過，家計經營資本立基在「家計邏輯」與企業經營資本著眼於「資本邏輯」有根本的不同。以資本邏輯而言，企業沒有王牌商品以啟動資本的高速運轉，無法打破貨幣簡單再生產的緩慢資本累積節奏。是以，計算意識的不同，說明了對企業經營完全不同的兩套認知模式，可以說是推動企業之輪兩種完全不同的馬達及動力裝置系統。在家計經營資本的計算，並不要求公司整體不斷朝著一個計畫下的營業目標系統整合。是以，企業無法由王牌商品帶動生產氣勢，創造勞動生產力的新記錄，藉此進行工廠總體生產紀律與效率的不斷再生產。以自己對於T9廠的田野觀察發現，同樣以28個員工，在每個王牌商品生產的高峰（以染整加工一個月可做到1800萬的營業額），生產效率最高、品質也最穩定，工序流程有條不紊，客戶的折讓也最低，有時只有百分之三。然而，在生產低潮期，同樣28個員工，營業額只有二百八十萬，反而是品質最不穩定、重修率高，整個工序流程容易脫軌，客戶的折讓升高，甚至可到百分之二十二的比例。由此可知，王牌商品對於一個企業經營資本的重要，並不只在於資本的累積，更重要的是操練整個公司的作戰能力，使企業隨時具備一加一大於二的生產能力。而這已涉及一個公司對於抽象勞動效率的建構能力。深入

來看，企業經營資本由王牌商品所帶動的勞動紀律與勞動生產力，才是真正與家計經營資本在製造生產上區別之所在。而在企業經營資本這種由勞動紀律與勞動生產力形成的一加一大於二的計算意識，是家計經營資本很難企及的一種計算意識。

以企業經營所需之專業知識的廣度與深度評量，家計經營資本在其生產脈絡裡，不管是擔任半成品的生產或某一製程的加工工作，需要的是其製造生產細類的熟練技術，其知識範疇可以不出這個細類的邊界。然而，以一個企業經營資本的頭家而言，由於他必須隨時尋找王牌商品，其技術知識的範圍便要擴大到整個製造或加工行業的相關領域。以T9廠為例，該頭家做的雖然是棉紡染整的工作。但他不只對於有關棉紡染整的一切技術瞭如指掌，對於上游各種胚布之特質、紗支的規格與種類，以及下游各種成品布市場的走向與狀況，也極為熟悉。更重要的是，他還需要有整個行業之理論知識與實務知識接合的能力，以便能符應市場新產品在技術上的挑戰，使上面提到的一加一大於二的計算意識，在實踐上成為技術上可能。換句話說，企業經營資本所需要的專業知識，是生產面與行銷面的廣度與深度，而一個家計經營資本需要的可能只是一個生產點或行銷點的技術知識。從此角度來看，家計經營資本與企業經營資本看待知識的態度是不同的，知識在兩種企業經營形態裡有不同的位置。家計經營資本在企業發展格局的限制，很大一部分是因為頭家本身知識格局上的限制。

市場網絡的拓展能力與商品訊息網絡的大小，決定了是否能從事王牌商品的生產。沒有一種王牌商品能持久的佔有市場，並一直停留在利潤的制高點。對企業經營資本的老闆而言，這是一場恆久的挑戰。對家計經營資本的頭家來說，則是很難參與的一場競爭，他能做的是等待任何一方勝利者將協力生產線接上自己的生產線。

企業經營資本的老闆是否能掌握王牌商品的生產，除了前述主觀層面之計算意識及兼顧廣度與深度的專業知識之外，客觀面即在於對外在既存商品網絡的解構與再建構。任何一種商品的生產與出售，有它一定成熟的生產及行銷網絡。以外銷出口商品爲例，這個網絡可能是由製造廠、代工廠、國內中盤商、大盤商及國外進口代理商或成品製造廠所串聯起來的流通路線。網絡的各個連接點之所以能串聯起來，是以各種利益相互依存的共生關係爲機制，在單價、交貨期、品質及獲利額度等各種考慮因素之平衡下產生的結果，所以相當的結構化，要將其打破與重組並不容易[6]。這說明了爲什麼隔行如隔山，不同商品網絡之間很難跨越。然而，就企業經營資本而言，王牌商品的生產要有一定的銜接密度，沒有跨越幾條不同的商品生產網絡，是不太可能達成的。因此，他要不斷用自己既有的網絡及獨到的生產技術去刺探外圍的商品網絡，找機會解構既存的網絡，使自己擁有一個新的網絡。底下以T9廠爲例說明。

　　在中小紡織業，成衣布的單價始終是高於一般的工業用布。簡單比較，成衣布是高檔次的生產，工業用布則是低檔次的生產。因此，台灣北部層次較高的紡織、染整廠一直以成衣布爲生產重點，整個商品網絡是環繞成衣布組建起來。而中部的中小紡織染整廠，

---

6 從T9廠最近在開拓工業用布的市場可以看出，既成網絡化之商品鏈的韌性，這個韌性來自於供應工業胚布製造商、染整廠、工業布中盤、大盤商以及用料廠商之間的利益平衡。這種平衡可以是建立在低度平衡，譬如是在次級的工業用布、低品質染加工建立起來的平衡。所以，作為新的外來者，你有遠超乎現有商品品質的產品，也不一定能打入這個既存的商業網絡，因為高品質打破既有的低度平衡，也就可能意味著一些人商業利益的損失，所以，這些人會盡力維護這個低品質的低度平衡網絡以保障自己的利益。除非你能慢慢進入市場，讓你所提供的高品質商品成為標準，大家只好跟著這個標準走，這時現有的網絡也就能進行重構。

得利於中部為製鞋業之集中地，因應區域協力生產之需要，很多工廠則從事低檔次的工業用布之生產與加工。隨著台灣生產環境的變化，台灣成衣業逐漸外移，外銷定單也漸漸移轉至大陸及東南亞，北部成衣布的生產競爭越見激烈，單價一直滑落到成本邊緣。T9廠業主在83年底猛然發覺北部成衣布的染整加工單價竟然比中部生產的工業用布單價還低，高檔生產變成低檔生產。究其原因，乃在於外移至大陸的製鞋業，其所需求之製鞋用布仍然回台灣採購。在原有協力商品網絡之結構下，採購還是以過去搭配之網絡為主。同樣是紡織，成衣布網絡與工業布網絡卻是完全不同的兩個商品世界。如何跨越這兩個網絡的邊界的確煞費周張。T9廠頭家面對的是再度轉換王牌商品的嚴厲挑戰，在企業發展的壓力下他勢必要切入工業用布的市場。於是，他開始了解工業用布的網絡結構，評估自己可能的優勢和籌碼，尋找解構工業用布網絡的起始點，並計畫重新建構工業用布生產網絡的可能性及成功率。這一切多少說明了，市場網絡的拓展能力與對商品訊息網絡的敏感度，決定了能否從事王牌商品的生產及再生產。

上面的討論，企圖回答「資本累積的密度」與「王牌商品銜接的密度」兩者之間的關聯，為何是使企業之輪動起來的受力點。家計經營資本與企業經營資本的區分，首先使我們明瞭到，企業的計算意識、經營知識與商品網絡是多層次的並存現象。以高層次的視野，來質疑、批判、要求低層次的企業並沒有太大意義，也搔不到癢處。家計經營資本與企業經營資本，前面說過各有其理性及存在意義。家計邏輯與資本邏輯的並存，也並非一定是矛盾的。這關鍵點在於你從什麼角度來看。當你把社會看成是同質的、單元的與齊一的實體，標準就只有一個，家計經營資本與企業經營資本兩者之間的並存當然是一種矛盾現象，家計邏輯的落伍與資本邏輯的先進

即可言之成理。可是，如果我們將社會看成是異質的、多元的與分層並存的實體，標準就不只一個，家計經營資本與企業經營資本的並存也就沒有什麼矛盾，家計邏輯不一定是落伍、資本邏輯也不見得就是先進。因爲兩者是存在於不同的企業範疇和生活時空之中，沒有價值判斷之別。從這一點的討論，我們就可以看到，整個重點在於企業「階層」結構的形成上。「資本累積的密度」與「王牌商品銜接的密度」討論的重點乃在於指出企業形成階層的可能。家計經營資本與企業經營資本之區分，企圖說明台灣企業發展不只是水平上的類別不同，更重要的是縱深上的層次不同。如此，從階層的縱深來看，家計經營資本與企業經營資本各有其存在空間，其中儘管有剝削不平等交換存在，卻也有互補的共生關係。階層結構存在的人本意涵即在於提供企業不同存在的可能，同時也擴大了企業及社會累積資產的範疇、類別和邊界。這是值得我們繼續思考的重點。

三、資本關係的階層化

　　台灣中小企業資本關係的階層化指涉爲何？其意義又是什麼？透過前面我們對於家計經營資本及企業經營資本對於資本不同累積密度的分析，可以看到台灣中小企業在發展規模上之所以會迅速拉開彼此的距離，主要在於資本的累積有了完全不同的機制與竅門。這樣從整體企業結構來講，在動態發展過程，勢必會因爲利潤與資本累積的不同，形成在同一座標的不同區位。如此，隨著台灣中小企業的資本化發展，也就進一步形成資本關係的階層化發展。而這種資本關係的階層化發展的重要意義是，累積的財富與企業經營資歷成正比例。相反的例子是，台灣有許多的暴發戶，一夕之間因土地增值而擁有上億財富，俗稱的田僑即是此一類型。這種類型，即

累積的財富(擁有的財富)與經營資歷不成比例。

　　上面的分析我們可以看到，王牌商品所帶動的資本累積，事實上並不僅止於反應在一個公司貨幣額的累加。更重要的是在「資本邏輯」計算意識所帶動的勞動紀律與勞動生產力，企業經營所需之專業知識廣度與深度的開拓，以及市場網絡與商品訊息網絡的掌握。就企業經營資本而言，借由王牌商品高密度銜接所帶動的企業經營資歷之累積，與資本累積同等重要。因此，整體來看，資本累積有其密度，惟其資本累積有密度，才能超越資本簡單再生產的緩慢累積之限制，而能進行遠超乎各項成本支出的資本擴大再生產。同樣的，企業經營資歷的累積也要有其密度，才能超越社會變遷所帶來的對於原有資歷的折舊作用，而能帶領企業與社會發展齊頭並進，甚至超越社會的發展速度。是以，王牌商品除了帶動資本累積的密度，也可以同時帶動企業經營資歷累積的密度。家計經營資本與企業經營資本在這樣的前提下，便能判然區分出兩種不同的企業範疇。家計經營資本往大型化發展，不足的不只是資金、更是商業網絡、生意人脈、企業資歷等種種更根本的條件。由於家計經營資本在資本累積上不具密度效用，其企業經營資歷的累積也就缺乏密度效果。這樣的不同累積機制，時間一久，企業的發展情況也就慢慢階層化了。

　　企業發展所存在的經濟結構一旦階層化，就說明了不同企業資本累積的機制、環境與條件有根本的不同，而這些不同甚至連行動者也習以為常，不見得意識得到。或者，不同層級的行動者不一定完全瞭解到彼此所擁有的優勢。布勞岱從西方資本主義發展經驗，很清楚的指出這個道理：

　　　　還有一些其他的商業優勢，其他的壟斷，但它顯得十分自
　　　然，因而連受益者本人也視而不見。集中在大資本家四周

的高級經濟活動實際上在製造一些常規性結構，天天都為大資本家提供方便，而後者卻並不始終都意識到。特別在貨幣方面，他們所處的有利地位就像今天在一個貨幣貶值的國家裡擁有硬通貨一樣。唯獨富人才能支配和保存大量金幣和銀幣，而普通百姓手裡從來只有輔幣或銅板（Fernand Braudel, 1986a: 423; 1993a: 457）。

經濟階層上面的人，因其長期資歷的累積，他才有能力進一步洞察資本累積的更多元管道，並對貨幣運作的奧秘加以解碼。這就如同布勞岱說明的，惟有上層的少數人才懂得貨幣的秘密，並利用這個秘密生財：

不是所有人都能利用金銀之間的這種互為消長的關係，都能根據自己是有進項或有支出，在兩種金屬中作出選擇，唯獨經手大筆貨幣或信貸證券的人才有這種特權。馬萊斯特洛瓦於1567年寫道：貨幣是個「只為少數人所得知的秘密」，他這樣肯定是正確的。參與這項秘密的人自然會乘機謀利。例如在十六世紀中葉，隨著美洲白銀不斷運到，黃金恢復並長期保持了它的優勝地位，財富的等級當時經歷了一次全面調整。在這以前，白銀曾是稀少的（相對地說）和可靠的價值，「銀幣留作積儲，黃金在大筆交易中扮演通貨的角色」。在1550年至1560年間，情況又翻了過來，熱那亞商人在安特衛普市場率先拋出白銀和購進黃金，並且因有先見之明而坐享厚利（Fernand Braudel, 1986a: 423; 1993a: 458）。

從我們前面的討論素材來看，與選擇貨幣的自由類似的是，站在資本關係上層的人才有更多選擇王牌商品的自由，才能看到資本

的網絡如何是再吸納資本的管道。

　　從企業經營資本與家計經營資本比較而言，站在上層的企業經營資本，以它所要負擔的成本來看，企業的經營要講求一定的規模經濟效益，否則很難獲利。因而，在土地、廠房及機器設備的再利用與再投資的擴展性，可能就遠超於家計經營資本。如此，在不景氣或是向下游產業整合時，即能輕易取代家計經營資本的位置，將其淘汰出局。以T9廠爲例說明。82年隨著壓染布的暢銷，下游水洗及磨毛成衣布整理工序的小代工廠，如雨後春筍，在三重、五股一帶一下子增加了一、二十家。T9廠基於員工內部創業原則，在既有廠房內提供空間，讓幹部設立染色後段加工的水洗廠與磨毛廠。旋後不景氣跟著來臨，許多外面剛設立的小加工廠，機器安裝好之後即停擺，沒有單子可做。爲了水洗與磨毛單一加工工作，小廠所要付出的土地、廠房、水電資源的成本，在T9廠加入經營之後，即很難與以競爭。由此可知，企業經營到一定的規模，要吸收單一工序的投資成本，相對於單一廠反而容易。只要有工作及單子，上游廠商會將這些蠅頭小利的代工工作，留給下面小廠去做。然而，在不景氣之時，上面廠商本身的單子餵不飽，要往下游整合時，下游小廠便沒有什麼生存空間。這再度說明了，企業經營資本一旦有資本密集及資歷密集的累積能力‧，它生存的選擇權也就加大。

　　家庭工廠、小型廠、中小型廠到中型廠，不可否認的形成一中小製造業的階層結構，這個結構在《協力網絡與生活結構》一書的討論，是從生產協力網絡的角度來找出其位階關係。從家計經營資本及企業經營資本來看，儘管也是涵蓋著這四個層級，但卻從企業獲利、資本累積與資歷累積的角度來觀照。從資本累積來看中小企業的階層化，我們看到佔有龐大數量的家庭工廠、小型廠一直是高出生率但也是高死亡率，企業維持一定的數量，但隔個三、五年可

能即是一代新人換舊人。當資本累積無法突破短時段的限制，可能就很難上升到中小型廠或中型廠。並非說到了中小型廠或中型廠就沒有倒掉或收掉的企業，而是，到了這個層次必有一定的土地、廠房等資產，說明其資本累積已有相當的基礎，也經歷了企業經營資本快速累積的過程。換言之，中小企業能一直發展到中型廠的層次，說明了其資本累積已經有長時段的性格。

所以，資本關係的階層化說明了資本累積的短時段結構與長時段結構，並且牽涉到時間結構中累積的速度與密度問題。企業經營資本在資本關係上能佔有一個有利位置，由上而下控制著其利潤的制高點，主要在於他們能克服時間的限制，將資本與資歷的累積時段拉長。並且，能以王牌商品不斷挑戰累積過程中所能取得資本與資歷的密度，不讓利息剝蝕資本，不給社會變遷折舊資歷。使其資本與資歷的發展速度一直快於其所付出成本的消融速度。對於家計經營資本來說，本質上即無法進行這樣的經營，它無法計算到時間對它的意義，更無法面對資本累積與資歷累積的密度問題。它處在於經濟生活與日常生活交接的底層，這個介面卡的位置正是它利基所在。經濟生活的利益不可能全部為企業經營資本所壟斷，而日常生活總有蠅頭小利的交易活動不斷升沉起浮。觀看北部五股、三重一帶仍然有多少的工業社存在；中部和美地區四、五部織機的家庭工廠，穿梭於大街小巷，即可知道，生活有許多在經濟邏輯之外，超乎我們想像的空間存在。而資本關係階層化的現像，開始說明了台灣經濟已有長時段累積的架構存在，這是台灣社會值得稱賀的成就。

四、小結

貨幣能夠開始累積，也就有可能轉換成資本。貨幣一旦形成資

本，對比的力量就會顯現出不平衡。這種不平衡是建立在金錢的基礎上，便大有思考的空間。布勞岱指出的西方經驗值得我們參考：

> 若說資本主義的成功建立在金錢基礎之上，這似乎是句實話，因為資金對任何企業都不可缺少。但金錢除可用於投資外，還有別的用途。有了金錢就有了社會地位，以及隨之而來的一系列保障、優惠、合謀和保護；就有可能在各種買賣和各項機遇中選擇，而選擇同時是一種誘惑和一種特權；就有可能擠進一個不對外開放的小圈子，保護蒙受威脅的利益，彌補遭受的損失，排擠競爭對手，等待收回長期投資的優厚利息，甚至獲得王公的眷顧和關照。最後，有了金錢，也就有了取得更多金錢的自由，因為人們只肯把錢借給富人。信貸逐漸成為大商人不可缺少的工具（Fernand Braudel, 1986a: 384; 1993a: 411）。

從我們的觀點來看，中小企業資本累積的力量對比，體現在生產協力網絡我們已看到的階層化現象。從總體社會的角度來看，這個階層化意味著，家計經營資本可以比僱傭所得剩餘更多，企業經營資本又比家計經營資本所得剩餘更多。因而，有了這個階層架構即可容許不同資本累積形式的企業存在，這無形的帶動了整個社會總資本累積的速度與密度。所以，社會同時需要家計經營資本與企業經營資本的存在，因爲它們以不同速度與密度的資本累積。貢獻於社會總資本的累積。

是以，與生產協力網絡的四個層級分布合在一起看，家計經營資本與企業經營資本的階層化，提供我們一個清楚的產業金字塔結構圖像。底層是龐大的家庭工廠、小型工廠這種家計經營資本，中間是中小型及中型廠的企業經營資本，最頂端則是大企業及企業集團企業經營資本。這個產業金字塔數量的重心在於龐大的家計經營

資本，事實上有其社會意義。因爲以家計經營資本與生活的貼近性，家計邏輯與生活羅輯的互通性，維繫了企業面對現實的活力與生機。以贏得高於僱傭所得的待遇成爲頭家，說明了世俗頭家們面對世界的健朗與旺盛的鬥志。台灣中小企業的重要性，在此可以得到說明。不管台灣未來產業的走向如何，由中小企業發展出來的這個產業金字塔階層架構，都會是它重要的背景與舞台。這個金字塔階層結構，也宣示著整個台灣企業發展的建全與積極意義。

　　如同T9廠頭家指出的，有了這個企業階層架構，也就可以看出社會上常有的一個普遍的錯誤觀念，做企業就要做大，最好能一步登天，每個人都想向王永慶看齊，企業要好幾十億的資本額才叫企業。事實上，沒有一定的資本累積、資歷累積、商業網絡及社會網絡的累積，是不可能逐層往上爬。剛出道的年輕人一下子給予十億，不見得能用來創業，這就說明貨幣網絡、資本關係背後有著一定的社會階層結構存在，不是可以任意以自己意志去左右的。最好的辦法就在於先認清這個階層架構，並踏實的去努力。所以，企業主往往較能避開社會意識形態的陷阱，直指社會現實的認識核心。

第七章
期票：中小企業自為的信貸網絡

　　家計經營資本與企業經營資本在資本累積上有不同的密度，王牌商品的生產是一個重要判準，但不是惟一的。不管是家計經營資本或是企業經營資本都要面對另一個攸關資本累積的關鍵問題，亦即資金往來的信貸問題。台灣中小企業的經營，處在一個我們看不到的資本網絡的結構裡，此即由現金及期票所形成之應收貨款與應付貨款的交易通路上。這個通路的形態、特質及發展意義，會影響各個企業資本累積的狀況。一般而言，對中小企業的經營，如同業務網絡，資本網絡算是另一個重要命脈。就企業之動態經營來說，期票信貸可說是構成資本網絡的核心。信貸對於台灣中小企業的重要性，我們可以從西方資本主義發展的歷史經驗得到進一步的說明。布勞岱指出英國成功的秘密在於：

> 無論是店鋪主或批發商，手工工匠或工場主，所有人全都依賴信貸為生，也就是說，依賴期貨買賣為生，因為正是期貨買賣能用5,000里佛的資金達每年30,000里佛的營業額。每人提出或接受的付款期限其實是一種「借貸方式」，期限甚至有彈性：「在二十個人中間，沒有一個人遵守約定的時間，人們對此一般不抱任何期望，商人間在這方面很容易彼此通融」。在商人的帳本上，除開存貨以外，必定有債權欄（資產）和債務欄（負債）。聰明的辦法是

力求二者的平衡，而決不是放棄這種足以使貿易額增加四、五倍的信貸形式。整個商業體的存亡取決於信貸。一旦信貸停止，發動機就會卡殼。關鍵在於，這是一種為商業體固有的並由該體產生的信貸，一種「內在的」和「不計利息」的信貸。狄福認為，這種信貸的蓬勃發展正是英國經濟繁榮的秘密，也是英國遠播國威的秘密所在。（Fernand Braudel, 1986a: 385; 1993a: 412）。

布勞岱所指出的這種信貸形式，也可以說是台灣中小企業得以蓬勃發展的一個關鍵所在。這主要在於台灣中小企業，尤其是家計經營資本，要從應付與應收期票往來之外的信貸系統獲取資金較為困難，這種信貸系統之外的貸款常是大企業的專利。布勞岱以西方的經驗指出：

大商人讓他的顧客從這些內部便利中得益，並且自己也從中得益。與此同時，他還經常使用另一種信貸形式，即向商業系統以外的放款人和出資人借錢。這是需要支付利息的現金借貸。這與前一種信貸形式有天壤之別，因為建立在這個基礎上的商業活動在活動結束時應保證取得明顯高於息率的利潤率。狄福認為，這不是普通商業所能做到的事，在他看來，「有息借貸是啃食利潤的蛀蟲」，即使以5%的「合法」利率計算，也足以抵銷全部利潤。借用高利潤更是一種自殺的行為。如果大商人能不斷舉債，利用「他人的錢袋」和外來信貸，他的平均利潤肯定大大高過普通商人的利潤。我們在這裡再次面對一條分界線，它指出了交換領域內一個特權部門的特點（Fernand Braudel, 1986a: 385; 1993a: 412）。

　　在第六章我們也指出了家計經營資本的計算意識使它們對於企業的生存有不同的價值觀，是以，我們不能用同樣的標準來質疑家計經營資本企業的財務不健全與落後，以致於他們無法從銀行獲得融資。就算他們有足夠的資金，但沒有一定的網絡、市場、人脈可以利用，生意還是做不起來。不同層次的企業活動有不同用錢的方式和獲取需要資金的方式。企業的發展與資金的流量有一定的比例，觀察這個比例，信貸是極佳的工具。信貸網絡，無疑的，對各層級的企業活動來講都是不可或缺的支付工具與信用工具。不考察信貸網絡則無法確切瞭解台灣中小企業資本累積的經濟脈絡。在此，我們用信貸網絡泛指資金在企業之間的流動本身即是資本再生產的複雜過程，而非只是貨幣的單純流通。本章所討論的期票，如沒有特別聲明，主要是指於中小企業之間使用最普遍的支票，而不涉及本票及匯票。

一、期票信貸與中小企業經營

　　談中小企業的期票信貸，不能不說到民國75年取消票據刑法這個事件。從今天的角度往回看，75年票據法的修定，充分說明了台灣中小企業信貸網絡「自為」性格的真正成熟。是以，取消票據刑責這個在75年引起眾方議論紛紛的事件，事實上透顯了一個探討長時段社會結構的意義。支票刑罰的存在有它的歷史背景（陳思明，1986），而取消之後對於工商界的影響，當時也有多人討論（陳木在，1986；翁金詮，1985；李瑟，1985；蕭貴珠，1985；林山田，1987；賴源河，1987）。在此要說明的是，票據刑罰的訂定與取消，說明了期票信貸與中小企業經營之間怎樣的一種關係？底下我們借重戴立寧的研究說明這個問題。戴氏於〈票據法取消刑罰後受票人如何確保債權〉一文指出：

　　從民國48年到72年這二十多年來，交換票據遭受退票金額與張數的百分比，我們發現，票據法經過三度的修正，也就是把刑罰規定一再地提高。在民國49年第一次增加自由刑的處罰規定，在民國48年公佈施行票據法一直到49年為止，空頭支票處其面額以下的罰金。但當時認為如此不足以遏止空頭支票的發生，所以在49年增加一年以下有期徒刑的罰則。到民國62年，再次修正，將刑罰提高為兩年以下有期徒刑。到民國66年6月，刑罰再提高為三年以下有期徒刑。奇怪的是，刑罰一再地提高，退票的金額與張數仍然不斷增加。從圖中可知，刑罰變動與空頭支票發生的關連性是不一致的。並不是說票據刑罰的規定較嚴就會使退票減少。事實上空頭支票與經濟景氣有密切的關連，比如說從民國53年到62年，經過數個四年經建計劃，我國經濟發展步入黃金時期，景氣繁榮，空頭支票顯著減少。民國63年開始，空頭支票又迅速增加，理由很簡單，這時發生第一次石油危機，造成經濟萎縮。因此，空頭支票的發生實深受經濟景氣之影響，而刑罰的提高對遏阻空頭支票的效果卻找不到有力的證明（戴立寧，1985：12-13）。

戴氏的探討指出了票據刑罰無法規範空頭支票的事實，也就說明了他看到一股無形的力量在左右著票據交易。他接著指出：

　　從理論上而言，大額支票較易發生退票。實際的情形顯示，退票張數比例較高時，退票金額比例也較高，退票張數比較低時，其金額比例亦較低，但是張數比例恆高於金額比例。也就是說，被退支票的平均金額要低於全部交換票據的平均金額，此恰與理論上相反。按理來說大金額的支票容易發生空頭，而實際上比平均金額低的票據反而退

票較多。主要是因為有一種看不見的力量，這個力量超越了國家的刑罰，而抑制了空頭支票的金額。雖然每一個有心或無心退票的人都希望盡可能簽發大額的支票，但是這種無形的力量卻使一般空頭支票比平均金額小（戴立寧，1985：13-14）。

表7-1　存款不足退票張數及金額佔交換票據張數金額百分比

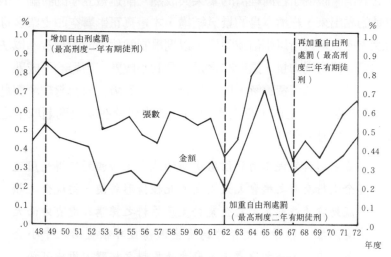

資料來源：1.中央銀行業務局、台灣省各縣市銀行票據交換所交換及
　　　　　　退票統計表。
　　　　　2.戴立寧(1985)，頁13。

　　簡單來看，台灣經濟到了75年的發展，已經漸成氣候，才能撐得起票據信貸與投機這艘大船的浮沉。李言在〈票據騙術大觀〉(1982)所描述的投機，不正好說明了台灣的經濟既已能容許票據投機，不也就同時說明了台灣已有大量的資本累積？這一點布勞岱已用其歷史智慧做出了提示：

> 唯有資本的大量積累才使通融票據的風險投機成為可能，
> 才使人們在某項商業活動顯得有利可圖時，能夠自動地、
> 方便地使用通融票據；除了荷蘭經濟的繁榮和優勢外，這
> 種票據沒有任何保障可言（Fernand Braudel, 1986b: 245;
> 1993b: 271）。

布勞岱說明荷蘭的狀況，正好印證了我們想要提出的論點。支票刑
罰的取消，說明了台灣經濟的繁榮與成熟。前述戴立寧的討論，很
清楚的點出來，經濟本身的景氣結構，才是真正影響空頭支票多寡
的因素。社會之所以相信或堅持，以刑事制裁代替社會制裁、以法
律力量取代市場力量，透顯的實是社會的不成熟與市場的不成熟。
我們當時還無法深透瞭解，期票信貸真正的保障在於台灣經濟與社
會本身的繁榮。是以，有人對中小企業的經營在支票刑罰取消之
後，做出這種呼籲：

> 資金週轉緊促：由於信用交易的減少，必相對使得利用現
> 金進行交易之機會大大提高。此種情形將使一些現金之類
> 流動資產並非充足之企業於生產原料之採購或進貨方面大
> 受影響，影響最大者當為資金週轉並非很靈活之中小企
> 業。中小企業之進貨或工廠生產原料之採購，原先可於交
> 易成立時開發期限不等之遠期支票先行償付貨款，俟售貨
> 或產品生產完成出售後收取現金時，再存入銀行以供遠期
> 支票到期之清償。於信用交易之下非但有延付現金之便
> 利，而且提早收回之現金或原有之現金亦可供作營業其他
> 方面之運用週轉，以增進營業之利益。但是如廢除刑罰
> 後，遠期支票抵付貨之方式將可能被拒絕，於是必須準備
> 足夠之現金以應付進貨或生產原料採購之需要。無疑地，
> 這將造成原本資金就非充裕之中小企業或工廠於資金調度

方面更加困難(翁金銓，1986：78)。

從長時段結構來看，經濟與社會沒有發展起來，期票信貸的需求也就不會熱絡。之所以相信取消支票刑罰以後，中小企業之間會轉而利用現金交易，而產生資金調度困難。實是對於期票信貸、台灣經濟發展、以及期票信貸與經濟發展之關係，這幾個互相關聯的層面不夠瞭解所致。台灣從光復後，遠期支票即大受歡迎而爲人普遍使用，這說明了台灣經濟已開始啓動及發展，因而信用的需求隨及加大與擴充。這時候期票票期的長短非法律可以予以規範，而是由經濟本身的需求決定。是以，取消支票刑罰這個事件本身，並不會決定中小企業之間期票往來的長短。這個決定權握於一直潛藏在背後的經濟結構，以及因長期商業活動所形成的習慣交易模式。換言之，期票信貸、台灣經濟發展，以及期票信貸與經濟發展之關係，各有其結構上的自主性。政治力量及法律力量的介入，只是說明了其結構上的不成熟。

從取消支票刑罰這個短時段的事件，我們可以觀察到台灣經濟豁展出其信心的臨界點，自此以後，中小企業真正從期票信貸彰顯出其自爲的世俗性格。期票信貸的長處與限制，也才能真正反應出台灣經濟的長處與限制。期票信貸自爲的性格確立之後，我們才可以進一步去除不必要的干擾因素，直指核心，看到中小企業在期票信貸往來中重要的收帳問題，與資本再生產問題。

二、收帳與中小企業資本累積

探討期票信貸對於中小企業的經營，尤其在於家計經營資本與企業經營資本之間的轉換。以及利用王牌商品進行高密度資本累積時，希望減少資本消極損失的危險，亦即降低倒帳的風險，便不能

不注意到協力廠商，或上下游廠商之間的收帳技藝。中小企業之間的收帳問題，之所以值得注意，乃在於其中隱含了複雜的經濟權力與社會權力的抗爭現象，是社會學研究的好題材。然而，就本書而言，我們關心的是，收帳的現象鑲嵌在期票信貸運作過程，如何幫助我們理解企業資本形成與發展更深刻的社會特質與意義？

以個案調查的T9廠爲例，民國78年改組公司之後，以400萬元再出發至83年累積資本額1億6000萬，五年間資本以40倍成長，這種高密度的資本累積，除了王牌商品生產得當之外，主要還在於從來沒有被配合的協力廠商倒帳，否則其資本累積的速度將無法如此快速。然而，在76年11月創業至78年5月改組期間，正是企業嬰兒期，廠商之間的期票往來，反應在收帳問題上便充滿了不平等經濟實力之間赤裸裸的權力對決，而非往後的情境差可比擬。簡述這一小段改組過程，我們可以看到期票信貸在中小企業經營上的陰暗面，以及由此而來對中小企業的淘汰與歷練。

78年5月T9廠原來入股的大股東因另創中型染整廠，打算與T9廠拆夥，或著整個結束營業。這兩條路T9廠創業頭家選擇獨自經營繼續奮鬥。拆夥的結算，以當時所有客戶之應收帳款支付大股東的股本，不足額再由T9廠頭家補齊。估算T9廠改組時擁有之應收帳款，付出1600萬應是足夠。現在問題是，這些錢收得回來嗎？時間是78年7月，炎熱的北台灣天氣，T9廠頭家與這位大股東一齊走訪往來客戶、收取貨款。第一站是PP布商，欠T9廠貨款500萬。到了該公司，董事長親自接待，對這位大股東稱兄道弟，親熱的不得了，卻將T9廠頭家冷落一旁。大股東冷眼旁觀，由T9廠頭家自己行動，說明來意希望收取貨款。PP布商董事長，兩眼一番，拿出支票簽下500萬，但不是給T9廠頭家抵貨款，而是交給這位大股東，說明他現在建大廠需要資金，無條件借給他500萬。至於T9廠的貨

款，公司現在沒錢，以後再說。T9廠頭家一顆心往下沉，7月原本熱氣炙人的台北天氣卻顯得異常寒冷，他知道PP布商這筆貨款是收不回來了。連續對幾家T9廠往來的客戶收取貨款，情形皆大同小異，能收個二分之一就算很不錯。生意場的冷暖與現實，於此表露無遺。

經過這個打擊，逼使T9廠頭家重新思考廠商往來的收帳問題，以及期票信貸隱含的風險與陷阱。企業經營若不能解決這個問題，企業的獲利將不斷剝蝕而無法發展與壯大。在這裡T9廠碰到的是一個台灣中小企業之間收帳文化的普遍問題[1]。就像一位受訪的貿易業者說的情形：

> 我跟我們的業務人員講一句話，「賣貨師仔，收錢師父」（閩南語發音），你能夠把東西賣完，一個小時賣完，你不厲害。你能夠把東西賣完把錢收回來，而且收得最漂亮，你更厲害。如果你賣貨不要收錢的話，坦白說沒有甚麼貨賣不出去的。不過臺灣就是有這樣的情況。所以我為甚麼會強調local LC的理由，因為我想這些東西都要改變，臺灣花在人與人之間的抗爭問題上很不經濟，浪費精力跟時間，等於浪費社會最大的資源，你面對國際你跟本沒法打仗嘛（訪問記錄NT2）。

人與人抗爭既不可免，帳款也一定要收，如何能避免上述的困境，應屬當務之急。T9廠從收帳與期票信貸保持於最低風險的角度，重新定位公司的經營，延伸出幾個企業經營上的策略。

---

1 有關收帳的文化現象，是值得深入思考的問題，可參考東海大學「東亞社會經濟研究中心」在民國82年針對貿易網絡的深度訪談的資料。

1.透過收帳揀選客戶

公司在應收貨款上，適當的折讓是不能避免的營運損失。然而，過大的折讓或是扣減應付帳款，則是惡意倒帳的變態形式。T9廠改組過程所碰到的PP布商、SS織布廠及DD貿易商，都是假藉各種理由以行倒債之實。是以，從收帳可以反應出客戶的經營態度。一慣以超損耗的策略[2]行騙，或是要求加工則低聲下氣，貨出要收款則百般刁難這種前恭後倨的手段進行交易者，T9廠慢慢發覺都不是良好的客戶。對於這些廠商一概保持距離、不相往來。這個效果從78年改組到83年的營運，沒有再受到往來客戶惡性倒帳可以看得出來。透過收帳重新揀選客戶，也是逼自己企業往外擴大生存空間的積極做法。一旦調整成功，篩掉配合度不佳的客戶，期票往來即能穩定，並降低了可能的風險。收帳產生的負面性效果與期票信貸暴露的陰暗面，屆此可以轉換成積極性的意義，輔助企業進行資本累積。

2.透過收帳精練品質

高折讓的產生以及貨款的爭議，牽涉到廠商兩造之間生產與銷售的問題。要帳款好收，客戶不敢任意剋扣貨款，折讓比例不致於隨性加大，便需要企業以經營實力當後盾。廠商往來的經營實力具體表現在相互依賴的程度。第六章所談王牌商品的經營，即是一種企業實力的彰顯。所以，只要能以技術保障品質在同業之間的優越性與穩定性，客戶對於產品不容易找到瑕疵，帳款也就比較不會打折。當然，工作越多、折讓越少，工作越少、折讓越多。這是市場

---

2 超損耗是指委託代工的客戶於請款時，不承認染整代工過程，原先雙方協定之可能產生的一定比例之損壞率，而要求照價賠償。或根本不承認損耗之存在，而要求代工廠全部吸收損耗的賠償。這種情形常常出現在非經常性配合之客戶身上。

供需結構所造成的保護自我利益法則，勢難避免。重要的是，透過收帳的壓力，可以提升企業經營的品質，這是企業能夠自為的成長動力。以T9廠為例，經營到後期，客戶在收帳上對於貨品的損壞宣稱與理賠要求，T9廠頭家要求的不只是業務人員出面交涉。還要廠務人員就相關技術與客戶提出說明，弄清楚彼此的責任歸屬。不但有助於客戶的信任與不敢橫加挑剔，更有助於內部員工對於品質與技術提升的認知。

3.透過收帳健全財務

客戶往來的帳款問題，牽涉到企業資產累積的進行。對客戶收帳的落實，須以強化自己本身財務結構為基礎。第六章我們討論過，台灣中小企業進行的是不同於大企業或股票上市公司，另外一套私密化的資本計算方式。在此種情形下對中小企業之間的財務徵信是一個困難的工作。因而，斧底抽薪之計，便是自己先在財務運作上升級才能免於威脅。從T9廠的例子來看，這首先表現於對於應付貨款的現金支付能力上。從應付票據的實力上建立公司的信用聲譽，不但有助於公司在創業或改組時，市場上惡意中傷之不當流言與耳語的澄清，更可以從財務上確立公司在協力生產地位中的穩固性，提升企業形象。所以，收帳問題不但是業務問題，也是廠務及管理問題，更是財務規劃問題。中小企業沒有一定的財務規劃策略，便很難認知到，透過期票信貸資本網絡進行貨幣的再生產，對企業來講有什麼重要性。家計經營資本力不逮於此，也就很難透過資本計算壓迫公司轉型成企業經營資本。

收不到錢，也就談不上企業的生存與發展，中小企業收帳問題的重要性可見一班。上面簡短的討論，實無法窮盡說明中小企業收帳之類型、文化上的意義及社會化發展的原因。討論的重點其實只在於點明，中小企業之間的收帳關係本質上是一種權力關係，甚至

是一種剝削關係。而這毋寧是說明了台灣產業經由中小企業的發展，已漸漸形成階層結構的事實。有了階層，便有不平等的交換、便有利益上的剝削與壟斷，譬如，台灣有些大的廠商，皆要求底下的中、小型廠拿現金出貨，並採抵押金制度。因而，所有經營的代工業務都採用設定模式運作。這對於大廠來講是何等的優勢與特權？這種期票往來中的資本累積，中小企業實難望其項背。然而，我們不能忽略，沒有了這個階層結構，中小企業的發展也就得不到經濟結構的壓力，看不到可以躍升的層級。收帳，何嘗不是對於企業層級躍升的一種考驗？就像人的成長需付出一定的代價，收帳的磨練，類似企業的成年禮，考驗著企業是否已準備好獨自經營的能力，可以安全的善用期票信貸以增加資本累積的速度和密度？

三、信貸網絡與資本的再生產

對於企業經營資本的業主來說，資本網絡不只是為了週轉資金所需要的貨幣流通過程，它也是資本再生產過程重要渠道。以期票信貸而言，對於家計經營資本與企業經營資本可能即有不同的意義。對家計經營資本來說，期票的使用與流通，可能只是當成貨幣支付工具，或融資需要的信用工具。然而，對於企業經營資本來說，期票除了是支付工具、信貸工具之外，很重要的是，它還是公司的財務管理工具。透過期票的使用，能以具有孳息性的策略建立起整個公司的資本再生產結構。對於T9廠的個案觀察與一般企業的深度訪談，我們可以發現底下幾個中小企業在面對期票信貸往來，有助於其資本累積的一般性邏輯。

1.票期長短與經營實力

上下游廠商，或協力組合中的企業，期票往來的票期，是一個

很能反應企業經營實力及企業聲望的指標。企業之間的期票往來，雖說一般是三到六個月的票期。但是這一般情況並不足於規範不同行業買賣兩造之間，依雙方各種徵信訊息，作出不同的票期約定。以T9廠為例，一般情形是，對加工工角等應收帳款採取二至三個月的票期，對各種染料、助劑及其它原料等應付帳款則開出六個月的票期。這當然是企業已到一定規模，營業相當穩當，客戶往來已成網絡化的階段，期票信貸跟著穩定下來。許多情況會影響期票信貸的穩定性，相對的也說明企業一直處在動態的經營環境裡。在剛創業的階段，任何企業都希望有最短的應收票據，而有最長的應付票據。事實上，當然不可能如此美滿。無任何信用的新創業者，廠商可能要求的是拿現金出貨，至於要付你的貨款則盡量延長時限。創業起頭難，從期票信貸多少可以看出初創業者資金壓力所在。當然，一旦創業成功，企業站穩腳步，建立了市場的聲望，應付票據與應收票據的期限就可以重新設定。這是期票長短與創業階段之間的關係。其次，會影響期票長短的是企業經營的層次和規模。中型廠或大廠要求於底下小廠的，不是現金票，就是一個月期的應收票據。而小廠與小廠之間彼此期票就可以拉長。另一個影響期票長短很重要的原因是，企業的獲利能力。當企業經營情況是在利潤高的時候，廠商之間往來的的票期期限，往往可以拉長，借此用以培養客戶，並擴大自己經營的空間。但是，若企業經營的情況是在利潤低的時候，廠商之間的期票往來期限，即可能縮短，以達到安全快速的掌握微薄利潤的時機。

2.週轉空間與跳票風險

理論上來講，期票的票期愈長，中小企業所能得到的延遲支付時間愈長，資本運用及迴旋的空間也愈大。這種因票期延長所帶來的信用擴張對於剛創業者，或無資金週轉者，當然是極大的方便。

但不可否認的，越長的期票，也說明了越加沉重的負債比例。假設應付票據是六個月，企業固然可以得到六個月的融資，但應付票據逐月累加到滿六個月，已非一筆小數目，沒有相當獲利能力便很難支付。從我們對於受訪業者追蹤研究，尤其是對於後來經營不善而倒掉的企業之瞭解，發現台灣中小企業之間的期票信貸，事實上是兩面刀。一方面固然提供了中小企業信用的靈活週轉，另一方面，容易延長的期票卻也帶來了潛在的危機，使業者不自覺容易膨脹信用而犯了過度借貸的毛病。T9廠的頭家分析道，剛創業時當然希望往來客戶的期票越長越好，能夠有足夠的空間可以將有限的資金充分利用。但是，經營到後來，發現其實這是一個陷阱。過長的期票，使你不自覺的忽視了對於財務嚴謹的監控，給你一個假象，以為資金很寬鬆。等到回頭一算，幾個月票期下來，實質負債的數額已蠻大的。很多中小企業業主，在經營企業不需要有什麼週轉金，主要得之於期票信貸的便利。然而，若不知節制則容易嚐到苦頭。最好的辦法是等公司逐漸上軌道後，慢慢減少對於長期期票的依賴。而且，反過來能盡量利用期票信貸的好處。

3.延遲支付與預扣利息

對於不是初創業者，期票信貸的重要位置何在？只是純然作為支付工具、貨幣流通的手段，不可能獲得企業的青睞。具體而言，中小企業資本網絡是從期票信貸出發而形成。期票信貸的網絡化提供了中小企業資本再生產有別於生產過程的另一個管道。這個資本再生產的管道亦即上面我們所提到期票信貸的好處。簡單而言，一切流通的孳息奧秘還是來自於應收帳款與應付帳款之間的玄機。在T9廠的調查，我們發現要使得期票信貸能發揮資本再生產的功能，必須一反一般觀念：期票信貸在延遲支付下能使企業資本有高週轉率。這個一般觀念並非全錯，但需要有兩個前提條件才能成立。其

一是，企業有飽滿的單子做，使得週轉成為必要，但公司卻又無資金，是以希望延長期票；其二是，企業剛起步，對於資金的使用沒有投入生產線以外的選擇餘地。如果不是在這二個前提下，期票信貸的使用便須轉個方向，尋找更具資本效益的處分方式。實際的情況可以是，在應收帳款累計大量餘額之下，收取部分現金以規避期票風險。在應付帳款方面，若有充足財力，可以付出即期現金票並扣下高於一般市場放款利率的利息。這無疑是公司最穩當的一種資本再生產管道。之所以沒有風險乃在於這是依附公司經營脈絡的孳息方式，只要企業長存、繼續經營即能不致中輟。這樣對於期票信貸的使用，道理雖簡單但對於某些業者並不一定都能進行，因為他們一直受困於期票延長支付的惡性循環，沒有資本力量可以反向操作。換言之，他們一直受制於期票信貸，而非支配期票信貸。這也是家計經營資本與企業經營資本的一個差別所在。

中小企業期票信貸的運作，似乎說明著強者愈強，弱者愈弱的道理。如同我們在家計經營資本與企業經營資本所看到的資本不同之累積模式與密度，期票信貸也有類似的現象，很容易將使用的人作出區分。因而，資本網絡層級化的現象，在期票信貸依然是存在著。如何使用期票不會被客戶跳票或產生自己跳票的危險，就牽涉到企業經營實力以及透過期票信貸控管財務的複雜問題。任何中小企業要進行高密度的資本累積，沒有期票信貸的幫忙是不可能的。個案調查的T9廠，除了王牌商品所帶來的獲利，不可小看透過應付票據預扣利息所帶來的累加利潤。對企業而言，企業內部王牌商品的生產、企業之間信貸的往來，乃至下一章我們要探討的企業聲望，都是企業可以進行資本累積的資源與空間。但是，無疑的，期票信貸，在其中扮演一個穿針引線的關鍵角色。在王牌商品生產與企業生望的基礎下，期票信貸不但創造了個別企業資本累積的再生

產能力,也形成了整體企業資本的再生產機制,達成社會總資本的累積。

四、小結

76年支票刑罰取消之後,回歸到正常信貸市場的邏輯來運作,期票信貸真正的保障即落實於企業的信用與實力。從光復後,歷經多次票據法之修定,儘管各界人事對於遠期支票的存廢,迭有爭論,可說是愛恨交加。然而,時至今日遠期支票仍然存在。遠期支票的存在,說明了台灣以中小企業為產業主體的事實,更說明了中小企業對於期票信貸依賴之深。我們多少可以說,台灣中小企業所創造的經濟奇蹟,很大一部分是民間自為期票信貸的功勞。

理論來講,剛創業的頭家沒有任何信用資產,在期票信貸網絡裡,應該無法獲致融資的空間。換言之,對剛出道者,與其往來的客戶,站在保護自己的立場,應是給予最長的應收票據,最短的應付票據。如此,新創業者透過期票信貸週轉的空間,幾乎等於零。但事實上,從調查來看,整個發展的現實並不是如此。其原因就在於個人《協力網絡與生活結構》一書所討論的一個重點。當新創業頭家透過一定的社會網絡鑲嵌於生產協力網絡之中,便有因社會網絡轉換而來的社會信用。這種社會信用透過協力網絡的訊息網傳佈,具有部分的徵信效用,所以多少可以轉換成資本信用。加上創業者若有能力妥善利用第八章所談的炫耀性信用,則得到中小廠商往來一般性票期之信貸融通即可實現。如此,我們才能看到期票信貸對於中小企業發展的貢獻。否則,任何初創業的頭家,都被封殺於期票信貸大門外,期票信貸對於中小企業發展之意義也就大為褪色了。我們亦可以說,透過期票信貸,社會給予中小企業「貨幣上的期賄」,期望貨幣能變成資本,企盼社會多了一名創造價值的生

力軍。沒有了期票信貸，能容納創業者的空間將非常有限。

　　台灣經濟的發展是台灣中小企業期票借貸的保障，大量票據的使用說明了經濟的繁榮與活絡。從此可以看出，台灣經濟發展已走上了自為運作的軌道，政治、法律及社會不能侵犯其自主性。企業經營之所以比一般人有更多的孳息獲利管道，透過期票信貸營建的資本網絡，無疑的，是尋常人所不可企及的活水源頭。就因為掌握了期票信貸這個資本網絡，因而台灣中小企業對於底層世俗社會有更大的轉化力量。透過期票信貸，貨幣網絡能夠以最具動態性的生命活躍於台灣底層的經濟生活中，強化了世俗社會的活力。然而，我們亦不可忘了，台灣中小企業之間的期票信貸，事實上是兩面刀。一方面固然提供了中小企業信用的靈活週轉，另一方面，容易延長的期票卻也帶來了潛在的危機，使業者不自覺容易膨脹信用而犯了過度借貸的毛病。所以，無論如何它不能脫離企業資本累積的節奏，期票信貸的幅度要與資本累積的速度與密度相配合，否則它不但無助於資本再生產，甚且有害於資本再生產。是以期票運用之妙，端看企業所處的階層而定。如此，做為經濟權力與社會權力運作交會點的期票，也再度把第六章所討論的階層結構呈顯出來，並昭示著其存在的客觀性與現實性。

第八章
「炫耀性信用」與「資本信用」

　　王牌商品、信貸往來，從企業本身之內的經營機制與企業之外的貨幣網絡，說明了家計經營資本與企業經營資本，在中小企業資本累積的不同層次與意義。本章則再更深入企業立足的社會，從企業的社會脈絡說明中小企業資本累積的一些生活邏輯。就我們的調查與觀察來看，企業累積資本的邏輯固然要遵循著前述之經濟規則，然而，卻無法不照顧到社會規則。這主要在於，企業資本的累積是在一定的資本關係中才能進行，而資本關係又是一定社會關係的反應與投射。在這裡我們可以看到，對企業在資本關係中進行資本累積會有影響的重要社會因素是「企業聲望」。簡言之，「企業聲望」可以說是企業的一種資本，或是企業資本再生產必要的前提條件。一個公司的「企業聲望」，不一定要透過企業本身純經濟上的投資獲得，它可以從回饋社會的公益投資得到。是以，大企業常常可以藉由公益活動獲取一定的社會資本，以社會資本提高企業的聲望並轉換成經濟資本。然而，對於剛剛開始發展，可能還在生存邊緣掙扎的中小企業，要像大企業一般作為可以說是力有未逮。因而，中小企業無法像大企業能以其完善的社會形象享受企業聲望所帶來的經營好處與便利。中小企業要面對的是從無到有的企業聲望建構問題，而不是如何善用其企業聲望問題。

　　對中小企業而言，企業聲望的建構是一個複雜的企業求生存過

程。很多小型企業的存活生命不超過五年，則企業聲望對他們如同水中月、霧中花，看得到摸不著，沒有太大的意義。但是，企業歷經一番堅苦的搏鬥，凡是能生存下來的，企業聲望便是現實的東西，對諸多受訪的中小企業，我們看到很多受惠於其建立之企業聲望，而能集攏一批優秀的人才，不斷提升企業經營的層次並改善其體質，對未來充滿信心。企業聲望對他們可說是自為又是自覺的建構過程。然而，總體來看，台灣生產協力網絡已成結構化的模式，則任何想創業者首先便需要面對這個網絡既存勢力的排擠與挑戰。我們在此關心的是，要想切入這個協力網絡的新創業者，其跨出第一步的空間在那裡？他能以什麼樣的策略爭取到這個空間？如果我們想要從企業的社會脈絡瞭解中小企業資本累積的生活邏輯，這無疑的是一個極具策略性的重要問題。從這個角度，我們來探討隱藏在中小企業資本關係內部深處的「炫耀性信用」與「資本信用」[1]。

一、「炫耀性信用」之意義

台灣中小企業在資本運作上，長期處在「炫耀性信用」與「資本信用」交替使用的情境中。對於中小企業，尤其是剛起步創業的中小企業而言，「資本信用」尚付之闕如，或不足以成氣候時，如何善用「炫耀性信用」獲得企業經營上的「社會善意空間」，厚實接單的籌碼，以及從客戶的往來中得到有利期票的設定，即是一個大的課題。所謂「炫耀性信用」，是透過話語或象徵物的表態而達成一種擬資本力的效用，以獲取社會性的認同。所以，「炫耀性信

---

1 本章所使用的基本分析素材，與第六章、第七章相同，主軸來自於個人對於T9廠的長期個案觀察與記錄的資料，再輔助以東海大學「東亞社會經濟研究中心」264家台灣企業的深度訪問資料。文中敘述不再細部交代出處。

用」是一種「社會信用」，而非經濟性的「資本信用」。「炫耀性信用」對創業伊始企業主之所以重要，乃在於透過它的運作，可以在身處的行業協力網絡中，創造對自己利多的氣氛，營造好的經營形像，使協力組合中的業者不怕與自己做生意。所以，「炫耀性信用」是一種催化劑，催化出有利於業者企業經營的客戶網及人脈。

系統而論，形成炫耀性信用在企業經營上的普遍意識，主要來自於中小企業本身經營上的特質。換言之，可以說中小企業固有的結構形成了其資本網絡運作上的這些特色。而中小企業企業聲望的營造，需來自於炫耀性信用與資本信用的交互作用，其道理也在這個結構本身。從這個基點出發，我們即可說明形成炫耀性信用的幾個原因。

1.財務的私密化

中小企業財務結構的私密化，也是使得企業間炫耀性信用成為必要的一個結構因素。一般而言，由於中小企業普遍運用兩本帳制，消解掉財務的透明性而走向私密化，是以，廠商往來彼此之間的財務底細並不容易摸清楚。個案研究的T9廠頭家提到一個事例可以說明這個現象。一家與T9廠有往來的小型原料廠商，專賣液鹼和雙氧水等助劑，最近被二家染整廠倒了八千萬。從它公司經營的營業規模及資產來看，怎麼都看不出他有那麼多的財產。這種私密化的財務結構，使得廠商之間的往來不得不注重外顯的資產(如土地、廠房及名貴驕車)做為信用評估的依據。這使得剛創業者特別艱辛，在沒有豐厚的資產下，要透過各種手段營造炫耀性信用。

2.員工的心態與信心

沒有足夠的企業聲望，以攏絡員工的向心力及培植員工對公司的信心，可說是中小企業，尤其是家庭工廠及小型工廠在面對進一

步發展時的一般性困境。當企業經營不上軌道，一個家庭工廠，或小型工業社的頭家，其所得與員工的差距不大時，員工私底下甚至不一定看得起頭家。T9廠剛改組的階段，即面臨了這樣的困境。簡陋的工廠、頭家住於二樓倉庫改建的臨時宿舍，開的也不是能代表身分的名貴汽車。員工暗地質疑公司發展的能力。所以，中小企業頭家之所以要用名貴的驕車，如賓士、寶馬等具有炫耀性作用的車種，實不無企圖對內部員工及對外面客戶建立起炫耀性信用的動機。

3.新舊廠之間的不平等交換

一個剛創業者與有相當基礎的企業之間的交易是一種不平等的交換關係。從訪談中發現，剛開始創業的企業都倍嚐艱辛，其中一個相當大的原因是，初踏入市場即意味著是上游廠商及來往客戶剝削的最好對象。這從新創廠商剛開始營業的折讓始終偏高可以看得出來。T9廠是一個典型的例子，78年剛改組重新營業時，折讓常常高達28%。說明了往來客戶利用各種名目加以壓榨剝削其應有的利潤。對這種企業創始期所要面對的不平等交易，頭家能因應的是，透過炫耀性信用的營造，逐漸確立可以進行資本累積的機會，以進一步建立可以平等討價還價的橋頭堡。

4.跟著市場走的策略

誠如T9廠業主指出的，企業的生產量沒有大到足以壟斷市場的地步，都需要包裝自己。虛張聲勢、塑造形象、臉上貼金，這些炫耀性的話語和動作還是需要。一個差別是，當你企業經營得夠好時，這些話別人會替你講。事實上，中小企業之所以為中小企業，即是它的生產量不足以壟斷市場。跟著大廠所創造出來的規格走，是最省錢省力的一種經營策略。但是，光要跟隨這個規格走並非容

易，想要佔有一定市場利潤的大有人在。剛創業的中小企業主想要有一個放手一搏的機會，便需要走對門戶跟對人。在這時候，能利用炫耀性信用，使得往來廠商與客戶比較願意給你開遠期支票，毋寧是提高自己在同行之間競爭力最實惠的做法。

不可否認的，「炫耀性信用」的存在，說明了企業聲望具有可計算性的特質。身在企業生活結構中的頭家們，知道如何去估算往來客戶與廠商的分量。所以，炫耀性信用只能作為中小企業資本累積之外部條件，而非內部條件。炫耀性信用與企業體在協力網絡位階上之關係，透顯出企業剛開始發展的不成熟與缺乏信心。企業之所以要借助炫耀性信用，主要在於企業體質仍是軟弱的，資本信用尚未到位。一旦企業能透過資本信用建立企業聲望，炫耀性信用才能功成身退，等待下一波針對新的資本網絡之出擊，才再與資本信用並肩出現。

二、炫耀性信用與資本信用之相互為用

炫耀性信用之所以重要，不是其孤立於企業經營的資本網絡中，而是與資本信用成雙成對的資本網絡的佈建起作用。從此角度看來，炫耀性信用的真正效用是因為背後有資本信用準備著發揮其影響力。在此，資本信用是一個一般性的概念，指由真實財貨形成的交易憑證，是一種經濟上貨幣力量的延伸。既然炫耀性信用與資本信用如同王牌商品及信貸往來，都是中小企業資本累積的管道。我們要探討的重點，便不只是它們單獨的作用，更重要的是在於它們彼此相對位置所產生的壓力。炫耀性信用與資本信用之間的距離所產生的壓力，來自於語言上的期賄與行動上的踐履之間的緊張，跨越這一步的困難與成就，即如同從家計經營資本走向企業經營資本。

　　你要讓人家看得起你，那你就要有一定的資本信用。就短期而言，炫耀性信用具有營造一定企業聲望的效果，然而長期來看，資本信用可說是企業聲望真正的支柱。在個案研究T9廠時我們發現這樣的情況。同樣的胚布，T9廠頭家可以用一碼24元買到，另一個TT廠小頭家卻要用一碼28元才可以買到。織布廠之所以願意賣T9廠這個面子，其中道理很簡單，就是T9廠頭家已建立了一定的企業聲望，具備了初步的資本信用，四元的價差即是資本信用的價值。織布廠樂意以這樣的價位賣給T9廠是因為，一來雙方早已有往來彼此熟識，網絡早已搭建完備，二來T9廠的公司土地、廠房等資產他們看得到可以放心。這樣的資本信用，可以說是企業長期經營所累積的財產與網絡共同發酵的結果。企業的經營最重要的即是商機的掌握，而掌握商機就是要把握時機，時間的差距就是金錢。對企業來說，沒有商業網絡也就無法掌握商機與時機所帶來的利潤。我們以另一個例子說明這點。TS廠是中部一間小型的紡織廠，因為北部沒有商業網絡，所以也就不知道半年前一碼38元的胚布在北部的市場上已漲到一碼45元。囤積的胚布苦於出售無門，因此，求助於T9廠頭家，T9廠頭家以一碼41元幫他賣掉。一方面助朋友一臂之力，並利用他的網絡替朋友賺取更多的利潤，另一方面利用這個機會，以低於北部市場一般單價賣出胚布，受到需求廠商的歡迎，再度增強其資本信用及企業聲望。同樣的，能進行這樣的買賣也說明了你的商譽（企業聲望）及實力（資本及網絡）都達到了一定的程度。

　　然而，也並不是說，企業有了資本信用，炫耀性信用就完全無用。事實上，當企業還不到大企業或企業集團的規模，具有社會最響亮的企業聲望時，企業便一直處在炫耀性信用與資本信用的相對需求情境。以一個家庭工廠而言，它若要擠入小型工廠或中小型工廠的行列及層次作生意，炫耀性信用仍然需要。一旦你從家庭工廠

變成小型廠或中小型廠，則對底下的家庭工廠你已擁有資本信用，對上面的中型廠或大型廠而言，要作生意，則炫耀性信用還是必須運用。或者某些中小型廠乃至中型廠想要開拓一個新的王牌商品網絡，則相對於這條新的網絡之經營，炫耀性信用仍然有其需要。以T9廠爲例，我們可以大致將其公司發展分成四個階段以資說明。從76年11月創立至78年5月公司改組爲第一階段；78年到79年王牌商品開始生產前爲第二階段；79年第一個王牌商品開始（牛仔布）到82年新建廠完畢，爲第三階段；新建廠之後爲第四階段。第一、二階段公司草創初期，一切正在起步，無任何資本信用，慘淡經營，靠各種可能的場合營造炫耀性信用，以獲取工作機會。第三階段屬快速資本累積期，已有初步之資本信用，但不同王牌商品網絡正在開拓，炫耀性信用仍然需要。到第四階段，可說炫耀性信用減至最低，資本信用變成公司對外的主要戲牌。

仔細分析，在T9廠的第一個階段，因爲有一個強而有力的合夥股東，在業務的開展與期票的往來，由於有這個大股東的參與和背書，尚不至於產生太大的困難與問題。雖然客戶收帳的刁難與折讓的不合理比例，所在多有，但不影響公司的生存與發展。這個階段，實際上是寄生在入股之大股東既有的業務網絡與資本網絡的脈絡中，所以對T9廠頭家而言，炫耀性信用與資本信用的問題並不真正存在，他所要專心的只是廠內之技術生產層面的問題。

到了第二階段的開始，也就是於78年5月入股之大股東提出拆夥或關廠結束營業的要求。T9廠頭家咬著牙根接受分股並重組公司，整個局面便完全不同。少了原來大股東的支持，市場情境丕變，所有的問題紛至而來，T9廠頭家開始要逐一面對業務網絡與資本網絡的問題。炫耀性信用與資本信用的思考漸漸浮上抬面。在股

份權利金的轉讓與收帳這個棘手問題之外[2]，業務網絡與資本網絡的開擴變成是迫切問題。T9廠頭家提到，這個時候，爲了爭取客戶，常常身上帶著數十萬上台北準備宴請客戶，拉定單，就是沒有人願意給你請。以當時公司的外在形象，租一千五百坪地所蓋的簡陋廠房，再加上棉紡染整的機器價值不高，工廠既無足以服人的資產，外人亦無從了解公司真正的實力，可說是坐困愁城。這個階段無任何資本信用可言，能依賴的即是靠T9廠頭家，在中部所累積的商業歷史、網絡及人脈的知識，找中部起家的北部中大型紡織貿易商及製造商[3]，下手營造炫耀性信用，獲取可能的定單。

第三階段情況開始改觀。經過初階的努力，T9廠王牌商品逐漸掌握，並能夠很迅速的銜接，資本累積開始上軌道。顯見第二階段炫耀性信用發揮一定的前導作用，打下資本信用的發展基礎。企業發展到具有一定的實力階段，開始可以跟上面的中型廠平起平坐，討價還價，資本信用慢慢發揮社會效用，企業聲望在業界逐漸浮雕出來。T9廠頭家不再有口袋裝著十來萬想請客，沒有人願意賞臉的窘境，而是與客戶可以稱兄道弟，需要的時候，呼朋引友不怕對方不賞光。營建炫耀性信用需要的頻率遞減，做生意慢慢以資本信用爲主軸。在這個階段，商業網絡明顯加大，台灣南部的客戶自動找上門來，企業聲望變成是一種實在可以觸摸得到的資產。

到了第四階段新建廠之後，一切局面更徹底改觀。近二億的土地與廠房資產，外人可以輕易估算出來。資本信用的力量昭然若揭，對諸多小廠而言，T9廠反而是他們可打的牌，變成建立自己炫耀性信用的籌碼。事實上，對T9廠而言，因不景氣及市場的變動，

---

2 收帳問題，參考本書第七章。
3 因爲T9廠頭家本身也是中部人，有地緣上的連帶作用，所以找中部上台北打天下的企業主，希望能借由地緣之助搭上網絡。

這個階段的獲利反而不如第三階段的前半段。兩相比較,我們無法說社會是盲目的,而毋寧更體會到一種炫耀性信用與資本信用所反應出來的社會結構力量。獲利多少雖然牽涉到企業存續的命脈,卻是如人飲水、冷暖自知。而土地與廠房外顯於外,本來就是種不需話語言詮的炫耀性信用。所以,我們可以這樣說,資本信用是最堅實精緻的一種炫耀性信用,而炫耀性信用則是資本信用的外延。炫耀性信用與資本信用之所以時常處於相對需求的情境,主要在於隨著企業發展階段的不同,這兩種信用的動態關係也因此而異。舉例而言,並非到了大企業層次,炫耀性信用完全沒有意義。在我來看來只是炫耀性信用在企業經營的位置與功能轉換了形式。譬如,以商品廣告來說,可以看成是大企業利用炫耀性信用最具社會化的表達方式。只是到了這種層次的炫耀性信用,一定要有資本信用作支援方為可能。

吹噓自己的企業多麼賺錢,這是企業經營早期不得不使用的虛張聲勢策略,等確立了基礎,企業經營的後期便要內斂。從調查中發現,炫耀性信用與資本信用這種相對性的存在結構,是中小企業累積資本的一套社會技藝,是中小企業協力網絡生活結構的一種深刻反應。沒有在經濟協力網絡生活圈討生活的人,或許很難理解炫耀如何能形成信用?一方面自我膨脹、夸夸其談;另一方面卻又默默的吃三碗公牛,這都是世俗人的世俗行為,不成禮儀卻都是生命。台灣中小企業在貨幣的壓力下,打造了不畏世俗現實的身段,恰好解開了傳統以來君子不可喻於利的束縛。炫耀性信用與資本信用,也剛好指出了喻於利的不同層次。現在問題是,如何判別它們與資本網絡建構的關係?以及產生這個關係的機制?

三、炫耀性信用與資本網絡

炫耀性信用對於中小企業之所以重要，講穿了無非是掌握商機的一種策略。或是給予創業者在無任何企業聲望的前提下，求得既存之協力網絡容許其嘗試的機會。因而，炫耀性信用的營造是使創業者，能否切入原已存在之商業網絡的一個觸媒劑。換言之，炫耀性信用是啓動資本網絡進行建構的介面卡。然而，炫耀性信用如何啓動資本網絡建構工作呢？其關鍵在於炫耀要成信用並非是一種無聊的吹噓，或盲目的膨脹自己所能幸得，而是經過一番企業生涯的歷練之後，能夠隨著情境需求，將經歷過的各種人事時地物，天衣無縫的組織起來形成一個有效的話語，以博得生意交往對手的賞識與親密感。進行這樣的話語工程，需要有底下幾方面的實力。

1.對所從事商業活動歷史的熟悉

以T9廠頭家爲例，他雖在北部創業，卻生長於中部海線早期紡織生產的集散地。從小在布匹、紗支堆裡長大，年少之際曾夥同朋友做過布紗買賣，對於中部海線一帶紡織業盛衰過程的歷史，可說是耳濡目染、了然於胸。成長過程所接觸的這些紡織的歷史故事與軌跡，當初也沒有意識到會有什麼作用，但這些故事與陳跡既是生活的一部分，很自然就記下來。想不到事過二十年之後，這些記在腦子裡的歷史，卻變成自己創業的資產。跟來自中部和美及海線一帶，在北部做生意的中大型紡織廠頭家(T9廠第一、二個王牌商品生產的二個主要客戶)可以輕易打開話匣子，產生親近感，這是往下形成業務交易的基礎。是以，T9廠頭家說道：「把過去的歷史敘述一遍，也是一種商機」。

2.對既存商業網絡的瞭如指掌

既然對於某個與自己成長閱歷相關的區域歷史或產業史相當熟悉，自然對於所存之商業網絡也不陌生，這是直接關乎企業開擴資

本網絡的可貴訊息資產。商業活動一旦擁有了自己的歷史，必然已成網絡化的發展。海線及和美一帶，可說是台灣早期紡織發展的集散地，「和美織仔」更是名聞遐邇。這一帶的紡織發展既久，便有複雜的生意網絡佈建出來，頭家及頭家、廠和廠、公司與公司之間的人脈關係及資本關係，並非外人所可一眼看透。除非是圈內人，又有一定宏觀認識視野的人，才能把整個利益叢結的網絡圖像搞清楚。T9廠頭家對於海線和美一帶紡織業的認識，即具備了這樣的能耐。直到後來上北部創業，他對於中部一帶紡織網絡的瞭解依然相當深入，這就使得他能將北部及中部兩個地區的紡織網絡連在一起、接上線。不但有助於其初創業時業務之開擴，營造出炫耀性信用的效果。更能夠將這些網絡資源轉化成各種胚布及紗支買賣的商機。

3.對重要商場人物鉅細靡遺的認識

　　對於商業歷史及網絡的認識，離開不了人。每個地區或某個產業別的發展，總有一些企業克力斯瑪（charisma）型的人物[4]，帶領一時的風騷。因而，就商場而言，對人的認識可以變成一門大學問，就想要搭上線的重要人物，投其所好是成功的前提。然而，如何投其所好？這便牽涉到對其個人之起居、作息、嗜好及個性的全面瞭解。T9廠頭家在中部的成長經驗，便有機會跟中部幾個早期領導人物作深入的接觸。T9廠頭家自述，在其少年成長的階段，剛好這些老一輩的紡織界領導人物已屆退休之齡，他們對於自己過去光榮的歷史，充滿緬懷之情，樂意陳述過去的人事，某個公司有多少人合夥，後來又為了什麼拆夥，有那些人退出。這個工廠是怎麼做起來

4　克力斯瑪（charisma）型的人物的意義，參考韋伯在《支配的類型》一書內的界定與討論。

的，收掉以後又成立了那個廠。這些林林總總的事件，扣住這個陳述的核心人物起伏而變得有生命。對T9廠頭家來說，不但借此深入瞭解了中部紡織業的人脈，對於這些曾經叱吒風雲，為眾人矚目的企業前輩更有一分深刻的認識。在往後北部創業的歷程，T9廠頭家，常常因為對於台灣早期紡織業前輩的深入認識，而能夠掌握一個核心的話題人物，去串聯起現在仍然在活動著的人脈網絡。這無疑的是能建立炫耀性信用很重要的立足點。

4.對自己社會與經濟資源的有效宣傳

炫耀性信用要敲開資本網絡的窄門，除了前述對於相關之商業歷史、網絡及人脈的儲備之外，還需動用自己社會與經濟資源的言語擴張效用。一方面你的獲利實況不能曝光，否則引來同業之間或上下游協力廠彼此複雜的猜忌，實在得不償失；另一方面，卻又不能予人一無所有的印象，如此很難建立商業上的信用，企業發展空間即有限。因此，如何在往來廠商之間建立對自己的信心，是當務之急。就T9廠頭家而言，僅管具備了對既存商業歷史、網絡及人脈的資源，然而，重要的是自己有什麼資本力量足以取信於人。這種信用在中小企業普遍以期票往來的環境中，尤其重要。在這樣的情境下，T9廠頭家便需要對自己所擁有的資產適度的膨脹以獲取擬資本效益。譬如，他會宣稱自己的企業，有那些海線一帶與自己有宗親連帶之誼的有名企業支持，自己其它投資的企業又是怎樣的成功，這種借用打別人的牌以提高自己身價的做法，於別人並無損失，對自己卻能某種程度增強客戶對你的信任。炫耀性信用在前述三個條件的烘托之下，直到這一個要點，才真正將其效用表露無遺，達成營建這個信用的目的。

從企業發展的生活結構來看，資本網絡並不是對每一個人開放的。對於從事企業已成生活重心的人，尋找商機即是尋找潛在的各

種商業網絡，如此，炫耀性信用便是一種習慣性的日常生活言行
[5]，與資本信用的建構是不能分開的社會行動。個案調查的T9廠頭
家提到，他經驗到許多中部做布紗買賣及製造的小頭家，常常跟他
炫耀與某大廠人員多麼熟絡，藉此提高與你較量的地位與重要性。
他觀察指出，從小廠對大廠的逢迎與巴結，可以看出炫耀性信用一
個很重要的功能即是希望與你認為有重要商機的大廠重要人員，建
立起關係。這些小頭家，用盡各種辦法與大廠的經理搭上線，目的
是希望透過大廠提供的資源（如賣紗、胚布或給予大廠不作的後段
代工工作）把握商機。反過來，大廠經理在公司授權的合理範圍內
與小廠連線，他也能得到好處。當他揀選某一個小廠來搭配工作，
譬如帶給小廠頭家一個月六十萬的收入，小廠頭家也必須回饋個
一、二十萬，以保有這條網絡，否則下回生意可能就做不到了。大
廠經理也不常在公司給的彈性範圍內底線賣出，他偶而也會以上線
賣出。挑個高價錢賣給他看不起的小頭家，以平衡公司的利潤。是
以，炫耀性信用在小企業自覺與不自覺的經濟行動中處處露出馬
腳，正足以說明其資本信用力有未逮之處。

　　如此，回到第六章對於家計經營資本與企業經營資本的討論，
我們從炫耀性信用再度看到資本關係反應出前述之階層化的現象。
不可否認的，炫耀性信用如果一直是企業追求資本網絡的主要形
態，恰恰說明了這個企業一直停留在資本網絡的底下層級。以第二
節所述T9廠為例，我們看到其在發展的一、二階段與第三、四階
段，炫耀性信用對他們有很不一樣的意義。炫耀性信用這種「話語

5　這裡所指的企業主習慣的生活言行，可借用P. Bourdieu "Habitus"
　　（生存心態）及"Practice"（日常生活言行）兩個概念來理解。請參考
　　Bourdieu, *Outline of Theory of Practice*; *The Logic of Practice*;
　　Distinction: A Social Critique of the Judgement of Taste 這幾本書。也
　　可參考N.Elias(1991)的使用方式。

的力量」由強而弱，資本信用這種「資本的力量」由弱而強，說明了T9廠在其行業的地位、於整個業界資本網絡的層級，在往上躍升。炫耀性信用與資本信用整合來看，是一種社會性的架構。一個想創業的小頭家，在創業的過程中尚無法掌握硬性資本網絡時，惟有從炫耀性信用這種軟性的社會網絡下手，或許還有機會銜接上硬性的資本網絡。從炫耀性信用與資本信用的分析架構，我們可以看到社會的長時段結構如何透過經濟網絡不斷結構化。而對任何新加入者，這個舊有的結構既是開放又封閉，既是方便也是挑戰。因而，從這個架構來看，一個想創業的頭家，對於自己生涯的歷史與經驗，到底是資源還是垃圾即有一個客觀的評斷判準。

炫耀性信用既是一個指標，而且不只是一個經濟性的指標，也是一個社會性的指標，多少說明了台灣中小企業從經濟與社會兩個層面建構了一個世俗社會的階層結構。布勞岱說的對：

> 可見，關於社會地位的變動以及人們面對金錢、出身、頭銜或權力的誘惑時所採取的態度，沒有什麼特殊規律可循。從這個角度看，各種社會沒有相同的年齡，沒有相同的等級制，尤其沒有相同的心態（Fernand Braudel, 1986a: 488; 1993a: 536）。

台灣中小企業所發展出來的工商世俗社會，其等級制當然有其特色，我們在本書最後一章會加以討論。在這裡，要指出的是，炫耀性信用建構的社會基礎是藉著名實之間的距離尚未爲社會測量精確之前，利用其獲致企業資本週轉的空間，以便縮小名實之間的距離，使企業能走向炫耀性信用與資本信用的合一。所以炫耀性信用是一種藏拙揚善的邏輯，是在事實與假象之間的社會運作竅門。誠如T9廠頭家指出的，炫耀性信用是企業生活的一個「引話」，企求創業有一個好的開始。在既有人脈與網絡的催化下，達成一種「語

言上的期賄」：吸引人家感知到一種利多的機會，營造好的認知形像，不怕我們，喜歡與我們做生意。是以，中小企業從炫耀性信用所反應出來的社會現象，實在濃縮著相當成分的文化質素。傳統中國文化教養與文人知識，如果與生活做個比較，確實隱藏著太多「語言上的期賄」[6]，這不是當下中小企業炫耀性信用的基本精神嗎？

可貴的是，中小企業炫耀性信用這種「語言上的期賄」並不是蹈空的一種社會邏輯，炫耀性信用這種「語言上的期賄」終究要受到資本信用的檢證。否則企業就只能一直浮沉於資本網絡的最低階層，或者永遠停留於家計經營資本的形態，而無法走向企業經營資本。炫耀性信用一旦敲開資本網絡的窄門，資本信用便要接手，否則無法擴大網絡的範圍。從T9廠的個案調查可以看出，網絡越多，人家便看你越行，越喜歡與你靠攏。企業聲望如同社會聲望是累加的，不可能一蹴可及。炫耀性信用到資本信用的轉換過程，即是企業資本網絡的累加過程。在這裡，我們會看到企業聲望與社會聲望都是一種長時段的社會現實。台南幫的企業聲望，從1927年侯雨利創「新復興布行」至今歷經68個年頭（謝國興，1994：67）。而T9廠也奮鬥了近八年，才逐步擺脫資本信用的困境。中小企業的資本網絡，在炫耀性信用與資本信用的共同作用下，前者是對於過去生涯的再建構，後者是對於未來立足點的深耕廣掘，表面上這是一種經濟努力的過程，實際上是一種自己歷史脈絡與社會脈絡的建構過程。網絡越多越富有，說明了台灣經濟的發展，開始有了歷史的縱深與社會的縱深，這些都具體的反應在工商世俗社會的階層結構上。

---

6 「語言上的期賄」可以重新解釋一些傳統以來的文化現象，值得我們進一步深入探討。

四、小結

炫耀性信用與資本信用，是中國人作生意上的一套技藝，總體的性格說明了一種文化的意涵。企業經營中來自於資本關係對於人的磨練，說明了這是中國人社會資本獨特的生產與再生產方式。在台灣中小企業我們看到世俗社會中，如何可能有一個活潑而富有生機的社會資本與經濟資本互為生成的生活結構。這一點我們在地方金融的關係資本、世俗信用看得到，在中小企業炫耀性信用與資本信用的運用裡，亦能見其真章。只不過是炫耀性的生活實在，更能牽動著人類一些基本又共通性的欲求。布勞岱說的好：

> 簡單說來，存在著兩種生活方式，兩種作風：不是闊氣，便是節儉，二者必居其一。凡在金錢社會尚未建立的地方，統治階級勢必照舊講奢侈，擺排場，因為它不能過份指望金錢的暗中支持。炫耀既成風氣，當然無孔不入，到處泛濫。凡在人們有時間和有興趣根據某個細節（穿衣、吃飯、自薦、講話）互相觀察、衡量和比較並進而確定各自身份的地方，就不可能絕對排斥自我表現。即使商業城市也並不把這種生活方式拒之門外。但如果城門開得太大，商業城市在經濟和社會方面就會出現困難和混亂（Fernand Braudel, 1986a: 491; 1993a: 540）。

台灣社會既已走上工商世俗社會的類型，炫耀風氣也就難免隨財富而起舞，不從道德觀照，這毋寧也說明了一種世俗的華麗和生命力。

從中小企業自為貨幣網絡整體來看，王牌商品、信貸往來及企業聲望三者構成了台灣中小企業資本累積上的不同層次。在企業本身、企業與企業之間、企業與社會三個互相扣聯的環節，構成了企

業資本運動的不同速率與密度，終究慢慢把一個資本累積的金字塔
結構營造出來。歷經四十年的發展，時至今日，台灣企業資本的運
作不但逐漸網絡化，而且也進一步結構化了。從中小企業之家計經
營資本及企業經營資本的角度來看，資本關係之網絡化及結構化，
最主要的結果是資本累積呈顯出階層結構的特色。階層結構既是自
爲的，也就能彰顯其世俗性格，中小企業之活潑與動態的各種資本
創造成果 [7]，也就有收束及累積的骨架。這是中小企業對於台灣發
展的主要社會貢獻，也是工商世俗社會得以從農業世俗社會轉化出
來的關鍵所在。台灣中小企業經濟階層的發展，從歷史的視野來
看，亦指出了傳統中國文明接引到台灣之後，老幹新枝，有了新的
可能，這昭示著中國文明的生生不息與有容乃大。

---

7 在此所用個種資本的概念，可參考P. Bourdieu(1986)有關資本及經
　濟資本、社會資本、文化資本及象徵資本的界定。

第三篇

經濟網絡
與
生活結構

　　團體社會及階層社會的開展意味著社會真正多元化的開展。
《貨幣網絡與生活結構》主要是提出台灣團體社會形成與階層社
會形成的發展意義。在此點上，中西社會與文明的發展，有十足
可以互相借鏡之處。從韋伯整個理論系統來看，「團體社會」這
是近代西方社會發展的大問題，牽涉的可以說是西方命運之框架
的問題。從布勞岱觀點而言，「階層社會」的問題，相對於團體
社會，階層社會的概念是中西文明可以互相借鑑的另一個核心
點。若說知識建構的最終限制是社會，其最好的策略則是有超越
當下社會觀察的可能。是以，在討論台灣乃至中國社會結構問題
時，若要不受限於台灣及中國社會發展型態本身的限制，與西方
社會發展型態的比較始終是必要的。而這種中西社會發展的同時
觀照，在今日傳媒及通訊交通結構的改變下，已是技術上可能。
「團體社會」與「階層社會」在本書的討論之所以是重點，不是
做爲一個理論概念建構提出，而是在活潑嘈雜的世俗世界發現了
它的存在，以及這個存在已然重構了我們生活中的世俗社會。因
而，人情關係的問題，若有社會實踐上及知識探討上的積極性，
乃在於其與世俗社會中團體與階層結構的形成有相互符應的關
係，並型塑了台灣社會獨特的團體及階層結構面貌。在此，回到
根本點上，我們將會看到，生活結構意味著團體社會及階層社會
形成的搖籃，而貨幣網絡則意味著這隻推動搖籃的手。

　　社會在發牌，在控制累積的關鍵部門，在形成不同的利益所
得，所以團體也跟著不斷再分裂，再重組。地方金融說明團體化
是一種社會資本與經濟資本積累的制高點；一般民間的標會，則
指出了團體化是將社會網絡轉換成貨幣網絡的有效機制；中小企
業的協力網及貨幣網，則將地方金融與標會的貨幣網絡予以客觀
化、具體化。如此，在第一篇及第二篇所看到的團體化及階層化

現象就有動態發展的可能，這就是本篇最後討論「再團體化」的意涵。社會的再團體化提供經濟團體行動的基礎，使得傳統農業世俗社會得以轉換成工商世俗社會。這個轉換本身，具有歷史及社會雙重意涵，在本書的最後章節，我們希望能將這雙重意涵勾勒出來。貨幣網絡與生活結構的討論，慢慢使我們能夠掌握到觀照台灣文明及社會發展的架構，這毋寧是對於研究者本身最大的啓發與鼓舞，使我們有勇氣繼續往下的知識探索。

第九章
台灣地方金融的再團體化與
社會之再團體化

從前面幾章關於地方金融、標會及中小企業貨幣網絡的討論，團體化一直是個重點。本章則在理論的視野，對團體化問題再做一些思考。從台灣地方金融、標會及中小企業所看到的團體化現象，引發出來我們對於「再團體化」（regrouping）現象的思考。團體化與「再」團體化，一字之差卻有些新東西值得我們注意。再團體化之再字，表明著台灣社會的開放性與動態性。原來在一定血緣與地緣連帶下之人的組合與構成，不可避免的以家族團體爲社會團體之最佳典範。家族團體與擴大的宗族團體，在血緣基礎上構成了最穩固的自然團體。所以，血緣在中國社會的屬性，具有一定的社會分類功能與意義。韋伯之強調中國社會由血緣構成的家族連帶，沒有爲宗教打破的重要性，實在因爲這一基點是形成中西社會不同形態的關鍵所在。隨著台灣經濟及工業化的發展，傳統家族團體是否有所轉型？從我們對於台灣企業的長期調查來看，家族團體仍然存在，並且發揮著它能貼近時代需求的積極效果，具體例子，從台灣及香港家族企業的發展可以看出來[1]。然而，社會要因應經濟的發

---

1 有關香港家族企業部分，可參考「東亞社會經濟研究中心」有關香港的訪問記錄。

展，若完全以家族團體爲骨幹，事實上有其困難，因爲經濟發展所需的組織形態不是家族團體所能滿足，這是韋伯爲何要談西方合理勞動組織的原因，並且將合理勞動組織看成是現代資本主義發展的核心（韋伯，1983、1991；Weber, 1988）。因爲資本主義的發展需要新的組織形式。

家族團體，既不能排斥，而且有其積極意義和貢獻，社會又要能因應新的經濟需求，找出它需要的組織架構，這兩者之間如何取得平衡？在這個根本問題上，是我們談論「擬似家族團體連帶」的意義所在。台灣社會的工業化發展，不可避免的要重新面對人的組合與構成問題，這是工業生產組織形成的社會基礎。家族團體當然可以採用，但是不可能以此邏輯擴散到整個社會，以及生產組織架構上。因爲，家族團體勢難避免因血緣連帶而來的社會分類作用，以及因此而延伸的封閉性。經濟發展帶著社會不斷往前進，也就要求社會具有一定的開放性。所以，台灣社會立基在血緣家族團體的老幹上，必要有新枝的發展，才能符應經濟的需求。

在《協力網絡與生活結構》的研究，我們看到了這個新枝，就在於「擬似家族團體連帶」的發展。家族團體一邊發揮它根深蒂固的力量，一邊卻又從自然的血緣連帶解放出來，造就了擬似家族團體的發展，既打破了自然血緣的分類基礎，也就打破了家族團體的封閉性。擬似家族團體，以利益爲團體構成的實質基礎，以擬似血緣連帶爲團體構成的形式基礎。社會的團體發展，不再局限於血緣的格局，社會具有血緣家族團體的穩固性，又有擬似家族團體的開放性，工商經濟需求的組織架構就有因事制宜不斷重組的可能。

在經濟發展所創造的大量利益之下，我們恰恰看到家族團體與「擬似家族團體」的運作邏輯，以最動態的形式展現在我們眼前。各種利益團體與職業團體爭相出現，是最好的說明。因爲擬似家族

團體的利益邏輯既能符應利益團體及職業團體的現實需要,擬似家族情感連帶,又貼切於中國的人際邏輯,擬似家族團體便可以說明台灣社會團體構成的基礎模式。擬似家族團體的開放性,就在於容許了團體可以不斷因應新的利益而重組,再團體化在這個文化脈絡下,也就能不斷更新社會中,人的組合與構成的內容與形式。再團體化的新意,緣之於一反傳統家族團體的穩定性與不變性,而給社會的發展,持續提供團體行動新的主體。這對於一個邁向多元化,工業化、商業化的社會,是不可或缺的行動主體。台灣的動態性,多少取決於再團體化的動態性。所以,本章回到前面第一、二篇所討論的脈絡,以地方金融為例,說明再團體化的具體意義,及其與社會發展的關聯。換言之,我們要問的是,台灣地方金融「再團體化」與世俗社會「再團體化」之間的關聯性。

一、團體化與再團體化

再簡要回顧第一篇所討論的內容,我們認為農會信用部及信合社足以作為探討台灣社會再團體化的策略,其原因有以下幾點:

一、高度社會化的金融組織特質:農會信用部及信合社兩者歷經長久發展,已具有固定之正式組織形式,所以不像一般民間互助會只能流於行動者間非正式的互動。但是,這種正式組織形式又非如一般銀行具備有公司法人的身分,所以其組織日常運作邏輯,與銀行依其公司法人規範運作情形有極大的不同[2]。這種「人」的組織而非「公司」的組織,使得農會信用部及信合社雖作為一種金融機構,卻在組織形式上彰顯出高度社會化的色彩。換言之,由於這

---

2 有關地方金融組織特質的文獻探討很多,可參考黃永仁(1985)、張慶堂(1987、1989)、中華民國信用合作社聯合社(1991a、1991b)、李錫勛(1986)、張遠(1983)。

種組織上的基本特質，使其在制度性結構的安排與運作，無法嚴守
金融本身之運作原則，而容易受到金融邏輯之外的社會生活邏輯所
影響。而在組織的制度性結構與組織中的行動者，兩者之間的互動
形式，也會因爲此種社會化的組織特質，趨向於多元化，這也是我
們比較不能從一般公營銀行看到的現象。然而，對於本文研究主題
而言，這卻是一個重要的關照點。

　　二、高度地方化的空間分布形式：農會信用部及信合社在空間
的分布上，也呈顯出一般公營銀行所無的地方化特色。現行農會信
用部及信合社的經營範圍，前者被局限在鄉鎮，後者給固定於城市
裡，使其金融網絡的經營無法超越鄉鎮縣市作水平式的擴展，只能
垂直式的不斷往下紮根[3]。所以，對於本身立足之鄉鎮或縣市的金
融市場，不斷進行開拓與掌控的工作，便是其生存命脈所繫，因而
使其對地方的連帶迥別於一般公營銀行，而有不斷深化的需要。這
種需要，使得兩者在空間的分布上呈顯出高度地方化的特色。然
而，這種高度地方化的經營特色，其原初發展肇因雖來自於金融市
場經營上的範定，又卻因其組織上高度社會化的基本特質，使其地
理性的地方化發展轉化成非地理性的地方化發展，而具備了我們探
討社會形成最重要的社會空間場域（field of social space）之性格。是
以，農會信用部及信合社這種空間上的「地方化」特質，便形成了
我們研究金融領域之社會特質一個不可忽視的重要資源。

　　三、長期歷史化的時間型塑特質：農會信用部及信合社在台灣
的發展已綿延了八九十年的歷史，這麼長的發展時間使得每個農會
信用部及信合社都有自己的發展歷史[4]。因而，時間對它們來說就

3　有關地方金融經營區域之劃分，可參考曾增材（1984）、蔡秋榮
　　（1989）、段樵（1977）等人之研究。

4　對於台灣信合社長期發展歷史最詳盡的資料當推中華民國信用合作
　　社聯合社編印的《台灣地區信用合作發展史》，其它相關的資料尚

不只是物理性的存在，更是一種社會性的構作，俾使兩者都能走向
獨特之歷史化發展模式。所謂歷史化發展是指因為長時期的發展使
其能在時間催化而成之歷史關係中蛻化出一種社會關係的結構，農
會信用部及信合社運作中透顯出來的地緣與人脈現象，即是這種歷
史關係、社會關係互相型塑而成之結果的最好說明。所以，從將近
一世紀的長時段(long-term)來關照農會信用部及信合社的發展，我
們即能發覺其與一般公管銀行比較之下，有更多機會沉澱及累積社
會網絡，以及利用社會化的組織特質、地方化的空間分布，將這種
社會網絡透過時間的長久醞釀，推往一個具有文化意義的發展方
向，此即結構化人脈網絡及人脈化貨幣網絡之形成。

　　四、趨向結構化的人脈網絡特質：從深度訪談與觀察可以看出
[5]，農會信用部及信合社經營上最重要之存放款業務，一般金融徵信
的法規與流程固然重要，但更重要的是，要如何能夠貼近地方社會
的運作邏輯以確切保障存款的來源與放款的安全？有了後者的保
障，前者在形式上的程序運作即更具有安全效果。是以，就農會信
用部與信合社存放款而言，人脈網絡的掌握，便成為是對其客戶群
存款能力及舉債和還債能力資訊網絡的掌握，有了這個基礎，接著
進行徵信所必要的抵押品及償債能力的評估，便有更穩當的研判基
準。相對而言，一般具有貸款需要的民眾，也可以透過這張人脈網
絡的連帶，取得較大貸款額度的彈性空間。而在企業經營上擁有資

　　有賴建誠(1980)、張逸(1980、1990a、1990b)、隋玠夫(1969)、張
　　雲飛(1986、1990a、1990b、1991a、1991b、1991c)、吳永猛
　　(1987)等人著作可參考。
5　東海大學東亞社會經濟研究中心針對地方金融的深度訪談資料，主
　　要刊登於《社會與經濟》第59期，共有27個訪問個案。人脈經營的
　　重要可以說是大部分受訪對象共有的看法。

產的企業主，往往可以經由這張人脈網絡的掌握，在瀕臨上限額度
的抵押貸款下，再獲得相當額度的信用貸款融資，以作爲企業營運
之使用。從農會信用部及信合社這種存放款業務運作原則來看，人
脈網絡的動員方式是與其「人」之組織特質相呼應的。這種在
「人」的組織上來強化人脈網絡的運作方式，透過貨幣的媒介作
用，長時期的不斷在日常生活中重覆所形成的模式，我們稱之爲結
構化的人脈網絡特質。

　　五、趨向人脈化的貨幣網絡特質：農會信用部及信合社做爲一
金融機構，必有其因存放款所形成的貨幣流通網絡。這個貨幣流通
網絡的開展與推廣，從前面的討論可知，相當程度依賴於人脈網絡
的締建。就網絡的本質而言，貨幣網絡當然不等於人脈網絡。然
而，在農會信用部及信合社長期經營之下，因爲人脈網絡的結構化
發展，會使得貨幣網絡形成具有人脈化的發展特質。換言之，貨幣
流通，在台灣地方社會不只是作爲一種信用工具的象徵符號，在經
濟生活扮演著重要的角色。更重要的是，它同時也是作爲一種人際
間信任工具的象徵符號，在社會生活中起著連帶的作用。是以，農
會信用部及信合社這種貨幣網絡的人脈化，充分說明了台灣社會，
尤其是地方社會，就在其最理性計算的金融運作，隱藏著解讀其社
會特質最重要的密碼[6]。從這個密碼的解讀，我們更能掌握這個社
會形成的機制、動力和類型。

　　台灣農會信用部及信合社，雖作爲一種金融機構，但由於具備
有組織的「社會化」、空間的「地方化」、時間的「歷史化」、人
脈網絡的「結構化」以及貨幣網絡的「人脈化」等五個特質，所以
足資作爲我們探討經濟生活與社會生活連結上最重要的策略點。從

---

6 這方面的問題可參考林寶樹(1985)〈台灣合作史上之地緣與人
　脈〉，以及《社會與經濟》第59期有關地方金融之訪問記錄。

一個整體的角度來看，以上所討論的五種特質，當然是互相生成及影響的。然而，若從一個更基本結構的視野來省察，則「地方化」的空間及「歷史化」的時間，無疑的是型塑農會信用部及信合社「社會化」組織、「結構化」人脈網絡及「人脈化」貨幣網絡最基礎性的條件。從這五個特質來看，地方金融發展的核心在於「人」與「金融」的互動，而非專業金融本身。對於人的發展，也就形成了團體化的發展。然而，團體化的發展並沒有爲地緣及血緣所限制，而走向封閉的家族團體。而是透過擬似家族團體連帶，內向建構成理事會這個利益團體，外向建構成社員整體之社會團體。無論是團體的內向建構與外向建構，都有一定的封閉性及開放性。如此，地方金融的團體化因爲有足夠的歷史生命，我們就能觀照到，在封閉性與開放性的組織過程中，地方金融團體的再團體化過程。

二、地方金融與再團體化（regrouping）

　　長時段與地方性的辯證在農會信用部與信合社的發展，一方面提供我們從社會學探究金融現象的有意義線索；另一方面也從社會化組織、結構化人脈網絡及人脈化貨幣網絡的型塑，看到農會信用部及信合社在台灣各個地方社會扮演著社會「再團體化」的角色。也從這個角度，我們才能夠整體而深入的了解，爲何農會信用部及信合社對於台灣地方社會之經濟、政治、文化都會產生廣泛的影響。農會信用部及信合社對社會之「再團體化」的型塑雖源之於經濟生活的需求，卻會對總體之社會生活產生影響，這就如同台灣的地方派系對於台灣社會之「再團體化」的型構雖來自於政治生活的欲求，其影響也擴散及於一般社會生活[7]。甚至我們可以說「再團

---

7 參考陳介玄〈派系網絡、樁腳網絡及俗民網絡——論台灣地方派系形成之社會意義〉一文。

體化」乃是經濟生活、政治生活及社會生活銜接的一個動態場域，使我們看到社會形成具體而微的顯像。那麼，何謂社會的「再團體化」呢？

就社會學的研究而言，在抽象的社會與單一的個人之間，如何找到一個策略點來說明兩者之間的關聯，一直是重點所在。是以馬克思以「階級」分析社會結構，而韋伯則以「團體」（group）作為其社會的分析單位。從台灣中小製造業的研究中，我們也發現了，對於台灣經濟生活所呈顯出來的社會形態之研究，應以高承恕所稱之為「小團體」，或個人認為之「協力網絡」作為研究的單位[8]。這一點個人在〈從台灣中小企業經濟網絡與社會網絡的同構性論其結構特質〉一文曾指出：

> 協力組合的網絡骨幹雖來自於企業經營實力的經濟階層架
> 構，卻沒有因此形成不同層級企業體及頭家間嚴緊的階級
> 區隔，這主要得力於「協力」的作用。「協力」在網絡組
> 合中所發揮的最重要功能是，它不只提供水平互動的通
> 道，它同時也提供垂直互動的可能性。所以，經濟網絡及
> 社會網絡階層結構的存在，會因協力作用而降低其作為社
> 會區分（social distinction）的功能。在此，我們也看到了，
> 很難用西方的階級觀點來分析台灣社會的一個原因，乃在
> 於經濟網絡及社會網絡這種協力組合的同構性發展，模糊
> 掉了資產階級的屬性（1995c）。

從這裡我們要指出，在台灣底層之社會生活裡，如果連「資產階級」的屬性都無法予以明確辨認，則以階級作為台灣社會形態研

---

8 參考高承恕〈台灣中小企業的社會生活基礎〉一文，及陳介玄《協
力網絡與生活結構：台灣中小企業之社會經濟分析》一書。

究的基本單位，即有待商榷。究其原因，乃在於階級形成在台灣地
方社會生活中之發展有其困難。散處於各鄉鎮的中小企業，透過經
濟上的協力網絡而形成社會性的互動網絡，在形式上即形成了一個
個連帶性密切的小團體。這種在製造業協力網絡互動所形成的小團
體，其運作邏輯是來自於個人所稱之為「情感與利益加權關係」及
「擬似家族團體連帶」的特質[9]，所以它不是西方意義下的利益團
體結社。由以上對於個人在台灣製造業協力網絡之研究心得的重點
概述，我們要說明的一個問題是：從台灣農會信用部及信合社的發
展過程，是否能看到類似製造業之社會網絡及社會團體構成的類型
及邏輯？我們之所以認為，農會信用部與信合社在長時段與地方性
的辯證發展下，會從社會化組織、結構化人脈網絡及人脈化貨幣網
絡的型塑，看到其扮演著社會「再團體化」的角色，乃著眼於其作
為一種組織形態，能以「團體行動」不斷對當下地方社會進行建構
及再建構，而形成「社會小團體結構」，而非布迪厄所謂的西方
「社會階級結構」[10]。

　　至此，我們可以來說明何謂農會信用部及信合社在台灣地方社
會扮演著「再團體化」的角色。若我們將台灣各鄉鎮城市分布的農
會信用部及信合社組織體，看成是眾多的「團體行動主體」，則由
於其所扮演的地方性貨幣流通的中介角色，便具備了一種特殊的社
會位置（social position）。前面我們說過，貨幣流通，在台灣地方社
會不只是作為一種信用工具的象徵符號，在經濟生活扮演著重要的
角色，更重要的是，它同時也是作為一種人際間信任工具的象徵符

9　參考陳介玄《協力網絡與生活結構：台灣中小企業之社會經濟分
　　析》書中有關〈情感與利益加權關係〉及〈擬似家族團體連帶〉之
　　論述。

10　P. Bourdieu, *Distinction: A Social Critique of the Judgement of
　　Taste*(Hardvard University Press).

號,在社會生活中起著連帶的作用。所以,農會信用部及信合社這些遍佈在各鄉鎮及城市的團體行動主體,經由貨幣流通在經濟生活及社會生活的串連作用,便有了形成一個團體意識必要的穩固性物質基礎。這種作為貨幣流通之中介所獲致的穩固性物質基礎,除了具備有一般社會團體(如廟會組織、扶輪社團體)之普遍性物質基礎形態(如其聚會用或營業用之建築物、會員共享的福利措施、作為身分辨認用的識別物……等等),它還具備了特殊性物質基礎型態,此即因存放款往來所交織而成的利益網絡。當這個利益網絡作為農會信用部及信合社團體形成最重要的物質性基礎時,也就說明了這個團體可能具有的「動態性格」。在此所謂的動態性格有兩層意涵:其一是,團體內部本身因其強大之利益及附隨其上的權力誘因,會使得團體內部成員不斷想爭奪對此一團體的支配權,由於對此團體支配權位的爭奪,會使得此團體因精英分子的轉換而局部重組;其二是,針對此一團體的營利屬性,必然要不斷擴展其存放款額度或對其最有利之會員和非會員規模人數,此亦造成了相對於其它社會團體所無之發展上的動態性。農會信用部及信合社由於具備了這兩重意含下的動態性格,使其團體發展處在一種長期不斷再型塑的過程中,此即我們上面所謂的「再團體化」之意。

因而,所謂台灣農會信用部及信合社的「再團體化」,在理論的層次上有兩個互相辯證發展的意義。一方面,農會信用部及信合社作為團體行動者,以其特殊物質基礎之動態性行動張力,不斷對當下地方社會起著建構化的作用,而這個建構化的作用,乃從組織上之「社會化」、人脈上之「結構化」以及貨幣網絡上之「人脈化」逐步透顯出來,其結果是將以人脈為核心展延出來之自己人意識導向的「擬似家族團體連帶」不斷強化,而形成一種特殊之不具有團體性意識形態卻又能夠加以動員的小團體,這表顯在作為各個

農會信用部及信合社之權力核心的理監事及會員代表團體最爲明
顯。由於台灣農會信用部及信合社具備了在當下社會主動性的「再
團體化」這個面向，所以我們才會說，農會信用部及信合社對於台
灣地方社會之經濟、政治、文化都會產生廣泛的影響。另一方面，
農會信用部及信合社在空間「地方化」及時間之「歷史化」的發展
過程中，又扮演著被結構化的被動性「再團體化」的角色。農會信
用部及信合社此種被動性「再團體化」之特質，特別受到台灣經濟
發展這個外部因素所左右，由於經濟發展所帶來之財富累積，使其
存放款這個特殊物質基礎高度膨脹，而迫而使其必需不斷調整其經
營形態及運作方式[11]。從這個角度而言，前面我們說過，農會信用
部及信合社之「再團體化」乃是經濟生活、政治生活及社會生活銜
接的一個動態場域，主要是強調整個外部之社會條件對於其團體化
的發展也帶來建構作用。

　　以上我們分別從農會信用部及信合社主動性之「再團體化」及
被動性之「再團體化」，來說明農會信用部及信合社，作爲一種金
融組織，如何動態的與整個外部的社會產生關聯。然而，不管是主
動性之「再團體化」或著被動性之「再團體化」，都離不開一個核
心議題，即對於人脈無時無刻的經營。一位受訪的信合社業者就說
過，隨著新銀行的開放，信合社已做好了經營形態上的調整：他們
準備以最先進的電腦設備來應付金融服務上的事務性事例，而將所
有人力資源從這些事務性的繁瑣束縛解放出，俾能強化人脈的經營

---

11 隨著台灣經濟的發展，工商業的興起，使得房地產大幅增值，無論
　　是鄉鎮裡的農會信用部或都會區裡的信合社，存放款成倍數增加，
　　這樣的發展也造成了所謂都市型農會及信合社的興起，如新莊市農
　　會、台北三信皆是這類型地方金融的典型代表。有關在經濟發展及
　　金融自由化下，地方金融之經營的討論可參考徐政夫(1983)、唐錦
　　秀(1990)、陳希煌(1985)。

[12]。在此，我們看到了經濟發展帶給地方金融經營上的撞擊，非但沒有消減了其人脈經營的色彩，反而強化了對於人脈的經營。是以，經濟發展對於地方金融發展造成的影響，乃是使其在組織之權力核心的再團體化過程，經由人脈的經營強化了外圍由個個小團體組成的「大團體」的發展。但是，這個以某個農會信用部或信合社會員組成的大團體，其組成的基礎是一個個小圈圈圍成之小團體，所以重點仍然在小團體的表顯形態及形成邏輯上[13]。而這就牽涉到台灣社會乃至中國社會獨特之小團體形成的組織原則問題了。農會信用部及信合社在台灣的發展形態及其所累積的經驗，若說有其獨特的地方，乃是從「再團體化」這個社會機制，說明了在台灣地方社會經濟生產場域所看到之協力網絡，及政治權力場域所看到之派系網絡，與其賴以存在之貨幣網絡，都有相同的組織原則，此即蛻化於「擬似家族團體連帶」自己人意識區隔而成的小團體結構運作邏輯[14]。

三、社會之再團體化：社會小團體結構與地方金融

前面我們說過，農會信用部與信合社在長時段與地方性的辯證發展下，會以「再團體化」之「團體行動」不斷對當下地方社會進行建構及再建構，形成「社會小團體結構」，而非布迪厄所謂的西方「社會階級結構」。這是本章討論上的一個重要議題，有了上一

---

12 個案F2b.80，「社會與經濟」第52期（1992年8月，東海大學東亞社會經濟研究中心）。

13 對於小團體的表顯形態及形成邏輯，參考陳介玄〈圓桌社會學：台灣世俗社會中的小團體結構〉一文。

14 參考陳介玄《協力網絡與生活結構：台灣中小企業之社會經濟分析》書中有關〈情感與利益加權關係〉及〈擬似家族團體連帶〉之論述。

節對於「再團體化」的論述基礎，使我們能夠較清楚的來說明這個問題。

在未進一步討論，台灣農會信用部及信合社之特殊發展形態與台灣社會基本結構的關聯之前，我們先就具有對照意義之布迪厄的觀點略加說明。布迪厄在其經典作品《區辨：品味品鑑的社會批判》一書，藉由細密的日常生活之文化研究，揭露了一個令人驚異的事實：直到今天，西方並沒有因為資本主義及社會主義的互相滲透而模糊掉了階級的屬性，西方仍然是一個以階級為核心構成的社會。所不同於十九世紀馬克思意義下的階級社會，只是今天西方階級社會階級區隔的判準不純然是經濟因素，而是在廣大的社會生活風格及文化美學品味諸多領域，全面性的透顯出來。是以，西方直到今天仍然是一個社會階級結構的社會。如此，西方範定其社會運作的基本秩序法則即依其階級延伸的社會區隔而產生[15]。在布迪厄對於西方社會基本結構作這種釐清的對照之下，我們要質問的是：台灣近四十年來工業化及現代化的發展歷程下，是否也形成了一個階級結構的社會？或者是思考一個更根本性的問題：台灣社會的基本結構為何？這兩個大問題我們無法在此深入討論，在此提問的用意是要說明，對於農會信用部及信合社在台灣特殊發展形態的研究，實是探討上述根本問題的具體策略。就本文研究初步觀察而言，我們即可指出，上述農會信用部及信合社的「再團體化」發展，是說明台灣社會「再團體化」發展一個典型的範例。與工業生產所看到的協力網絡及地方政治運作所看到的派系網絡作一對照，我們能夠初步提出一個假設性的論點，台灣不是一個階級結構的社會，而是一個小團體結構的社會。

---

15 P. Bourdieu, *Distinction: A Social Critique of the Judgement of Taste*(Hardvard University Press).

　　前面我們說過，散處於各鄉鎮的中小企業，透過經濟上的協力網絡而形成社會性的互動網絡[16]，在形式上即形成了一個個連帶性密切的小團體。這種在製造業協力網絡互動所形成的小團體，其運作邏輯是來自於個人所稱之爲「情感與利益加權關係」及「擬似家族團體連帶」的特質。在台灣地方派系的觀察，我們也看到派系之內與之間的聚合和分裂，派系對於底下樁腳網絡的串聯與拒斥，如同工業生產的協力網絡，會形成一個個小團體。而其小團體形成的運作邏輯亦來自於「情感與利益加權關係」及「擬似家族團體連帶」。如此，我們看到在台灣社會生活各個領域，會因爲「情感與利益加權關係」這種實質連帶，及「擬似家族團體連帶」這種形式連帶的作用，而形成一個小團體與小團體之間的自然區隔。之所以是小團體，乃因爲連帶若是來自於「擬似家族團體連帶」形態，便不可能漫無限制的擴延其人際網絡範圍。然而，雖因擬似化家族連帶作用所形成之自己人意識作爲團體形成之意識形態工具，使其不能無限制擴大。卻也因爲這種自己人意識的團體意識，容易在「情感與利益加權關係」的支持下，不斷形成、改換及再造，使得以「擬似家族團體連帶」爲基點構成的小團體，可一直處於動態的再型塑過程，而形成我們所謂的台灣社會之「再團體化」發展形態。是以，「擬似家族團體連帶」足以作爲「再團體化」的組成原則，乃在於立基於「情感與利益加權關係」上之發展，使它能突破傳統家族團體連帶立基於血緣上的封閉性，而具備了台灣現代社會中人與人重新組構的開放性邏輯。

　　從以上的討論，我們可以說明，台灣農會信用部及信合社之特殊發展形態與台灣社會基本結構的關聯，乃在於其所透顯出來的

16 參考陳介玄〈從台灣中小企業經濟網絡與社會網絡的同構性論其結構特質〉。

「再團體化」發展邏輯，與上面我們所指出的台灣社會之「再團體化」的基本邏輯是一致的。農會信用部及信合社的經營，處在一種資本主義及社會主義交接的模糊地帶，使其能善用社會中既存之「擬似家族團體連帶」這種小團體連帶特質，突破其空間上之地方化限制，強勢的來擴展其貨幣網絡。卻也因此更有力的再回頭強化了這樣的連帶及團體形成方式。因為，其它團體的形成，除了具備一定的「擬似家族團體連帶」基礎外，不像它擁有特殊之團體形成的物質基礎。從台灣農會信用部及信合社的發展過程，我們不但看到了類似製造業之社會網絡及社會團體構成的類型及邏輯，也初步看到了整個社會構成的基本分類邏輯，這也是往下我們要繼續深化研究的課題。

四、小結：「擬似家族團體連帶」的再生產

從台灣地方金融之運作所觀照到的社會連帶現象，說明了一個深刻的道理：以台灣地方金融為核心所形成的金融網絡，在日常生活中，進行的不只是貨幣交易的再生產，更是人際連帶的再生產。或者更具體的說，是「擬似家族團體連帶」的再生產。布勞岱指出「無論何處，貨幣莫不介入全部經濟關係和社會關係」（Braudel, 1985: 436）。台灣地方金融網絡會對地方社會起了再建構作用，主要是它不只介入了經濟關係的形成，它更參與了社會關係的型塑。在這裡我們看到了一種屬於中國社會，人與人之間連帶方式的綿延支配力。從傳統「家族團體連帶」到現代的「擬似家族團體連帶」，就本章討論重點而言，若說是一種從金融網絡透顯出來，也可以在其它生活領域得到印證的「再團體化」組織原則，則中國社會建構的基本邏輯即有軌跡可尋。地方金融的現代化發展，揚棄了部分傳統，卻也改造了傳統上有生命力的部分。如果說，在地方金

融的再團體化與地方社會的再團體化過程中，「擬似家族團體連帶」扮演了一定的角色，乃在於它從一個人與人之間的連帶形式，透顯了一種純屬中國人的情感表達模態及集體互動時渴求的一種情緒歸依氣氛。所有受訪之地方金融業者無不異口同聲指出，其與銀行在和客戶互動上之最大不同，乃在於他們能提供一種銀行無法營造的賓至如歸的親切氣氛，與家人般的自在與溫馨感。這種經營理性的表述，背後說明的是中國人社會情感與集體情緒表達的長期合理性發展之意涵。而這都可能形成人與人之間的連帶形式以及團體組成的基礎。

是以，地方金融與地方社會「再團體化」，說明了小團體及由不同小團體組成的大團體，雖然因為情感與利益的不同聚合，而有了動態的崩解與重組的過程。但是，一旦要在不同形態之利益結合基礎上，宣稱彼此情感上的正當性，「擬似家族團體連帶」極自然的就扮演了它的角色，提供了象徵符號上的連結作用。所以稱兄道弟是社會互動上極普遍的現象。因而，我們可以看出，「擬似家族團體連帶」描繪的不一定是如實體般的有形連帶，而可以是一種由情感蛻變出來的象徵性無形連帶。我們正視「擬似家族團體連帶」在地方金融與地方社會再團體化中這種普遍性的作用，乃在於要指出金融網絡在極端的物質性連帶中，卻又說明了一種極端象徵性的連帶，具備了探討台灣社會發展的策略意義。如此，從台灣地方金融網絡所看到的「擬似家族團體連帶」之再生產，就不只是社會建構，也是一種文化建構了。

第十章
經濟網絡與生活結構──台灣世俗社會之轉化

　　本章的位置可以說是，《貨幣網絡與生活結構》一書的結語，《貿易網絡與生活結構》一書的開場白。所以討論的材料，可能既在本書中，又不在本書中，而是從更宏觀的視野，省思一個社會與文明的發展[1]。貨幣網絡的討論，當然不能離開生產協力網絡與貿易網絡的研究，是以，本書在最後結語的部分，我們有必要從整體的經濟網絡角度，思考本書最終想提出來的議題和人文關懷所在。八年多的時間，以台灣為主軸，分別實地調查了香港、大陸、南韓等幾個地區[2]，就訪談所得到的閱歷與見識，作一簡單比較，使我們對於台灣充滿信心。台灣社會與文明確實有它的特色，有它歷史的積極性格。光復之後，台灣在經濟上的成就有目共睹，經濟學家所提供的解釋，也大致可以接受。然而，不是很清楚的是，經濟成

1　有關「文明」的概念，參考L.Febver(1973)、F.Braudel(1993c)、N.Elias(1978)等人的界定。

2　東海大學「東亞社會經濟研究中心」，民國76年至民國84年4月底止，共作專題訪問61位，274家國內外企業，總共訪問351次。其中台灣地區，35位專題訪問，222家企業，共269次訪問。大陸地區，10位專題訪問，29家企業，共39次訪問。香港地區16位專題訪問，18家企業，共37次訪問。韓國地區，6家企業，6次訪問。主要名錄，請參考本書附錄。

長與發展的背後，到底有沒有社會的成長與發展？經濟與社會，乃
至與政治、文化的關係，就現實而言，當然是不可分的整體。所
以，提出社會的問題，其實想要瞭解的是，台灣經濟的發展，有沒
有一些更底層的基礎結構，在經濟發展過程中，既支持了經濟的發
展也把自身發展出來？我們以台灣中小企業及地方金融發展的例
子，來說明這個問題意識。

　　經濟學家看到台灣中小企業發展之條件，幾乎是純經濟性的因
素，諸如勞力密集產業、技術成熟產品，與國際經濟進行分工，不
具規模經濟需求的製造生產業別。而看中小企業對於台灣發展的貢
獻乃在於，出口產值的貢獻、就業機會的提供等要點（吳惠林、周
添城，1988）。這些當然都是重點。但社會學要看中小企業的，卻
是更基礎性的發展要素與影響效果。從我個人的觀點來看，台灣中
小企業體制社會的重點，是把社會新的架構發展出來，那就是網
絡、團體與階層。地方金融與中小企業的重要性，在於把台灣底層
社會重新加以結構，使得台灣從地方社會到國家社會能形成一個支
援發展與累積的網絡系統、團體組合和階層架構。沒有這些系統、
組合與架構，台灣經濟的進一步發展是不可能的。台灣因爲從中小
企業發展起，所以，這些架構發展的相當健全與成熟。之所以說是
健全，因爲整個底層的力量很厚實，各地方社會世俗生活結構改變
的很均勻、很齊一，城鄉之間的生活水平差距不大。要說是成熟，
乃在於整個產業結構的金字塔頂端，歷經了半世紀的發展，終於出
現了具有引導經濟與社會發展拉力的大企業出現。這些企業與早期
公營企業或依賴政府之保護與特許壟斷的企業不同的是，本身能面
對國際市場開放競爭的挑戰，在新的技術產品領域能帶動整個經濟
網絡、行動團體及階層架構的提升。從總體社會結構及長時段歷史
結構的角度來看，台灣過去數十年發展的最重要資產，或許就在於

把台灣文明發展的架構重新予以轉化，而使得網絡、團體與階層能在生活結構中慢慢生根。

　　這裡所謂「階層」的意義，要扣住網絡化與團體化兩個面向來看。階層是指，容受團體與網絡發展的架構。以一個簡單的對照來說，台灣光復前之產業組合，是以地主為中心組成，光復後之農會，是以自耕農、佃農及僱農為骨幹形成之農民組織（陳彩裕，1991）。以我們意義下之階層而言，不能說光復前因有大地主存在所以是階層社會，而光復後沒有大地主存在所以不是階層社會。我們所討論的「階層」，不在於因個人之屬性所形成的層級化現象，而是在於經濟、社會、政治與文化各領域，因集體大眾的活動所形成的層級現象。傳統中國有政治及社會所形成的階層，卻沒有經濟階層。台灣拜經濟發展之賜，經濟網絡、經濟團體的蓬勃發展，自然的就把經濟的階層發展出來。這是經濟學所不看的東西，卻是社會學的重點。本章之所以要再從整體的經濟網絡，思考地方金融、標會及中小企業的問題，即是要點明攸關台灣社會與文明發展的基礎結構。

一、經濟對生活之結構化與網絡化

　　網絡的討論是說明建構社會及認識社會的不同方法和策略。網絡是由人串聯起來的活動疆界，因不同的經濟行動屬性有不同的行動邊界。因此，從不同經濟行動邊界我們可以掌握社會的異質性，開啟認識社會新的視野。就經濟網絡觀照社會，著重在人的流動與物的交換所形成的社會性。社會因人的流動與物的交換而形成，這就說明了網絡是一種社會人文的累積，網絡既結構化了生活，也帶動生活的變動。所以，網絡相對於所立足的生活結構是一種上層結構。上層結構在此乃意味著是社會發展的拉力，與生活結構作為下層是社會發展的推力，同時對一個文明（如台灣、中國）的型塑起著

動力的作用。經濟網絡能發展到怎樣的廣度與深度，取決於社會團體與社會階層的發展形態。而相對於政治網絡，在理論上，經濟網絡更具長時段的累積性格，實踐上，則要看社會結構可以容許其綿延幾代的經營。以傳統中國為例，政治的專制與霸權常會干擾及阻礙經濟網絡的累積，或許不到一代這個經濟網絡的累積就斷了線。是以，經濟網絡的發展形態，是測度一個社會發展形態的靈敏指示劑，當經濟網絡無法作歷史性的累積，經濟的發展必然有其瓶頸，社會只好從文化取得補償，並以文化來延續其社會特質。所以，文化與經濟發展常有互為彌補與干預的複雜關係。但是，一個經濟網絡分析的根本重要性，乃在於惟有從這個角度我們才能看清楚一個社會、一個文明發展之「命運框架」。要達到這個認知深度，我們必須把網絡提高到文明的層次來討論。

若我們把網絡的研究提昇到總體社會及長時段文明的層次來探討，即能看出網絡是一種經時間結構化的東西，在漫無邊際的生活世界裡，有了網絡才能進行有效率的累積，社會進步才有速度可言，才具備了文明意義下的流通。一個社會的經濟活動不發展，不成氣候即意味著當下社會經濟網絡沒有成形，也就是整個社會的經濟活動尚未結構化，當然就無法透過經濟網絡來帶動生活結構的提升。如此，經濟網絡的發展，即意味著一定社會勞動的發展、社會團體、階層結構的發展及社會市場的發展。沒有後者的發展，前者很難成形。探討協力網絡、貨幣網絡、貿易網絡與生活結構的關係[3]，其意義在於我們企圖從一個新的角度來思考文明與社會的發展。生活結構著重的是長時段形成的社會現象。既然是長時段的現象即是能充分體現生活本身之多元複雜組合的特質。因而，透過經濟網

---

3 有關貿易網絡與生活結構的關係，我們會在《貿易網絡與生活結構》一書加以討論。

絡的發展軌跡和形態，我們可以判別那些是長時段的生活結構。同樣的，當我們看到生活爲經濟發展再結構化了，即意味著經濟網絡的發展已成具支配性的力量。如此，社會本身的轉化又將文明推往另一個新的層次。對我們來說，這種新的文明層次具體彰顯在台灣工商世俗社會的健朗生命裡頭。

在本書與《協力網絡與生活結構》、《貿易網絡與生活結構》這兩部相關聯的書裡，我最終關心的是影響及支配中國人「命運之框架」問題。個人認爲，構成人類命運之框架的問題，絕對是社會的根本問題，也是文明發展的大問題。而既是大問題也必然是一個歷史問題。沒有歷史的社會認識，無法掌握支配一個社會之命運框架。從這個角度來看，台灣人的命運等同於中國人的命運，其嚴肅意義乃在於二千年的長時段大歷史已成海峽兩岸十二億中國人「命運之框架」，這當中的任何人無法自外於這個命運之框架，免於歷史的支配。考察這個攸關台灣、中國社會發展之命運問題，只能從歷史與社會自然形成的結構性匯合點著手。經濟網絡的問題，便是這個匯合點的表徵。從大社會、大歷史的層次來發問，生產協力網絡、貨幣網絡及貿易網絡，終極而言，牽涉到的是人的問題，是人如何構成社會的問題。而一切的法律、制度是由此延伸出來的問題。經濟網絡之所以是能動的，乃在於人的能動性推動了人的能動性。所以，經濟網絡的存在，以交換模式推動了生產模式的發展，並控制了生產模式[4]。交換模式發展不完備，意即交換層級發展有

---

4 有關生產模式與交換模式的問題，請細看馬克思《資本論》三大卷，尤其是第三卷、第四篇第二十章〈關於商人資本的歷史考察〉一文，針對生產與交換在歷史定位上的討論。本書的觀點與馬克思相反，從歷史來看，交換模式往往控制了生產模式，台灣80年代中小企業碰到的重要問題，也是因為交換網絡為國外買主所掌控的問題。

缺陋，最高階層出不來，則無法帶動生產模式的不斷自我超越。交換模式的低層次發展，也將生產模式侷限於低層次。英國綿紡織工業品與印度手工棉織品的競爭是最好的說明[5]。是以，經濟網絡的形成，意味著交換模式及生產模式本身從低階到高階不同階層形態發展的完備，以及交換模式有能力透過對於生產的支配，同時支配消費以帶動經濟的發展。而這其實即是近代西方資本主義發展的核心問題。

二、經濟網絡與長時段累積的架構

從台灣發展的角度來看，資本主義會以當下面目出現的原因，不在於資本主義作為經濟制度本身，而是資本主義作為一種社會制度本身的因素[6]。資本主義能夠出現，不只是來自於馬克思所提到的勞動僱傭制之成熟化，更重要的是因為社會慢慢透過市場的擴大、各類組織與團體的發展及社會多元階層架構的鋪陳，改造了社會本身，創造了人類命運發展的新架構。歷來對資本主義的批判，侷限在馬克思資本主義的詮釋架構上，容易忽略了從韋伯、宋巴特、熊彼德(J. A. Schumpeter)到布勞岱等一系列大師的精湛觀點，無法洞察到資本主義作為人類新興文明指標的社會意義。台灣經濟發展的社會學詮釋，從企業著手，我們逐漸掌握到，企業結構的發展必須與社會結構的發展一樣，具備結構上的平衡性與合理性。台灣以中小企業起家，主控外銷的龐大中小企業做為世俗社會底層結

---

5 這個問題請參考布勞岱在《文明與資本主義》第三冊的討論。

6 有關台灣資本主義的發展，在我們看來，必須等到中小企業能夠發展到大企業或企業集團形式，才有討論的對象與實體。台灣在80年代之後，已逐漸看到大企業與企業集團的形成與發展。扣住這個實體的發展，東海大學「東亞社會經濟研究中心」未來計畫以二年時間，研究台灣資本主義網絡問題。

構的力量，正是確立了企業結構與社會結構平衡性及合理性發展的
基礎。有了台灣意義的中小企業，台灣大型企業在這個基礎上的發
展，才可能既是作爲台灣資本主義發展的象徵，同時也是台灣文明
發展的象徵。因爲從中小企業茁壯發展出來的大企業，說明了台灣
勞動的社會價值已能擴大和升值、生活中各領域的互動慢慢能納入
合理的市場關係來運作、社會各類組織與團體發展成熟、多元階層
結構已成氣候。如此，底下及中間龐大的中小企業與上頭一定數量
的大企業恰成企業的合理結構，社會也就形成了一個具備長時段經
濟資本及社會資本合理累積的階層架構。

　　資本主義發展的社會意義，主要在於說明一個社會總體而言，
能進行的是長時段的累積，或是短時段的累積。資本主義的發展成
形，就正面而言，說明了這個社會終究把個體私人資本及總體社會
資本的長時段累積機制創發出來，整個文明長時段的累積效果不會
爲短時段事件所摧毀與抵銷。從長時段來看，資本主義的發展必須
是帶來所有社會大眾勞動價值的升值而非貶值，如此，資本主義所
豁顯的累積才有文明的意義與價值。這是我們觀察台灣社會經濟發
展的一個總體性角度。從這個總體角度而言，台灣生產協力網絡、
貨幣網絡與貿易網絡的發展，使得農業勞動的低度剩餘能很快的轉
成工業勞動的高度剩餘，並提供了資本累積與擴大再生產的機制。
這是均貧的農業世俗社會能夠走上均富世俗社會的一個關卡。馬克
思對於西方資本主義的討論，固然指出了資本主義社會僱傭制生產
形態的剝削率，遠遠超越了奴隸制生產與農奴制生產的剝削率[7]。
但他卻無法從歷史長時段的結構指出，就總體社會的生產效率與生
產剩餘而言，資本主義的僱傭制勝於農奴制，而農奴制的生產又勝

---

　　7 有關馬克思這個問題的討論，請參考其《資本論》第一卷。

於奴隸制[8]。西方資本主義文明的優勝之處，不是正在於能以不同層級的交換網絡同時統整了奴隸制生產、農奴制生產及僱傭制生產的所有剩餘，而發展出了最高層次的國際性資本主義網絡？所以，重點不在於生產模式，而在於能賦予勞動產品新價值的交換網絡。台灣的發展，正是在這個關鍵點上頗有斬獲，同時卻也面臨了它的瓶頸。這一點我們會在《貿易網絡與生活結構》一書再深入探討。

三、中小企業體制社會與世俗社會之轉化

從生產協力網絡、貨幣網絡及貿易網絡所形成的經濟網絡來看台灣中小企業，我們可以深入瞭解到台灣中小企業對於台灣社會發展的重要性。就經濟與社會互動的角度，我們可以說台灣是以中小企業經濟為主體建立起來的社會體制，這句話適切表明中小企業經濟的獨特性。所以台灣中小企業不只是以作為出口的主力，形成其發展的特色。更重要的是，在型塑整個台灣社會的發展上扮演著關鍵性的角色。台灣中小企業的發展，鋪開了底層經濟力及社會力互為生成的坦途，使得傳統以來自為世俗社會的基本結構得以從農業轉換成工商業，大大增加了其與國家抗衡的空間與實力，最後乃至改變了傳統政治的支配形態。那麼，我們該追問的一個根本問題是，台灣中小企業以什麼樣的機制影響了社會的轉變？從生產製造、貨幣及貿易等經濟網絡的研究，粗略可以觀察到，台灣中小企業經濟對社會體制的形塑主要透過加速經濟階層結構之形成與經濟團體行動而達成。中小企業之所以對社會有這種結構上的轉換作用，當然要考慮到國民政府提供了企業發展最根本的條件，即確立

---

8 這個觀點請參考布勞岱在 *The Identity of France* 一書，第二卷的討論。

了一切生產所需之物質手段專有的私有化法制基礎，以及由經濟政策所達成的類似西方十七世紀重商主義對於產業的保護作用。然而，從行動者本身，尤其是團體行動的角度來看，一個重要原因是，儘管在自為的生產協力網絡、貨幣網絡與貿易網絡之間有其發展上的不平衡，但中小企業卻能充分利用這個不平衡結構所能發揮的資源互補及互為支援作用，累積資本、擴大市場關係，加速網絡的流動，從爾也就帶動社會的活力，為社會換上新的動力裝置，使社會的轉動因新的齒輪而加快。

　　究極而言，中小企業的經濟行動將台灣農業世俗社會的低度剩餘，轉成工商業世俗社會的高度剩餘，使得總體社會資本的累積有了足夠的籌碼；而因中小企業生產協力網絡、貿易網絡搭配著底層貨幣網絡所形成的營利企業之階層結構，提供了社會總資本累積的基本架構，這是整個台灣社會得以轉型的關鍵所在。中小企業社會體制意味著工商世俗社會的建立，原來由政治支配者主導著社會、政治與文化發展的權力結構，開始出現了結構性的斷裂，世俗社會以其在工商活動所累積的財富獲得了滋養社會團體及階層的資源，培植了民氣，壯大了社會權力，擴大了世俗的政治參與空間，同時也就縮小了國家任意施為的政治空間。社會的總體金字塔結構，盤踞在最頂端的，將不再只是政治權力及政治權力擁有者，而可以是經濟權力、社會權力及文化權力和各領域的菁英。是以，中小企業在台灣的發展，成就了工商世俗社會的發展，即帶動了生活結構的轉型。食、衣、住、行、育、樂內涵與形式不同於以往農業社會，不只是一種經濟上的富足，而是一種人本自主性的開展。台灣中小企業發展所獲得的物質進步，固然是值得一提的勳業，然而，就中國長期歷史文明而言，其真正意義卻在於一個具有保障人本自主發展空間，免於受政治權力宰制之世俗社會的彰顯。中小企業透過經

濟網絡對於生活結構的再製，型塑了台灣工商世俗社會的發展，可說是台灣中小企業社會體制具有典型意義的重要性所在。

四、工商世俗社會的形成及其特質

中國的世俗社會是一般社會大眾安身立命之所在。其特點是將生活重心不斷回歸到食衣住行及一切物質性活動本身的肌裡與紋絡取得健朗的生命力。世俗社會沒有士大夫社會的繁文褥節，有的只是生活規則。民以食為天，說明了世俗社會發展的質樸與生命樣態。相對於中國過早的政治大一統而言，世俗社會在中國的開展有其特殊意義。世俗社會的開展說明了天高皇帝遠這句俗語的社會意蘊。中國二千年前，能以不成熟的經濟體制維繫了一個龐大帝國的存在與發展，主要在於底下的自為世俗社會免去了它沉重的政治行政及社會成本。這也是政治權力及上層社會禮儀的控制不及於世俗社會的原因。台灣沒有歷經共產黨的統治也就得以保存這一貫的世俗社會之命脈。並且在中小企業的發展下，促成了農業世俗社會到工業世俗社會的轉型。這個轉變的軌跡，我們可以從生活結構看出來。就在三十年前，吃飯的節奏是在蘿蔔乾與鹹魚的滋味交替進行時；穿的即是不起眼，一成不變的舊棉布縫製的各色衣服；住的是泥土地的土隴厝，衛浴設備是簡陋的草屋與茅坑，洗澡是用稻草梗在大灶燒出來的熱開水；出門騎的是鐵馬腳踏車，這一切構成了一個生活的統一體。不太可能社會大眾能開車上下班時，家裡還普遍使用著茅坑。布勞岱所說的，生活既是多元的，也是整體的，在此顯現其意義。三十年前這個生活統一體是農業世俗社會的具體寫照。三十年後，整個生活結構改觀了，工商世俗社會也漸漸成型。

這一章所討論的問題，最後歸結到工商世俗社會這個主題上。我們在此，針對貨幣網絡與生活結構的關係，做一簡單的綜合討

論。透過貨幣網絡與生活結構的討論，要說明的是，台灣如何透過經濟力的發展，帶來了一個社會結構基礎上的改變，那就是「世俗社會」以前所未有的形態出現與發展。台灣世俗社會的出現其最主要的結構基礎是，經濟力將政治力逼回其一定的統治範域，而讓世俗空間得以還原回去其自主的生命面目。所以，世俗社會是針對統治的官僚社會及士大夫社會而發展出來，長期綿延的底層社會。從上述對於經濟網絡與生活結構的討論，我們看到農業世俗社會轉到工商世俗社會具有以下幾個特質：

1.它是自為的，所以是積極的、行動的。
2.它是自成一格的，其秩序來自世俗人情本身，而非法律及官僚士大夫社會的繁文褥節。
3.它是自為的團體化及再團體化，而非強勢的控制組織。
4.它是寬闊的擬似家族團體連帶世界，而非家族團體連帶的封閉世界。
5.它既促成社會階層結構，卻又泯滅社會生活階層的一個世界。
6.它是追求變遷品味的一個活潑世界。

從第一篇及第二篇關於地方金融、標會與中小企業貨幣網絡的討論，我們說明了，這些底層貨幣網絡發展的最大特質，就在於其「自為」性格。地方金融儘管在民國二年，開始有「台灣產業組合規則」的頒定與規範，但基本上從民前二年就已經開始發展，自發自成的肇始性格與後來有法規範，並不妨礙其自為性格的茁壯。尤其從第一篇論述內容可以得知，地方金融是在限制中找尋自己發展的空間，團體化也可以說是因應的策略和自為生存之道。在民間自發生成的標會活動，更是一種自為貨幣網絡的產物。庶民之間的貨幣交流，順著自己生活結構中的社會網絡發展，不需要另起爐灶，

能以最低的社會交易成本獲取自己需要的資金，可說是世俗社會實用邏輯的最好闡述。中小企業的發展，一向缺乏政府的觀照與扶持。企業主的創業，不管是由黑手變頭家，或者是由白手變頭家，都是要靠自己的努力。所能得到的融資管道，剛好又取之於前述地方金融與民間標會等自爲的貨幣網絡。所以，台灣底層的世俗社會，在世俗經濟的發展過程中，充分彰顯出世俗的自爲性格。因其是自爲的，所以行動張力強勁，成效特佳，使得經濟與社會的發展都有農業世俗社會不能企及的成果與面貌。

在工商世俗社會，我們也看到一個社會的根本改變，其規範的運作邏輯不一定來自於傳統士大夫社會的繁文褥節，也不一定是西方移植過來的法律規章。這一點尤其從地方金融的法規、中小企業有關的法律(如就業服務法、勞基法)，在法律條文與法律行動之間的落差可以看得出來。所以，個人在〈關係與法令〉、〈台灣企業運作的社會秩序：人情關係與法律〉等文章裡，系統的說明法律之不足以規範世俗生活，世俗社會只好求之於長期綿延的人情關係。地方金融與民間標會的例子更是如此，若果順從法令規章，地方金融勢難有今日的發展，窮則變、變則通的自爲邏輯充分在其實際生存情境發揮出來。至於最底層的標會活動，至今無法可規範。標會的無法可規範，說明了世俗生活中的運作邏輯，並非都是法律可以置啄或是應該置啄的場域，在我們看來，這毋寧是保留世俗社會一個自主的寬闊空間，不再強加國家的干預於俗民身家之上，而非落伍與失序[9]。所以，工商世俗社會的人情關係，事實上，是世俗社會禮儀的秩序與規則，是家族倫常的反映。關係資本之所以能在世俗社會運作，乃在於它貼切於世俗生活的規則與秩序，這一點我們在擬似家族團體連帶的討論可以看得更清楚。

---

9 失序的觀念，請參考E. Durkheim, *Suicide*一書的討論。

　　工商世俗社會既是自爲的、行動的，又是自成規範不受強加於其上之僵化法條及虛僞禮數之束縛，更明顯反應在團體化和再團體化的組織性格上，以及團體構成的基本邏輯上。從地方金融、標會及中小企業貨幣網絡的討論，我們都看到了團體化及再團體化，是社會自我生成的一個自主發展過程。地方金融的團體化與再團體化、民間標會的團體與再團體化、中小企業協力組合的團體化與再團體化，儘管在地方金融部分，受到政府的注意與干預[10]，卻都帶有強烈的自爲色彩。這些團體化及再團體化的形成邏輯，乃遵循著擬似家族團體連帶原則，而非家族團體連帶原則，所以不是完全封閉的世界。擬似家族團體連帶原則，並不完全拋棄傳統綿延下來的人之組合與構成的形式邏輯，家族團體的情感與秩序，在擬似家族團體連帶裡，還是保留著，只是加上了利益的基礎，使團體構成更符應工商社會的需求。這也是農業世俗社會能夠轉換到工商世俗社會，很重要的一個原因。工商世俗社會的經濟團體行動主體，既然有了長足發展，其所能帶動於整體社會的進步，便與農業世俗社會不可同日而語。這是我們看待生產協力網絡、貨幣網絡及貿易網絡重要之處。

　　所以，雖然協力網絡、貨幣網絡及貿易網絡各有其階層結構，然而這個階層結構固然形成了不同社會地位的分配，以及資本累積的不同層次。然而，在日常生活的世界裡，這個階層結構卻又可以真正不存在的。在台灣或香港，任何再高層次的餐廳只要你消費得起都可以進去，這是一個指標性的說明例子。所以我們要再深入探討的是，協力網絡、貨幣網絡及貿易網絡階層結構形成的真正社會

---

10 其中較明顯的要算是農會總幹事及理監事團體的組成。這緣之於政府對農村的掌握方式。然而，隨著經濟的發展，政府對於農會的控制漸漸減弱，農會自主性慢慢加大。可參考「東亞社會經濟研究中心」，關於農會的訪問資料。

意義何在？事實上，我們不能只從財富分配不均、貧富距離的拉大
等這些較負面的角度來看，不同經濟網絡階層的出現，它也意味著
經濟發展空間的擴大，總體經濟資源累積的厚實化，以及資本能夠
進行強勢累積的社會意義。所以，階層之間的區分，主要在於說明
不同網絡層級擁有的生產工具及交換工具的不同，形成了利潤獲取
及資本累積的不同形態。就社會面而言，經濟網絡的階層化發展，
也意味著社會網絡的階層化發展，社會實質性的階層結構之出現，
才有可能出現一個社會財富及經驗累積的骨架與指標，才能撐住不
同階層的人所累積的財富及生活資源，才能保障總體社會及個人進
步的可能性。如此，非常重要的「世俗社會」才能得到真正的開
展，因爲其花樣百出及複雜萬端的生命力才有其天高皇帝遠的空
間。而經濟階層化發展帶來的社會階層化發展的事實，更重要的一
個文明意義是，藉由經濟階層和社會階層的聯合之力，才能迫使政
治階層的統治上層不能任意打碎這兩個階層結構，不能壟斷所有領
域的上層資源，才能給社會任何領域的發展都能得之於社會正當性
的支持，而不用再由政治來統籌與支配。

最後，從工商世俗社會的整體性格來看，工商世俗社會是追求
變遷品味的一個活潑世界，所以再度賦予原來農業世俗社會的能變
性以深度和廣度。變化是工商世俗社會最大的品牌。沒有對於變遷
的深度與廣度，具備品味能力的鄉民社會，算不得是成熟的世俗社
會。世俗社會既是花樣百出的社會，恰好在商品支配生產與流通的
時代，找到淋漓發揮的空間。中國農業社會的經濟紀律與社會紀律
無法容許對於變遷的愛好，也無法承受過度變遷的壓力。因此，政
治很容易借由農業的紀律，控制了世俗對於「變遷的品味」，同時
也就控制了世俗社會可能茁壯的空間。沒有了俗民對於變遷品味的
追求能力，世俗社會也就宛如一攤死水，名存而實亡。中國人對於

變遷的排斥，事實性的力量來自經濟的均貧；法制性及象徵性的力量，來自政治的長期控制。所以，一個社會能夠變遷說明了許多道理。就像一個家庭能在食衣住行求變化，一定標示著這個家庭經濟的豐實。因此，社會外顯的變化已是布勞岱講的「事件」，真正能促使其變化的是潛在變遷表層底下的「結構」。一個社會開始講究變化的時候，表示這個社會結構的轉化已容許了變化的可能。所以，變遷對社會來講既是負債也是資產。若從社會發展的長時段來看，變遷對於社會應是資產超過負債。世俗社會的存在與發展，亦即意味著自為變遷的可能。自為的變遷不受國家主控的變遷所指導，才是真正的自為。所以，世俗社會成熟化的關卡，乃是要突破事實性經濟的均貧與法制性及象徵性的政治控制。這一點台灣作到了，因此世俗社會也於焉得以成熟開展。

　　從上面的討論，我們最後要指出的是，中國很早即有世俗社會的發展，卻一直沒有真正成熟。所謂真正成熟是，它的邊界能夠固定下來，不再受政治的擠壓變小或權謀性的放大。這就如同中國一直有活潑的底層市場經濟，卻為政治所控制，一直沒有高層次的資本主義活動。布勞岱的研究指出：

> 唯有國家和國家機器才有可能進行財富積累。中國結果便生活在某種「極權主義」制度下（這裏沒有該詞新近得到的貶抑）。堅持在經濟和資本主義之間作出區分，中國的具體實例正好為我們提供了依據。同雅科布從一種先驗的推理得出的認識（沒有資本主義，便沒有市場經濟）相反，中國擁有牢固的市場經濟，我們已多次談到，地方集市星羅棋布，小工匠和商販走街串巷，城市中店鋪鱗次櫛比，四方商旅往來繁忙。可見，基層經濟活動十分活潑，貿易也很興旺，政府也有意扶植，雖然在它看來，農業收成才

是一切的根本。但國家機器仍高高在上地監視一切，它對
富得異乎尋常的任何人都持明顯的敵對態度（Fernand
Braudel, 1986a: 588-589; 1993a: 654）。

做為簡單的類比，台灣工商世俗社會的出現，若意味著國家機
器再也不能高高在上監視著一切庶民的活動，而是變成世俗社會的
看門狗，則中國文明與台灣文明就邁入了一個新的歷史階段。中國
傳統社會直到中共為止的統治形態，說明的是中國舊社會特質依然
存在，底層的世俗社會並不曾得到真正的轉化。光復後的台灣社
會，與中共統治的大陸社會，在同樣延續了傳統統治形態之下，有
一個根本的不同是，台灣的政權容許了世俗社會的發展。說台灣是
威權政治，固然說對了政治權力的事實面貌，卻不能說明這個威權
政治保留了世俗社會所形成的歷史意義。當威權政治保留了這個世
俗社會存在的可能時，同時也就保留了這個威權體制轉化的內在契
機和社會條件。台灣經濟與伴隨而來之政治的可能成功，事實上是
世俗社會的再度獲取了它應有的社會生命與歷史地位的成功。這可
以說是全台灣民眾的福氣，也可以說是中國人的福氣。

五、工商世俗社會發展上的限制：對地方金融及中 小企業自為的貨幣網絡之反省

就整書的討論來看，我們雖然肯定地方金融、標會及中小企業
所形成的貨幣網絡，對於台灣由農業世俗社會轉換成工商世俗社會
的貢獻。但是，不可諱言的，其中乃有許多結構上的限制值得我們
重視。信用合作社、農會信用部、民間標會及中小企業之間期票往
來，其不足與限制面，儘管有合作經濟學者及經濟學者之討論，從
本書團體化及網絡化的角度觀照，卻也有使我們深思之處。

　　從第一篇對於地方金融團體化的分析過程，我們可以看到，地方金融隨著台灣經濟成長，之所以有相當快速的發展，乃在於善用其社會化的團體組織，透過地方人脈的長期經營，將貨幣網絡化踐履於日常生活之中，以掌握鄉鎮庶民大眾的存放款業務。然而，地方金融的結構限制也正是在於團體化的組織特質。從民國七十四年的台北十信事件，到最近的彰化四信事件，都暴露了地方金融在內向團體建構與外向團體建構之間，可能存在的組織盲點。由於地方金融掌權的是內向建構形成的理監事這個小團體。而外向建構形成的社員大團體，事實上是一個鬆散的人群組合，缺乏有效的機制來監督、檢查理監事這個小團體的權力運作。然而，弔詭的是，內向建構形成的理監事之權力的基礎及合法性，卻又來自於外向建構形成的龐大社員大眾。因而，這就造成了地方金融組織上的真正缺陋。握有幾乎是絕對權力的小團體，卻能免於賦予其權力之社員大眾的監督與檢查。其組織運作的良窳也就只能以這少數人的道德良心爲依準。所以，自然人構成的信合社及農會信用部組織，儘管對於地方社會的掌控有比一般法人機構的公營行庫更強勢的效能，卻因其組織的社會團體化特質，預留了組織可能內向腐化的因子。當理監事這個小團體成員的道德良心一旦抵不住利益的誘惑或壓力時，組織便提供了不當使用資金的可能性。十年前的台北十信與十年後的彰化四信事件，問題如出一轍，皆是權力核心的小團體成員，利用地方金融社會團體化組織之便利與缺陋，公款私用造成的惡果。

　　水可載舟亦可覆舟，我們當然不能以發生擠兌、產生信用危機及信用破產的少數幾個信合社及農會信用部的例子，抹殺了地方金融對於台灣社會發展正面的以及積極的意義。然而，如上面所言，地方金融在團體化及再團體化過程，確實因其自然人的組織形態，

隱含了無法從制度面消解的組織弊端。是以,當我們強調地方金融對於世俗經濟的貢獻時,更應該正視這個組織在團體化過程的陰暗面。因而,就組織面來看,歷史發展到當下的這個社會階段,已可以期許地方金融作爲合作團體或利益團體的屬性,需要徹底的明朗化,讓上帝的歸上帝,撒旦的歸撒旦,不能再假藉合作口號行利益之實。而我們也必須正確瞭解到,透過地方金融團體化的發展,對台灣走向一個健朗的工商世俗多元社會,是符合於歷史及現實情境的社會事實。本書對於地方金融的討論,其實不在於信用合作社及農會信用部這兩個主體身上,而是透過信合社及農會信用部說明「團體化」及「網絡化」這個社會發展的主題。因而,以上對於地方金融限制面的討論,也僅從這個核心點出發加以論述。地方金融團體化的陰暗面,認真說起來,也可以說是權力的問題而非團體化的問題。任何社會中之團體化問題必然牽涉到權力及利益分配問題。也正是有權力、有利益,對社會發展具有影響力的團體化才得以開展出來,地方金融的茁壯是一個很好的說明。因此,我們亦無須太過擔憂團體化所帶來的負面問題,正是這些負面問題,才能使得社會有往上發展的可能。而這也正是活潑世俗社會的可愛。沒有世俗社會的存在,可能一切社會問題都不存在了。那時,人將活在一個怎樣被壓迫與支配的情境裡,也就不得而知了。

同樣的道理,就民間標會而言,現實生活中倒會的消息時有耳聞,歷史中也不乏像桃園、佳里等重大倒會事件。我們又如何來看待這些標會的負面事實?基本上,像標會這種自爲的貨幣網絡,其規範的邏輯無法來自嚴明的法律,而只能就生活的事實加以考察。標會既形成於世俗社會的小團體運作邏輯,也就說明了其信用是以生活的網絡作擔保。超出了一定的生活網絡範圍,一切風險將變成不可計算性。觀察歷年來重大倒會事件,可看出一個道理,會首與

會腳皆以超越自己生活網絡邊界的幅度在起會與跟會，這也就悖反了一般民間標會的自爲邏輯與原則，風險之大也就可以想像。所以，我們固然不能以倒會的事實，否定標會存在的價值。但是，某些惡性倒會的事實，也充分說明了小團體運作的陰暗面及人性的限制。標會的自爲貨幣網絡，給每個人自由，卻也施以一定的限制。然而，標會得以在世俗社會歷經千餘年而不綴，除了不斷從倒會事件中警告世人，人所組合的貨幣網絡之真正限制乃在於人性的弱點，也說明了世俗社會的自爲性格，才是中國社會人之組合與構成的獨特形式與面貌。民間標會既是自爲的貨幣網絡，可信任與不可信任的生活網絡判準掌握在每一個參與的庶民手中，除了要懂得欣賞人情之信美，也必須能計算貨幣網絡中所隱含的人情之風險。因爲在健朗的世俗社會裡頭，每一個人都必須爲自己所享受的自由負責，而不能再責成於一個高高在上的支配者。

在中小企業的貨幣網絡討論，除了在第二篇所強調的幾個具有參考價值的運作邏輯之外，我們在此也必須指出，環繞整個中小企業所型塑而成的貨幣網絡，亦有其限制性。取消支票刑責以後的期票信貸，在最近台灣產業結構調整過程，隨著傳統勞力密集產業的跳票、倒閉不斷的接二連三事件，便完全暴露了其內在限制。從東海大學「東亞社會經濟研究中心」過去所訪問過的紡織業及製鞋業作個案追蹤調查，我們發現，一半以上的受訪企業到今年八月皆因跳票而宣告倒閉。這些倒閉廠商的負債額度動輒上十幾億，銀行融資、期票信貸所提供的便利資金管道，恰成這些廠商經營上的致命盲點。在龐大的利息負擔下，再多的融資管道及資金投入，若無法從經營上獲利，只不過延長企業關門時間而已。所以，某些中小企業透過資產抵押從銀行質借資金，以及利用期票信貸所提供的週轉空間，事實上，只不過掩蓋了其以「企業經營資本」之名，行「家

計經營資本」之實的困窘。企業本身無法在經營上獲利的事實，卻
爲活絡的貨幣網絡運作這個假象所遮蔽，外人也就無從得知其虛
實。這不能不說是中小企業貨幣網絡運作上的一個限制。

　　更嚴重的一個問題是，從這些廠商的跳票及後續處理的觀察，
我們發現，跳票的事件真正在考驗台灣中小企業期票運作的信用制
度。因爲在協力架構之下，擁有一定生意網絡的倒閉廠商，不管是
透過假債權的設定，或真債權人對未來償債的不當期許，一些倒閉
的廠商仍然在需錢孔急或別具用心的客戶支持下繼續經營，似乎跳
票並沒有真正構成其生意上的信用破產。而在經營過程的成本計算
便是能撈多少算多少的邏輯，不再是正規的成本計算經營方式。如
此，在某些倒閉廠商繼續經營之下，破壞了原有的生產及市場結
構，迫使正常的廠商走上惡性競爭的困境，形成劣幣驅逐良幣的現
象。在這種情形之下，不健全的信用制度暴露無遺。期票信貸既沒
有刑責的規範，便只能求諸於廠商之間自律信用系統的檢驗。如果
這個自律信用系統無法成熟發展，台灣中小企業的資本信用也就無
法真正生根，而逐漸取代炫耀性信用的位置。從炫耀性信用引發出
來的台灣中小企業一種浮誇不實的交易模式，也就無法真正的根
除。所以，中小企業要確立健全而成熟的信用制度，尚有一段遙遠
的距離要克服。對我們來講，這或許是中國世俗社會真正陌生與不
足之所在，也正是台灣工商世俗社會仍然必須敞開大門，虛心求教
於西方資本主義文明的地方。文明之間的善意交流，總是最能突破
文明內生的困境。這方面的細緻討論，我們留待《貿易網絡與生活
結構》一書處理。

　　既是世俗社會，便是好壞都有。故事若不離生活場域展開，良
窳總是共生的一體。中國人的陰陽之道，充分說明了健全社會應有
的圖像。從地方金融、民間標會到中小企業貨幣網絡的討論，我們

固然企圖掌握其發展過程，對現在及未來乃有參考價值及意義的歷史積極性格，卻也不諱言其陰暗面所彰顯的消極性格。因爲，不管其積極性格或是消極性格，在生活結構中總是相生相成的。社會的發展不可能真正做到去蕪存菁，這或許也是人類文明發展的內在限制，因爲在生活中，人總有情緒及非理性成分。問題是，社會容許不容許這分情緒與非理性充分表達，以便能在自我表達中再度過濾、昇華我們的情緒與不理性成分？對於台灣工商世俗社會有一分欣賞、一分期許，正是著眼於生活這份現實與包容，社會的這份自由與可能。

訪問記錄名錄

——本書採用之訪問記錄名錄

【台灣訪問名錄】

一、紡織業

受 訪 企 業	訪問日期	刊載期數	出版年代
永煌集團-大東紡織股份有限公司	10/01/87	5	1989
新光集團股份有限公司	11/27/87	5	1989
三五集團股份有限公司	12/03/87	5	1989
台元紡織股份有限公司	12/03/87	5	1989
遠東企業集團股份有限公司	12/21/87	5	1989
統一企業股份有限公司	12/27/87	5	1989
強益紡織股份有限公司	02/01/88	5	1989
東帝士集團股份有限公司	04/12/88	5	1989
正光染整廠股份有限公司	05/11/89	9	1989
正光染整股份有限公司	06/27/89	9	1993
文笙(正光)染整股份有限公司	12/08/93	71	1994
文笙紡織實業股份有限公司	01/09/94	73	1994
大豐棉業股份有限公司	01/13/90	14	1989
裕元紡織股份有限公司	10/26/90	34	1990
三五紡織股份有限公司	11/09/90	38	1990
大耀紡織股份有限公司	11/09/90	36	1990
大耀紡織股份有限公司	04/26/91	42	1991

怡元紡織股份有限公司	01/25/91	39	1991
東正紡織股份有限公司	03/05/91	44	1991
東正太康紡織股份有限公司	10/11/91	51	1991
東正紡織股份有限公司	03/19/95	82	1995
和伸紡織股份有限公司	05/10/91	44	1991
和伸紡織股份有限公司	05/09/94	44	1991
和伸紡織股份有限公司	06/07/91	47	1991
和伸紡織股份有限公司	05/09/94	61	1992
勝記紡織股份有限公司	05/10/91	46	1991
盛昌紡織股份有限公司	05/10/91	45	1991
芳億染整股份有限公司	05/24/91	47	1991
芳億染整股份有限公司	04/16/92	56	1992
雍星企業股份有限公司	05/31/92	45	1991
德佶紡織股份有限公司	06/21/91	47	1991
台元紡織股份有限公司	07/02/91	47	1991
陽明紡織股份有限公司	10/01/92	62	1992
正泰紡織股份有限公司	10/31/92	62	1992
松燕、佳穎紡織股份有限公司	11/24/92	62	1992
億承紡織股份有限公司	01/01/92	62	1992
成衣製造	04/11/94	73	1994
心心內衣股份有限公司	05/07/94	74	1994

二、電子業

受 訪 企 業	訪問日期	刊載期數	出版年代
太平洋電線電纜股份有限公司	12/14/87	5	1989
精業電腦股份有限公司	01/28/88	2	1989
台灣電子電腦股份有限公司	02/02/88	*	1989
神通電腦股份有限公司	02/11/88	5	1989
華通電腦股份有限公司	02/12/88	8	1989
經緯股份有限公司	02/12/88	5	1989
宏碁電腦股份有限公司	03/11/88	2	1989
宏碁電腦股份有限公司	06/14/88	2	1989
宏碁電腦股份有限公司	06/27/89	2	1989

宏碁科技股份有限公司	02/02/91	44	1991
大同富士通電腦股份有限公司	03/11/88	2	1989
王安電腦股份有限公司	03/21/88	2	1989
金朋電腦股份有限公司	03/24/88	2	1989
迪吉多電腦股份有限公司	03/24/88	2	1989
資訊傳真雜誌股份有限公司	04/27/88	2	1989
台灣恆通電腦股份有限公司	04/28/88	2	1989
榮電電腦資訊股份有限公司	05/05/88	2	1989
台灣恩益喜NEC股份有限公司	05/05/88	2	1989
工技院材料所股份有限公司	10/13/88	5	1989
凱程電子股份有限公司	12/22/88	5	1989
資策會教育訓練處	12/29/88	5	1989
天一電腦股份有限公司	04/20/89	9	1989
詮腦電腦股份有限公司	07/06/89	12	1989
誠洲電子股份有限公司	04/14/90	24	1990
環隆科技股份有限公司	04/20/90	24	1990
飛瑞股份有限公司	06/22/90	30	1990
大眾電腦股份有限公司	06/22/90	30	1990
倫飛電腦股份有限公司	07/19/90	30	1990
盈電電腦股份有限公司	07/19/90	30	1990
零壹科技股份有限公司	06/20/91	47	1991
凌群電腦股份有限公司	07/01/91	47	1991
龍鄉國貿股份有限公司	06/20/91	47	1991
美律實業股份有限公司	03/04/94	74	1994

三、金融業

受 訪 單 位	訪問日期	刊載期數	出版年代
美商協利國際公司	09/01/87	*	*
台中第六信用合作社	10/11/87	*	*
台中六信	10/11/91	52	1991
世華銀行	04/27/89	8	1989
大業證券投資顧問公司	07/20/89	12	1989
彰化縣農會	11/03/91	55	1991

大里鄉農會	11/05/91	59	1992
台中土銀分行	12/05/91	56	1992
員林土地銀行	12/05/91	58	1992
蘆竹鄉農會	01/10/92	55	1992
桃園市信合社	01/10/92	59	1992
花壇農會	03/06/92	59	1992
大村農會	03/06/92	56	1992
大雅農會	03/20/92	56	1992
彰化四信	03/27/92	59	1992
彰化十信	03/27/92	59	1992
苗栗大湖農會	04/10/92	59	1992
苗栗公館農會	04/10/92	59	1992
台中三信	05/22/92	59	1992
台中九信	06/11/92	59	1992
新莊農會	07/07/92	59	1992
信聯社	07/08/92	59	1992
台北三信	07/08/92	59	1992
合庫總行	07/09/92	59	1992
高雄三信總社	07/13/92	59	1992
高雄市農會	07/13/92	59	1992
屏東一信總社	07/14/92	59	1992
旗山農會	07/15/92	59	1992
旗山信合社	07/15/92	59	1992
美濃農會	07/15/92	59	1992
玉井農會	07/16/92	59	1992
下營農會	07/16/92	59	1992
鹿港信合社	07/17/92	59	1992
省農會	07/20/92	59	1992

四、官員專訪

受 訪 單 位	訪問日期	刊載期數	出版年代
國策顧問	07/21/89	12	1989
國策顧問	08/01/89	*	*

| 行政院農委會 | 08/01/89 | 12 | 1989 |
| 財政部金融局 | 07/09/92 | 59 | 1992 |

五、學者、座談會

受 訪 單 位	訪問日期	刊載期數	出版年代
謝裕峰	03/27/88	*	*
基立化學股份有限公司	06/01/88	5	1989
基立化學股份有限公司	03/26/93	67	1993
吳老師	06/16/88	5	1989
廖慶洲	12/27/88	5	1989
賀建國	03/02/89	5	1989
亞洲基金會	06/03/89	12	1989
逢甲紡研所	10/18/91	51	1991
逢甲合經系	10/24/91	51	1991
台灣時報記者	12/13/91	56	1992
林渝寰	12/28/91	*	*
國大代表	05/10/94	*	*
行政院中衛小組	03/03/92	55	1992
台中金屬中心	05/09/94	65	1993
中部中衛中心	05/09/94	65	1993
台中市議員	05/09/94	58	1992
精密機械協會	05/09/94	65	1993
經部科技顧問室	03/03/92	65	1993
中工業廠商聯誼	03/26/92	65	1993
中部生產力中心	04/01/92	65	1993
彰濱工業區管理	04/02/92	65	1993
自行車工業研發	04/07/92	65	1993
聖岱公司股份有限公司	04/09/92	65	1993
特力公司股份有限公司	04/09/92	65	1993
義成工廠股份有限公司	04/09/92	65	1993
幸記工業股份有限公司	04/09/92	65	1993
正揚電機股份有限公司	05/09/94	65	1993
武進工業股份有限公司	04/09/92	65	1993

台灣福興股份有限公司	04/09/92	65	1993
英發企業股份有限公司	04/09/92	65	1993
新高塑膠股份有限公司	08/27/92	65	1993
璉協股份有限公司	08/27/92	65	1993
榮湘股份有限公司	08/27/92	65	1993
科計貿易股份有限公司	08/27/92	65	1993
鎮濤股份有限公司	02/27/92	65	1993
林納股份有限公司	02/27/92	65	1993
譽川股份有限公司	02/27/92	65	1993
榮湘股份有限公司	02/27/92	65	1993
通茂股份有限公司	02/27/92	65	1993
榮昶股份有限公司	02/27/92	65	1993
南亞塑膠股份有限公司	02/27/92	65	1993
盟茂股份有限公司	02/27/92	65	1993
達駿工業股份有限公司	03/05/92	65	1993
拓威鞋業股份有限公司	03/05/92	65	1993
展源股份有限公司	03/05/92	65	1993
基層金融	05/29/92	59	1992
彰化縣黨部	05/29/92	59	1992
施清帶	12/13/94	79	1994
施清帶	01/15/95	80	1995
新萬仁股份有限公司	01/15/95	80	1995
台大經濟系教授熊秉元	04/19/95	*	*

六、機械業

受 訪 企 業	訪問日期	刊載期數	出版年代
遠東機械股份有限公司	06/26/89	5	1989
峰安機械	08/24/89	5	1989
同光企業	09/04/89	14	1989
凱祥企業	02/16/90	14	1989
凱祥股份有限公司	07/24/90	30	1990
凱祥企業股份有限公司	02/21/91	37	1990
雷虎模型股份有限公司	05/04/90	26	1990

雷虎模型股份有限公司	12/19/91	55	1992
金采精密鑄造股份有限公司	05/11/90	26	1990
世同股份有限公司	07/11/90	30	1990
台中精機股份有限公司	07/13/90	30	1990
台中精機股份有限公司	12/09/91	30	1990
舜展機械股份有限公司	09/20/90	31	1990
精斌機械股份有限公司	09/20/90	31	1990
鴻昌股份有限公司	10/12/90	33	1990
經緯機械股份有限公司	09/21/90	31	1990
瑞昇壓鑄股份有限公司	09/21/90	31	1990
程泰機械股份有限公司	10/15/90	33	1990
盈豐工業社股份有限公司	11/16/90	36	1990
盈豐工業社股份有限公司	03/01/91	43	1991
禎遠機械股份有限公司	11/16/90	36	1990
嘉隆機械股份有限公司	12/23/90	39	1990
信孚企業股份有限公司	12/08/90	37	1990
信孚協力廠會議	02/01/91	43	1991
鼎偉實業股份有限公司	12/31/90	38	1990
嘉義鋼鐵股份有限公司	12/21/90	38	1990
益進股份有限公司	06/21/91	47	1991
車王電子股份有限公司	03/05/92	65	1992
曜宇機械股份有限公司	04/01/92	65	1993
鈜閔工業股份有限公司	04/01/92	65	1992
豐興鋼鐵股份有限公司	04/07/92	65	1992
永進機械股份有限公司	04/08/92	65	1992
魏斯蒙股份有限公司	04/08/92	65	1993
野寶企業股份有限公司	04/07/92	65	1992
野寶企業股份有限公司	01/01/94	71	1993
野寶企業股份有限公司	07/13/94	76	1994
巨大股份有限公司	07/18/94	*	*
煒華股份有限公司	05/28/94	*	*
芳名企業有限公司	07/28/94	76	1994

七、貿易業

受 訪 企 業	訪問日期	刊載期數	出版年代
豈洋貿易股份有限公司	02/26/93	66	1993
午陽實業股份有限公司	05/06/93	69	1993
諾恩實業股份有限公司	05/21/93	67	1993
高雄進出口同業工會	11/09/93	71	1993
振宏藥廠股份有限公司	04/10/94	73	1994
鉅瑋實業股份有限公司	04/10/94	73	1994
鉅瑋實業股份有限公司	06/04/94	75	1994
德璨國際貿易股份有限公司	04/13/94	73	1994
貿易公司	04/11/94	73	1994
金匯貿易股份有限公司	04/08/94	75	1994
MACKEMCO.Ltd.股份有限公司	04/08/94	76	1994
震旦行股份有限公司	04/09/94	76	1994
寶弘股份有限公司	04/29/94	76	1994
協晟實業股份有限公司	04/29/94	76	1994
艾德林企業股份有限公司	07/19/94	76	1994
BJ國際法律事務所	07/20/94	76	1994
靖鑫實業股份有限公司	07/21/94	76	1994
柏迪股份有限公司	07/21/94	76	1994
林大(柏貴、信佳)股份有限公司	07/27/94	76	1994
榮豪實業	07/27/94	76	1994
連藤實業股份有限公司	07/28/94	76	1994
雙料關係企業：禾根實業	07/29/94	76	1994

八、鞋業、家具等

受 訪 企 業	訪問日期	刊載期數	出版年代
興農企業有限公司	10/16/87	5	1989
萬通股份有限公司	05/06/89	10	1989
萬通股份有限公司	12/13/91	65	1993
製鞋業	03/09/90	21	1989
通用化學股份有限公司	03/16/90	22	1989

通用化學股份有限公司	12/03/93	65	1993
通茂鞋業股份有限公司	11/26/93	71	1994
日信鞋業股份有限公司	03/23/90	23	1989
聖保建設股份有限公司	05/04/90	25	1990
大楊運動器材股份有限公司	05/11/90	26	1990
廣大家俱股份有限公司	06/08/90	*	*
永山玩具股份有限公司	09/21/90	31	1990
禾懋實業股份有限公司	03/05/92	65	1993
曜正企業股份有限公司	03/19/92	65	1993
東庚企業股份有限公司	04/02/92	65	1993
拓凱實業股份有限公司	04/07/92	65	1993
某國大代表	01/03/92	55	1992
萬通運動器材股份有限公司	05/09/94	65	1993

九、環保業

受 訪 單 位	訪問日期	刊載期數	出版年代
嘉南農田水利	08/21/89	14	1989
台電興達電廠	08/23/89	14	1989
中油高雄鍊油廠	08/22/89	14	1989
高雄後勁居民	09/06/89	14	1989
廢五金同業工會	08/24/89	14	1989
七股將軍溪	09/05/89	14	1989
林園中油鍊油廠	08/25/89	14	1989
林園汕尾地區	09/05/89	14	1989
高雄市環保局	09/07/89	14	1989
中環科技	07/26/90	30	1990

十、服務業

受 訪 企 業	訪問日期	刊載期數	出版年代
太平洋房屋仲介	01/24/89	7	1989
新聯陽企業集團	03/02/89	5	1989
力霸集團	03/28/89	9	1989
台鼎建設	07/10/90	30	1990

穎進企業	07/25/90	30	1990
明道企管顧問	12/03/91	55	1992
福慧旅行社	03/01/93	73	1994

十一、石化業

受 訪 企 業	訪問日期	刊載期數	出版年代
福國工業股份有限公司	06/23/88	5	1989
石梅化工股份有限公司	09/09/88	5	1989
台灣涼椅股份有限公司	09/22/88	5	1989
台灣涼椅股份有限公司	06/25/89	*	*
台灣涼椅股份有限公司	05/30/90	*	*
台灣固特異股份有限公司	12/01/88	5	1989
奇美實業集團股份有限公司	12/08/88	5	1989
中美合林園廠股份有限公司	01/19/89	5	1989
南橋股份有限公司	02/25/89	5	1989
欣業股份有限公司	07/24/90	30	1990
真茂股份有限公司	07/26/90	30	1990
鴻昌工業股份有限公司	10/12/90	33	1990
鴻昌工業股份有限公司	12/24/91	65	1992
人大企業股份有限公司	03/12/92	65	1992
盟達實業股份有限公司	04/03/92	65	1993
王泰實業股份有限公司	04/02/92	65	1992
台託實業股份有限公司	04/09/92	65	1992
誠毅企業股份有限公司	04/09/92	65	1993
天崧實業、移新股份有限公司	04/06/92	65	1993
鴻昌工業股份有限公司	05/09/94	74	1994
漢隆工業股份有限公司	07/11/94	76	1994
全興股份有限公司	07/12/94	76	1994
台塑台麗朗事業部	07/19/94	76	1994

十二、頭家娘訪問

受 訪 企 業	訪問日期	刊載期數	出版年代
文笙紡織實業股份有限公司	10/01/94	77	1994

受訪單位	訪問日期	刊載期數	出版年代
卜蜂貿易公司	11/06/94	78	1994
中台化工廠有限公司	11/ /94	78	1994
張美子女士	10/12/94	78	1994
鉅瑋實業股份有限公司	10/ /94	78	1994
新同興行	10/15/94	78	1994
岜洋貿易股份有限公司	02/25/95	82	1995
讚興企業有限公司	03/15/95	82	1995
榮豪實業	03/18/95	82	1995

【大陸訪問名錄】

受 訪 單 位	訪問日期	刊載期數	出版年代
國務院副總理	02/20/92	55	1992
海協會	02/20/92	*	*
佛山科協與科委	02/28/94	72	1994
三水市工商行政管理局	03/01/94	73	1994
順德市社會勞動局、國台辦、勞服中心等	03/02/94	73	1994
北京私立京華小學	02/26/94	73	1994
北京第二十七中學—孔德中學	02/26/94	73	1994
富華滌綸絲廠	01/02/91	38	1991
麗珠醫藥集團	01/02/91	38	1991
珠海股份有限公司	01/02/91	38	1991
珠海美星製鞋股份有限公司	01/03/91	38	1991
珠海海洋滋補股份有限公司	01/03/91	38	1991
吳昇勳	01/15/93	64	1993
通泰股份有限公司	02/01/93	64	1993
清溪鎮殷書記	02/12/93	*	*
深圳經改會	02/02/93	64	1993
中國南方玻璃股份有限公司	02/03/93	64	1993
中華自行車股份有限公司	02/03/93	64	1993
祥鉅車料股份有限公司	02/03/93	64	1993

超匯鍊條股份有限公司	02/04/93	64	1993
建泰橡膠股份有限公司	02/04/93	64	1993
仲正股份有限公司	02/04/93	64	1993
力宇車料股份有限公司	02/04/93	64	1993
興昂鞋廠股份有限公司	02/05/93	64	1993
石梅化工股份有限公司	02/05/94	64	1993
信泰光學股份有限公司	02/05/93	64	1993
北京社科院座談	09/06/93	64	1993
東莞裕元股份有限公司	02/13/93	64	1993
東莞裕元股份有限公司	03/04/94	74	1994
佛山民間企業家	02/28/94	72	1994
王建之	02/09/94	72	1994
航太公司	05/28/94	75	1994
向龍集團有限公司	05/22/94	75	1994
塑膠公司	05/09/94	74	1994
明和實業有限公司	08/17/94	77	1994
印刷公司	05/09/94	74	1994
郁樂冰果廠股份有限公司	07/08/94	76	1994
海國商行有限公司	07/08/94	76	1994
中台保力龍股份公司	02/28/95	81	1995

【香港訪問名錄】

受 訪 企 業	訪問日期	刊載期數	出版年代
七海化工股份有限公司	01/27/92	57	1992
星光傳訊股份有限公司	01/27/92	57	1992
香港花旗銀行	02/02/93	64	1993
香港外匯局	02/08/93	64	1993
金耀基、鄧龍威	07/05/91	49	1991
金思愷	07/06/91	49	1991
金思愷	07/29/91	49	1991
金思愷	05/13/92	57	1992

呂大樂	07/11/91	49	1991
呂大樂	09/13/93	69	1993
韋家祥	07/11/91	49	1991
黃紹倫	07/11/91	*	*
饒清政	07/16/91	49	1991
工業署王英偉	07/16/91	49	1991
司徒華張文光	01/27/92	57	1992
劉慧卿	01/25/92	57	1992
快報記者陳毓祥	01/25/92	57	1992
伍淑清	01/22/92	57	1992
香港工業總會廖國邦	01/28/92	57	1992
王奕鳴	02/09/93	64	1993
郭錦焜	03/01/94	72	1994
亞洲電渡器材股份有限公司	07/05/91	49	1991
中華造船廠股份有限公司	07/01/91	*	*
實用電器金屬股份有限公司	07/01/91	49	1991
利民電器股份有限公司	07/09/91	49	1991
精美電渡股份有限公司	07/10/91	49	1991
華成國產錶行股份有限公司	07/11/91	49	1991
聯合拉鍊廠股份有限公司	07/16/91	49	1991
聯合拉鍊股份有限公司	09/15/91	69	1993
廣達實業股份有限公司	07/09/91	49	1992
馬達電器股份有限公司	01/22/92	49	1992
寶源基業股份有限公司	01/20/92	57	1992
恆光眼鏡股份有限公司	01/21/92	57	1992
寶法德玩具股份有限公司	01/23/92	57	1992
星光印刷股份有限公司	01/22/92	57	1992
華成鐘錶股份有限公司	09/15/93	69	1993
大成洋行股份有限公司	07/10/91	49	1991

【韓國訪問名錄】

受 訪 企 業	訪問日期	刊載期數	出版年代
韓國浦項製鐵訪問記錄	03/30/91	41	1991
韓國現代經濟研究院（HRI）	04/01/91	41	1991
三星經濟研究所	04/01/91	41	1991
大宇經濟研究院訪問記錄	04/02/91	41	1991
韓國移動通訊公司ＫＭＴＣ	04/04/91	41	1991
Kumkang鞋廠訪問記錄	04/04/91	41	1991

註：本附錄之刊載期數及出版年代，為東海大學東亞社會經濟研究中心之內
　　部刊物《社會與經濟》的期數及出版年代。另本附錄之年代皆以西元年
　　代表。

參考書目

一、中文參考書目

于宗先
  1983　〈標會─地下經濟的源頭〉，《天下雜誌》，20：67。
中華民國信用合作合作社聯合社
  1990　《台灣地區信用合作發展史》（台北：中華民國信用合作社聯合社編印）。
  1991a　《台灣地區合作金融制度概述》（台北：中華民國信用合作社聯研究發展小組）。
  1991b　《關於信用合作社觀念之澄清及對改進改制的基本探討》（台北：中華民國信用合作社聯研究發展小組）。
  1992a　《中華民國信用合作社統計季報民國八十年第四季(10～12月)》（中華民國信用合作社聯合社編印）。
  1992b　《信用合作社改制銀行法律問題之探討》（中華民國信用合作社聯合社編印）。
中華民國合作事業協會台灣省分會編印
  1991　《最新合作法令輯要彙編》（台北：中華民國合作事業協會台灣省分會）。
中華民國合作事業協會台灣省分會編印
  1957　《中華民國台灣合作年鑑》民國四十六年版(台北：中華民國合作事業協會台灣省分會)。
文　山
  1984　〈民間互助會改進之道〉，《國民金融》，7(5)：41-43。

王元章

　1992　〈強化中小企業財務管理功能之研究〉，《企銀季刊》
　　　　　16(1)：124-9。

王正強

　1984　《台灣農業資本結構與農業供需之研究》（南投：基層金
　　　　　融研究訓練中心）。

王寬裕

　1986　〈合作金融與中小企業〉，《合作經濟》，10：31-40。

王建民

　1983　〈民間互助會的形成、問題與對策〉，《台北銀行月
　　　　　刊》，14(1)：80-89。

王維漢、李貳連

　1985　〈台灣省民間儲蓄與借貸狀況及意向調查提要報告〉，
　　　　　《台灣經濟》，99：73-97。

王宗培

　19--　《中國之合會》。

台中市第三信用合作社

　1953　《有限責任台中市第二信用合作社略誌》（台中）。

台灣省合作事業管處

　1986　《公元兩千年的中華民國合作事業研討專輯》（台灣省合
　　　　　作事業管理處編印）。

台灣省合作金庫合作金融部

　1992a　《八十年度台灣地區信用合作社業務經營分析報告》（台
　　　　　灣省合作金庫合作金融部）。

　1992b　《八十一年度台灣地區信用合作社業務經營分析報告》
　　　　　（台灣省合作金庫合作金融部）。

江金德

　1981　〈信用合作社、農會信用部存放款比率問題之研究〉（南

投：基層金融研究中心）。

杜　量
　1969　〈台灣之合會儲蓄〉，《台灣銀行季刊》，20(1)：
　　　　339-356。

吳永猛
　1987　〈我國合作經濟發展史略〉，《信用合作》，14：52-
　　　　55。

吳恪元
　1985b　〈台灣農會信用部業務之研究〉，《基層金融》，10：
　　　　171-188。

吳恪元、葉新明
　1984a　〈台灣農會信用功能分析(上)〉，《國民金融》，8(1)：
　　　　52-57。
　1984b　〈台灣農會信用功能分析(下)〉，《國民金融》，8(2)：
　　　　42-46。

吳恪元、張森宇
　1989　〈現階段台灣城市信用合作組織析論〉，《基層金
　　　　融》，18：1-10。

吳啓賓
　1981　〈台灣民間金融制度--合會〉，《國民金融》，2(6)：
　　　　30-35。

吳慶土
　1983　〈「台灣地下金融問題研討會」側記〉，《中小企銀季
　　　　刊》，5：54-55。

吳以體
　1983　〈民間互助會的行爲及利率〉，《基層金融》，6：
　　　　159-184。

吳春來
　1973　《台灣信用合作事業之研究》（台北：合作金融）。

吳惠林、周添城
　1988　〈試揭台灣地區中小企業之謎〉，《企銀季刊》，
　　　　11(3)：60-71。

李　言
　1982　〈票據騙術大觀〉，《聯合月刊》，16：90-93。

李　瑟
　1985　〈取消票據刑責後徵信才能真信〉，《天下雜誌》，
　　　　49：151-156。

李俊科
　1989　〈信用合作社之資金運用與管理〉，《基層金融》18：
　　　　95-106。

李錫勛
　1986　〈論信用合作的胎與骨及其特質〉，《信用合作》，8：
　　　　18-23。

何顯重
　1964　〈改進台灣農業信用制度芻議〉，《台灣土地金融季
　　　　刊》，1(2)：5-10。
　1965　〈台灣之合會儲蓄事業〉，《台灣銀行季刊》，16(2)：
　　　　52-65。

周添城
　1988　〈中小企業融資與經濟發展〉，《基層金融》，17：
　　　　17-41。

易天文
　1991　《合作社法修正之研究》（台中：書恆出版社）。

阿城
　1994　《閑說閑話—中國世俗與中國小說》（台北：時報文化出

版企業有限公司）。

林山田
1987　〈新票據法及因應之道〉，《聯合月刊》，66：100-105。

林文啓
1980　〈農會信用部之經營管理問題〉，《基層金融》，1：61-67。

林永昆
1980　〈信用合作社應興應革之我見〉，《基層金融》，1：71-72。

林彩梅、吳恪元
1986　〈信用合作社的金融與社會功能之研究〉，《基層金融》，13：109-128。

林寶樹
1985　《台灣合作事業之過去與將來》（台中：中央書局）。
1986a　《比較合作論文集》（台中：中央書局）。
1986b　〈台灣合作史上之地緣與人脈〉，《合作經濟》，9：24-30。

林寶安
1994　《台灣地方金融與地方社會—信用合作社的發展歷史與社會意義》（台中：東海大學社會學研究所博士論文）。

林鐘雄、彭百顯
1985　〈農業金融與整體金融體係之關係〉，《基層金融》，10：55-79。
1988　〈中小企業金融與一般金融之比較〉，《基層金融》，17：55-79。

林錦淑
1992　〈我國銀行對中小企業融資之現況及問題〉，《台灣經

濟研究月刊》，15(9)：107-111。

林光裕

1979 《民間互助會之探討》（台北：第一銀行徵信室）。

邱芳英等

1985 〈由民間互助會談金融業開放之可行性〉，《銀行與保
險》，27：102-121。

俞海琴

1993 〈本國銀行與企業借貸資訊調查之實證分析〉，《企銀
季刊》，16(4)：35-58。

段　樵

1977 〈台灣農村信用機構的分佈與農信部儲蓄業務的地區差
異〉，《台灣土地金融季刊》，14(1)：19-28。

唐錦秀

1990 〈金融自由化下信用合作社發展方向之研究〉，《合作
經濟》，22：52-62。

徐政夫

1983 〈現階段信用合作社的經營與改制問題〉，《國民金
融》，5(5)：54-56。

高承恕

1995 〈台灣中小企業社會生活基礎〉，見於《人情與利益》
（排版中）。

高雄市第三信用合作社

1988 《飛躍七十年》（高雄：高雄市第三信用合作社）。

莊朝榮

1983 〈標會利息知多少？〉，《台灣經濟研究月刊》，6(1)：
50-54。

莊美娟

1983 〈台灣地區信用合作社改制問題之研究〉，《基層金

融》，7：141-174。

翁金銓
1986　〈取消票據刑罰對工商界影響之探討〉，《銀行與保險》，28：74-85。

張　介
1992　〈地下金融活動之我見〉，《財稅研究》，24(2)：9-12。

張　逵
1980　〈基層金融的重要性及其在整個金融體系中的地位〉，《基層金融》，1：6-10。
1983　〈信用合作社的本質與特徵〉，《基層金融》，7：115-120。
1986　〈信用合作社組織與選舉制度之研究〉，《基層金融》，13：89-107。
1990a　〈台灣信用合作社發展階段論〉，《基層金融》，21：15-38。
1990b　《台灣地區信用合作發展史(上)》(台北：中華民國信用合作社聯合社)。
1990c　《台灣地區信用合作發展史(下)》(台北：中華民國信用合作社聯合社)。

張森宇
1988　〈中小企業加入信用合作社問題之探討〉，《信用合作》，15：18-24。

張雲飛
1986　〈中華民國台灣地區信用合作事業史話(七)〉，《信用合作》，7：40-43。
1990a　〈中華民國台灣地區信用合作事業史話(二十五)〉，《信用合作》，25：59-68。
1990b　〈中華民國台灣地區信用合作事業史話(二十六)〉，《信用合作》，26：26-36。

1991a 〈中華民國台灣地區信用合作事業史話（二十九）〉，
《信用合作》，29：63-70。

1991b 〈中華民國台灣地區信用合作事業史話〉，《信用合
作》，28：48-55。

1991c 〈中華民國台灣地區信用合作事業史話（二十七）〉，
《信用合作》，27：72-77。

張慶堂

1987a 《現代合作金融制度與經營》（自刊）。

1987b 〈台灣信用合作社與中小企業金融的基本問題〉，《信
用合作》，13：7-14。

1987c 〈台灣信用合作社與中小企業金融問題的基本問題
（下）〉，《信用合作》，14：25-32。

1989a 《合作金融的改革》（自刊）。

1989b 《農會組織與功能之研究—農漁會經濟金融事業調整方
案芻議—》（台北：中華民國加強儲蓄推行委員會）。

張火旺

1981a 〈黑市資金市場與利率（上）〉，《台灣經濟金融月
刊》，17(8)：1-13。

1981b 〈黑市資金市場與利率（下）〉，《台灣經濟金融月
刊》，17(9)：13-20。

曹競輝

1986 《合會制度之研究》（台北：聯經出版公司）。

許坤祺、林炳祥

1991 《信用合作社改制為區域銀行可行性之研究》（台灣省合
作金融部）。

陳木在

1986 〈建立使用票據之正確觀念〉，《財稅研究》，18(5)：
8-13。

陳介玄

1989 〈「經濟」在韋伯理論体系之位置及其意義〉，《思與言》，27(3):1-16。

1990 〈合理勞動組織與近代資本主義精神：對韋伯新教倫理命題的再思考〉，《中國社會學刊》，13：221-240。

1994 《協力網絡與生活結構：台灣中小企業的社會經濟分析》。(台北：聯經出版事業公司)。

1995a 〈派系網絡、樁腳網絡及俗民網絡——論台灣地方派系形成之社會意義〉，見於陳介玄《關係、派系與心態：轉型中之台灣企業與社會》一書(台北：聯經出版公司，排版中)。

1995b 《關係、派系與心態》(台北：聯經出版事業公司，排版中)。

1995c 〈從台灣中小企業經濟網絡與社會網絡的同構性論其結構特質〉，見於《人情與利益》(台北：聯經出版公司排版中)一書。

1995d 〈圓桌社會學：台灣世俗社會中的小團體結構〉(未刊稿)。

陳介玄等

1989 《韋伯論西方社會的合理化》(台北：巨流圖書公司)。

陳昭琳

1983 《台灣農家貸款資金的需求及來源》(南投：基層金融訓練中心)。

陳榮富

1953 〈台灣之合會事業〉，《台灣銀行季刊》，5(4)：122-136。

陳希煌

1985 〈台灣城市型農會信用部未來發展方向之研究〉，《基層金融》，10：189-214。

陳思明

1986 〈票據法修正及其因應配合措施〉，《財稅研究》，
18(6)：24-28。

陳禎

1987 〈日據時期台灣合作金融制度的演變〉，《合作經
濟》，12：2-9。

陳彩裕

1991 〈台灣農業金融機關設立之研究〉，《台灣土地金融季
刊》，28(2)：165-189。

陳岩松

1983 《中國合作事業發史(上、下冊)》(台北：商務印書局)。

隋玠夫

1969 《台灣之合作金融》(台北：台灣銀行經濟研究室編印)。

鹿港信用合作社

1987 《鹿港信用合作社50週年誌》(鹿港信用合作社50週年誌
編輯委員會)。

彭百顯、鄭素卿

1985 〈台灣民間金融的資金管道〉，《台灣銀行季刊》，
36(3)：165-205。

曾增材

1984 《農會信用部與信用合作社業務區域劃分之研究》(南
投：基層金融研究訓練中心)。

湯明輝

1981 《中小企業銀行發展方向之研究》(南投：基層金融研究
訓練中心)。

黃仁宇

1993 《中國大歷史》(台北：聯經出版公司)。

黃宗智

　　1994a　《長江三角洲小農家與鄉村發展(1350-1988)》（香港：
　　　　　　牛津大學出版社）。

　　1994b　《華北的小農經濟與社會變遷》（香港：牛津大學出版
　　　　　　社）。

　　1994c　《中國研究的規範認識危機》（香港：牛津大學出版社）。

黃天麟

　　1981　〈中小企業融資問題之研究〉，《基層金融》，1：73-
　　　　　83。

黃永仁

　　1980　〈基層金融存放款的實證分析〉，《基層金融》，1：
　　　　　23-46。

　　1985　《基層金融之過去、現在與未來》（南投：基層金融研究
　　　　　訓練中心）。

　　1985a　《台灣的基層金融》（南投：基層金融研究訓練中心）。

　　1985b　〈信用合作社改進與未來發展型態之探討〉，《基層金
　　　　　融》，11：137-149。

　　1988　〈中小企業金融體系的檢討與展望〉，《基層金融》，
　　　　　17：201-226。

黃永仁、施富士

　　1986　《信用合作社未來發展方向——改制與單獨立法問題》
　　　　　（南投：基層金融研究訓練中心）。

黃永仁、黃博怡

　　1986　〈儲蓄互助社發展與管理問題之研究〉，《基層金
　　　　　融》，13：165-206。

黃永仁等

　　1980　〈基層金融經營調查報告〉，《基層金融》，1：47-55。

　　1983　《台灣地下金融問題—民間合會與地下錢莊》（南投：基
　　　　　層金融研究訓練中心）。

1990 　《金融供需行為調查分析》（南投：基層金融研究訓練中
　　　　心）。

黃泉興
　1992 　〈台灣儲蓄互助社發展之研究〉，《基層金融》，25：
　　　　293-322。

黃敏助、蔡培玄
　1986 　〈信用合作社規模經濟問題之研究〉，《基層金融》，
　　　　13：129-164。

楊西孟
　19-- 　《中國合會之研究》。

廖和壁
　1983 　〈信用合作社業務經營與管理〉，《基層金融》，7：
　　　　121-140。

廖國棟
　1972 　〈被會錢淹沒的女人：阿秀姐仔的浮沈〉，《時報周
　　　　刊》，65：16-17。

劉榮主
　1980 　〈基層金融現代化的途徑〉，《基層金融》，1：11-16。

劉子健
　1987 　《兩宋史研究彙編》（台北：聯經出版公司）。

蔡秋榮
　1988 　《再論農會信用部與信用合作社業務區域劃分之研究》
　　　　（南投：基層金融訓練中心）。

蔡陽明
　1992 　《台灣地區農會信用部經營效益之研究》（台北：合作金
　　　　融農業金融部）。

蔡培玄
　1985b 　〈中小企業營利法人入社問題之剖析〉，《基層金

融》，11：207-228。

1987　《信用合作社規模經濟之研究》（南投：基層金融訓練中心）。

熊秉元

1994　《尋找心中那把尺》（台北：天下文化出版股份有限公司）。

鄭素卿

1982　〈租稅對公司財務結構影響之分析〉，《台灣銀行季刊》，33(2)：1-29。

賴建誠

1980　《近代中國的合作經濟運動──社會經濟史的分析》（台北：正中書局）。

1988　〈日據時期台灣的合作經濟制度：1913～1945〉，《清華學報》，18(2)：345-364。

賴源河

1987　《票據法修正對經濟活動的影響〉，《人文學報》，12：63-68。

戴立寧

1985　〈票據法取消刑罰後受票人如何確保債權〉，《貿易週刊》，1106：10-14。

戴炎輝

19　　〈台灣舊慣上的合會〉，載《台法月報》。

謝國興

1994　《企業發展與台灣經驗─台南幫的個案研究》（台北：中央研究院近代史研究所）。

蕭貴珠

1985　〈票據法修正與因應之道〉，《工商雜誌》，33(6)：75-78。

羅庚辛

　1983　　《民間合會問題之探討》（南投：基層金融訓練中心）。

二、英文參考書目

Bourdieu, Pierre

　1984　　*Distinction: A Social Critique of the Judgement of Taste*(Cambridge: Harvard University Press).

　1986　　"The Forms of Capital" (tr, R. Nice), in J. G. Richardson (ed.), *Handbook of Theoty and Research for the Sociology of Education*(New York: Greenwood Press), pp. 241-258.

　1990　　*The Logic of Practice*(California: Standford University Press).

　1991　　*Outline of A Theory of Practice*. Trans. Richard Nice (Cambridge: Cambridge University Press).

Braudel, Fernand（布勞岱）

　1985　　*Civilization & Capitalism, 15th-18th Century*, vol.1: *The Structures of Everyday Life*. Trans. Sian Reynolds(New York: Harper & Row).

　1986a　*Civilization & Capitalism, 15th-18th Century*, vol. 2: *The Wheels of Commerce*. Trans. Sian Reynolds (New York: Harper & Row).

　1986b　*Civilization & Capitalism, 15th-18th Century*, vol. 3: *The Perspective of the World*. Trans. Sian Reynolds(New York: Harper & Row).

　1988a　《論歷史》，劉北成譯（台北：五南圖書出版公司）。

　1988b　*The Identity of France*, vol.1: *History and Environment* (New York: Harper & Row).

　1991　　*The Identity of France*, vol. 2: *People and Production*.

Trans. Sian Reynolds(New York: Harper Perennial).

1992　《十五世紀至十八世紀的物質文明、經濟與資本主義—第一卷：日常生活的結構》，施康強譯(北京：三聯書局)。

1993a　《十五世紀至十八世紀的物質文明、經濟與資本主義—第二卷：形形色色的交換》，施康強譯(北京：三聯書局)。

1993b　《十五世紀至十八世紀的物質文明、經濟與資本主義—第三卷：世界的時間》，施康強譯(北京：三聯書局)。

1993c　*A History of Civilization.* Tr. Richard Mayne(Allen Lane: The Penguin Press).

Durkheim, Emile

1989　*Suicide: A Study in Sociology.* Trans. John A.Spaulding & George Simpson(London: Routledge).

Elias, Nobert

1978　*The Civilizing,* vol. 1: *The History of Manners*(Oxford: Basil Blackwell).

1991　*The Symbol Theory*(London: Sage Publications).

Febvre, Lucien

1973　*A New Kind of History and Other Essays.* Trans. K. Folca (New york: Harper Torchbooks).

Hilferding, Rudolf

1981　*Finance Capital: A Study of the Latest Phase of Capitalist Development*(London: Routledge & Kegan Paul).

Marx, Karl(卡爾·馬克思)

1988　《資本論》，中共中央馬克思恩格斯列寧斯大林著作編譯局譯(北京：人民出版社)。

1990　《1844年經濟學哲學手稿》，伊海宇譯(台北：時報出版事業股份有限公司)。

Schumpeter, Joseph A.

1975   *Capitalism, Socialism and Democracy*(New York: Harper
& Row, Publishers).

1986   *History of Economic Analysis*(New York: Oxford
University Press).

1989   *Business Cycles: A Theoretical, Historical, and Statistical
Analysis of the Capitalist Process*.Introduction by Rendigs
Fels (Philadelphia, PA.: Porcupine Press).

1993   *The Theory of Economic Development*. Tr. Redvers Opie.
(New Brunswick, London: Transaction Publishers).

Simmel, Georg

1990   T*he Philosophy of Money*. Ed. David Frisby & trans. Tom
Bottomore & David Frisby(London: Routledge).

Sombart, Werner(宋巴特)

1991a   《現代資本主義(第一卷)》，季子譯(台北：商務印書館)。

1991b   《現代資本主義(第二卷)》，季子譯(台北：商務印書館)。

Weber, Max(韋伯)

1978   *Economy and Society*(Berkeley: California U.P.).

1983   《基督新教倫理與資本主義精神》，張漢裕譯(台北：
協志工業叢書出版股份有限公司)。

1985   《支配的類型：韋伯選集III》，錢永祥編譯(台北：允
晨文化實業股份有限公司)。

1988   *The Agrarian Sociology of Ancient Civilization*(N.Y.
Verso).

1989   《中國的宗教：儒教與道教》，簡惠美譯(台北：允晨
文化實業股份有限公司)。

1991   《社會經濟史》，鄭朴譯(台北：台灣商務印書館)。

臺灣研究叢刊

貨幣網絡與生活結構

1995年11月初版　　　　　　　　　　定價：新臺幣380元
2003年11月初版第三刷
有著作權・翻印必究
Printed in Taiwan.

著　　者	陳　介　玄
發 行 人	劉　國　瑞

出 版 者　聯經出版事業股份有限公司　　　責任編輯　方　清　河
台 北 市 忠 孝 東 路 四 段 5 5 5 號
台 北 發 行 所 地 址：台北縣汐止市大同路一段367號
　　　　　電話：(0 2) 2 6 4 1 8 6 6 1
台北忠孝門市地址：台北市忠孝東路四段561號1-2F
　　　　　電話：(0 2) 2 7 6 8 3 7 0 8
台北新生門市地址：台北市新生南路三段9 4號
　　　　　電話：(0 2) 2 3 6 2 0 3 0 8
台 中 門 市 地 址：台 中 市 健 行 路 3 2 1 號
台 中 分 公 司 電 話：(0 4) 2 2 3 1 2 0 2 3
高 雄 辦 事 處 地 址：高 雄 市 成 功 一 路 3 6 3 號 B 1
　　　　　電話：(0 7) 2 4 1 2 8 0 2
郵 政 劃 撥 帳 戶 第 0 1 0 0 5 5 9 - 3 號
郵 　 撥 　 電 　 話：2 6 4 1 8 6 6 2
印 刷 者　世 和 印 製 企 業 有 限 公 司

行政院新聞局出版事業登記證局版臺業字第0130號

國家圖書館出版品預行編目資料

貨幣網絡與生活結構 / 陳介玄著．
---初版．-臺北市：聯經，1995年
366面；14.8×21公分．--(臺灣研究叢刊)
參考書目：16面
ISBN　957-08-1471-3(精裝)
〔2003年11月初版第三刷〕

Ⅰ．金融

561   84011339

臺灣研究叢刊

●本書目僅供參考，若有調價，以再版新書版權頁上之定價爲主●